I0167675

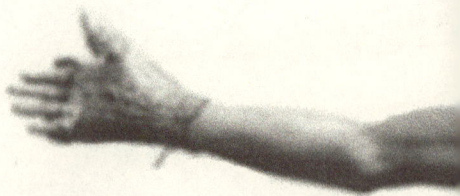

Kid Chocolate

El boxeo soy Yo

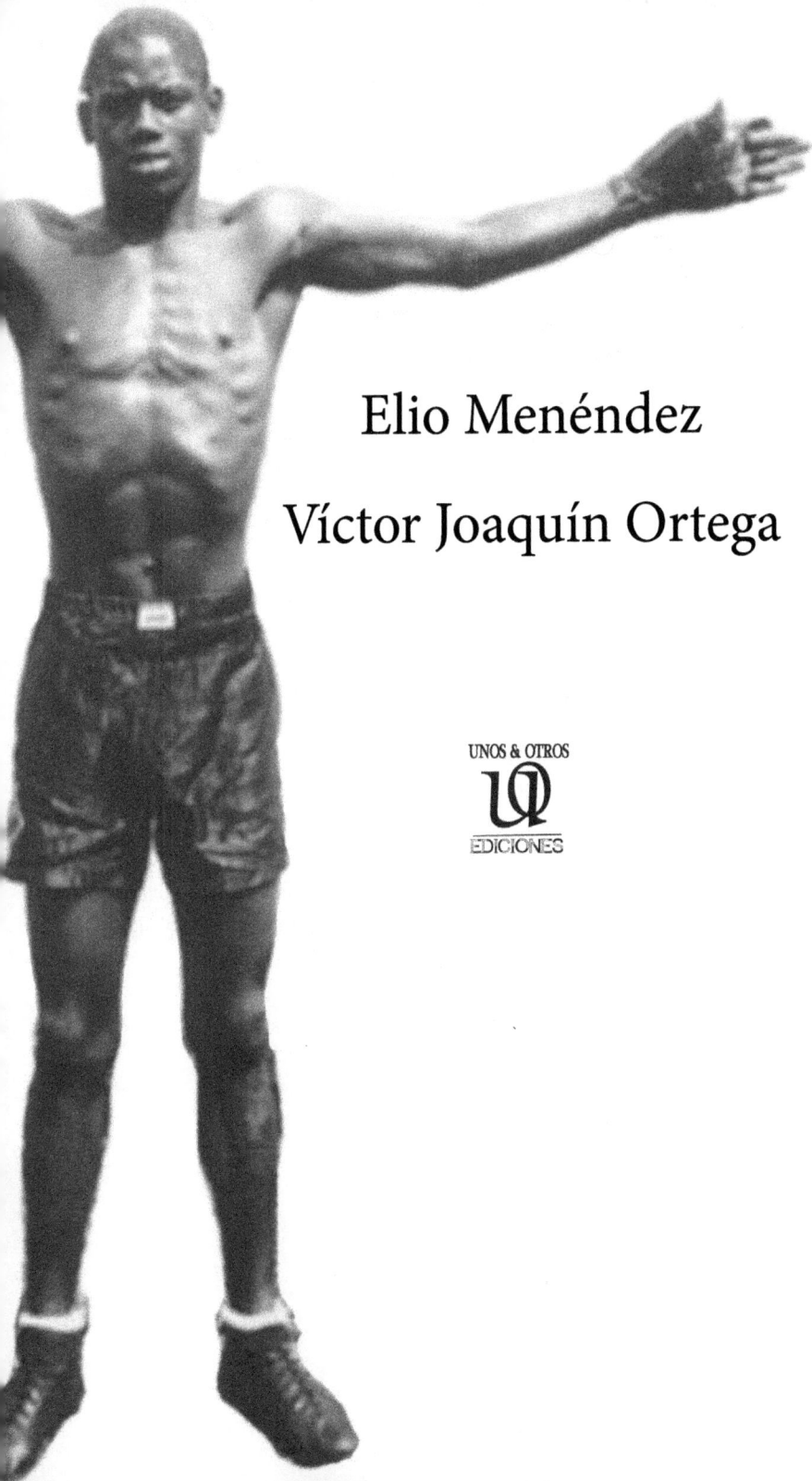

Elio Menéndez

Víctor Joaquín Ortega

UNOS & OTROS
UO
EDICIONES

© 2019 Elio Menéndez & Víctor Joaquín Ortega
©De la presente edición: Unos&OtrosEdiciones, 2019

Edición ampliada y corregida
ISBN-13: 978-1- 950424-07-8
       10: 1-950424-07-3

©Elio Menéndez & Víctor Joaquín Ortega
Kid Chocolate: El boxeo soy Yo
Edición: Dulce Sotolongo
Maquetación y diseño de portada: Armando Nuviola

Fotos: Archivo personal de Eligio Sardiñas y de los autores

Primera Edición:
Editorial Orbe, 1980

© 2019 UnosOtrosEdiciones
www.unosotrosediciones.com
Prohibida la reproducción total o parcial, de este libro,
sin la autorización previa de los autores.

Queda prohibido bajo las sanciones establecidas por las leyes escanear, repro-
ducir total o parcialmente esta obra por cualquier medio o procedimiento así
como la distribución de ejemplares mendiante alquiler o préstamo público sin
previa autorización.

Gracias por comprar una edición autorizada.

infoeditorialunosotros@gmail.com
UnosOtrosEdiciones
Hecho en USA, 2019

KID CHOCOLATE

EL BOXEO SOY YO

UNOS & OTROS

EDICIONES

Elio Menéndez

Víctor Joaquín Ortega

Índice

Prólogo

Páginas amarillas: Recortes mal recortados

Dos grandes pasiones unen a Estados Unidos y Cuba: el amor al béisbol y al boxeo. Kid Chocolate apareció en las marquesinas del Madison Square Garden, el llamado templo del boxeo profesional, con veinte años. Y en su piel de ébano se refractaron las luces de ese monumental estadio cuando un día conquistó para Cuba el primer cinturón de oro. En ese momento la leyenda del negrito del Cerro, limpiabotas, comenzó a inscribirse en la populosa ciudad de Nueva York, meca del deporte de los puños del orbe. Como en un viejo filme la lectura de este libro nos traslada a la época dorada del boxeo.

Cuando era niño no tenía hábito de lectura. Fue mi abuelo, Kid Peca, quien un día me dijo: «lee este libro sobre la vida del boxeador al que le entregué los guantes», no sé si esto fue real o forma parte del imaginario de los hombres que como él siempre tienen una historia por contar, lo cierto es que logró que *El boxeo soy yo*, me mantuviera doce horas seguidas leyendo por primera vez, mi abuela pensó que estaba enfermo y no estaba lejos de la realidad, porque tenía la enfermedad de los admiradores de Chocolate que en su tiempo fueron muchos.

Hoy, al igual que mi abuelo materno —el trinitario Gustavo Izquierdo Tardío— soy escritor. Me fascina escribir sobre deportistas famosos. Hace ya algunos años publiqué la vida de Enrique Díaz, *El hombre récord de la pelota cubana*, en coautoría con mi padre Rogelio Vega, en el 2017, la vida de Michel Enríquez, *El Súper doce*, también en coautoría con mi amigo Chenche, sobre este estelar pelotero de la Isla de la Juventud. También tuve la suerte de escribir el artículo: «El alma en el papel», sobre el excelente libro de Leonardo Padura y Raúl Arce *Estrellas del béisbol*, artículos publicados en *Juventud Rebelde*.

En ambos títulos fueron vitales los recortes de periódicos guardados por los progenitores de los deportistas.

Elio Menéndez y Víctor Joaquín Ortega son destacados cronistas deportivos congratulados con el Premio Internacional de Periodismo por la obra de la vida de la Asociación Internacional de Periodismo Deportivo, su trabajo es muy amplio e importante no solo para el deporte en Cuba sino a escala internacional. Los años han pasado y hoy recuerda para esta edición Víctor Joaquín, sobre su encuentro con Chocolate:

> Fuimos a buscarlo, tenía sesenta y cinco años, pero los golpes, la droga, el alcohol, la sífilis, sembraron en su piel surcos. Tenía una mente prodigiosa. Ya nada quedaba de aquella época en la que según se cuenta en la leyenda prendía con un billete de cien los Habanos.
>
> Guardaba en su casa, antes hermosa y por aquel entonces bastante deteriorada, como su mayor tesoro recortes de periódicos, donde año, número, y a veces hasta el cintillo con el nombre del diario, no existían; porque lo que importaba era el relato del hecho, con esa forma fascinante de los cronistas de la época, recortes mal recortados, pero que constituían la joya mayor para quien un día acaparó titulares. Estábamos frente a frente a unas manos temblorosas y arrugadas, las que un día conquistaron al mundo.
>
> La escuela cubana de boxeo amateur, se basó en la línea de Chocolate; según Alcides Sagarra. *Dar y que no te den*, confiesa que le agregó: *Que no te den y dar*.
>
> Chocolate volvió a vivir con este libro. Fue al lanzamiento, estaba muy contento, cerraron la calle Empedrado en La Habana Vieja. Había como 2000 personas, estuvo firmando casi hasta el agotamiento, con esas mismas manos dominaba a los contrarios: «todos ellos han venido por mí», repetía con un brillo juvenil en sus opacos ojos, estuvo como dos horas firmando.
>
> No era abusador, era bueno. No olvidó a su gente, por eso fue tan querido, buscaba a los muchachos malditos e iba por ahí repartiendo dinero.

Siempre, tanto Elio como yo, deseamos llevar su vida a la pantalla grande. En cierta ocasión, el conocido actor norteamericano Robert Redford, se interesó en hacer un guión sobre la vida de un cubano, alguien le habló de Kid Chocolate, Eliseo Alberto, Lichy, hizo el guión, y utilizó nuestro libro, ya él había escrito el guión para la película *En tres y dos* inspirado en la vida entre otros del estelar pelotero Agustín Marquetti, pero al final, por muchas limitaciones no se filmó. Luego el periodista Enrique Núñez Rodríguez, también hizo un guión, pero por culpa del dogmatismo de algunos que bloquearon la idea, tampoco se hizo.

El boxeo soy yo cambió la forma de escribir sobre el deporte en Cuba, se apropió de un lenguaje cinematográfico y lo convirtió en imágenes literarias, logró convertir en lectores a muchos aficionados del deporte como yo y sobre todo perpetuó para generaciones futuras la vida del boxeador cubano más grande de todos los tiempos.

Eligio Sardiñas perdió un día su nombre para convertirse en leyenda, cuando al debutar en el Madison Square Garden, por aquel entonces, las peleas más codiciadas eran la de los pesos completos, sin embargo, se creó con su presencia *La era de Chocolate*, otros famosos como el trompetista Chocolate Armenteros, el músico del conjunto de Arsenio Rodríguez, llevaron su apodo con dignidad. Este hombre que se retrató desnudo, rompiendo los cánones de su època, llegó a ser declarado «El hombre mejor vestido del mundo». Y bajaba del *ring*, después de quince *rounds*, con el orgullo de no ser despeinado.

Algo que saben muy pocas personas, incluso cubanos: Chocolate fue el primer negro en romper las barreras raciales existentes por aquellos años en Estados Unidos y el primer gran estelarista negro en consolidarse en los programas del Madison Square Garden y cualquier otra plaza importante del estado de Nueva York. Algo que no pudieron en la misma época celebridades como los campeones mundiales John Jack Johnson, Gorila Jones y Panamá al Brown, lo pudo el Kid: pelear en la metrópoli neoyorquina sin las sogas que acostumbraban a tenderse para separar a blancos y negros en las graderías. ¡Tal fue su popularidad entre unos y otros!

En los últimos años solía vérsele entre el público que asistía a las competencias de boxeos en la Ciudad Depotiva de su Cerro natal, siempre sus manos inquietas, la sonrisa dibujada en su rostro, la mirada fija en ese otro gran boxeador que fue Teofilo Stevenson y el aplauso de un pueblo que lo convirtió en leyenda.

Hoy, con tristeza, todos los que admiramos al legendario boxeador y fuimos testigos de la construcción de esa sala deportiva tan necesaria para el país que es la Kid Chocolate, situada frente al Capitolio Nacional, donde las nuevas generaciones de deportistas encontraron un lugar digno para competir, somos testigos con dolor de su demolición, nos preguntamos: ¿Qué sitio insigne de la capital llevará su nombre o este será el fin de una leyenda?

La publicación por Ediciones Unos y Otros, de esta nueva edición corregida y aumentada, posibilita que más allá de las fronteras de la isla, el nombre de Kid Chocolate vuelva a recorrer el mundo.

Gustavo Vega Izquierdo

LOS NIÑOS MALDITOS

Aunque en la enciclopedia boxística *The Ring*, editada por Nat Fleischer, aparece el 6 de enero de 1907 como la fecha de nacimiento de Eligio Sardiñas, lo cierto es que el Kid vio la luz primera el 28 de octubre de 1910, en la populosa barriada habanera del Cerro, en Santa Catalina Número 6, entre Piñera y Lombillo. Y no es que la llamada «Biblia del boxeo» haya errado. Simplemente, que el 6 de enero de 1907 fue la fecha con la que Chocolate se reinscribió en el juzgado municipal de San Isidro, entre Compostela y Picota, Habana Vieja, y así constó en los documentos oficiales cuando en 1928, emprendió el primer viaje a Nueva York, en compañía de Luís Felipe Gutiérrez, Pincho y la reducida cuadra de boxeadores que completaban: Juan Antonio Herrera, Relámpago Sagüero, Juan Cerero y Gilberto Castillo.

Sucedía que, para combatir más de ocho *rounds* en la Babel de Hierro, todo boxeador debía tener como mínimo los veinte y un año cumplido, y en el momento de hacer las maletas y partir hacia la conquista de Nueva York, Chocolate, apenas tenía dieciocho.

Pero... ¿por qué tanta prisa? Vayamos al principio. Yiyi —así llamaban a Chocolate en su infancia— creció como hierba silvestre en los placeres del Cerro. Limpió zapatos, vendió periódicos e hizo todo lo imaginable para subsistir en un medio asfixiante. Cuba era un país no industrializado, con un crecido número de desempleados y el hambre como constante. Un año antes del nacimiento del futuro gladiador, cesaba la segunda intervención norteamericana en la Isla y asumía la presidencia José Miguel Gómez; pero los amos seguían siendo los mismos.

El padre —Salomé, peón de obras públicas— murió cuando Yiyi tenía cinco años. La familia se vio obligada a mudarse para una habitación interior en la cuartería ubicada en la calle Magnolia, entre Parque y Bellavista, en el propio Cerro. Eran seis hermanos: Yiyi, el más pequeño de los varones, Domingo, Catalina, Cruz María, Wilfredo y Meme.

Días difíciles. Lo que conseguía Domingo, el mayor de los hermanos, cuando más, alcanzaba para pagar la renta del cuarto; y la madre, Encarnación Montalvo, veía escapar sus escasas fuerzas lavando y planchando ropa para la calle, labor en la cual la auxiliaban Catalina y Cruz María cuando no estaban colocadas de domésticas, que, al fin y al cabo, aunque poco aportaban, eran dos bocas menos a comer en la casa.

No extrañará que Yiyi pasara los primeros años sin ir a la escuela. Cuando no alcanzaban los centavos que conseguía con la venta de periódicos o la limpieza del calzado, se los buscaba jugando *handhall* en la cancha de Víctor Fuentes, en San Cristóbal, entre Primelles y Churruca, también en el Cerro, o en los pitenes de béisbol que solían formarse en el antiguo cine Maravillas, detrás de la cafetería Cerro Moderno.

Cuentan quienes lo conocieron desde muchacho, que Yiyi tenía singular habilidad para jugar cancha. Integró, junto a sus inseparables Chorizo y Filomeno, un trío conocido como Los Niños Malditos, cuya destreza en el deporte les dio a ganar muchos reales, producto de las apuestas con las que guagüeros y motoristas matizaban aquellas discutidas jornadas en la cancha de San Cristóbal. Esta instalación se hallaba próxima a lo que entonces eran los paraderos de guaguas La Compañía (que iban hasta Zanja y Galiano) y La Comodidad (Cerro-Amistad), y el de los tranvías de la línea Cerro-Muelle de Luz. Muchos empleados del transporte acostumbraban a apostar parte de sus ganancias, en forma de propina, iba a parar a manos de los *handbolistas* triunfadores.

El trío de Los Niños Malditos ganaba con reiteración y el pintoresco gorro tejido de Yiyi se vaciaba y llevaba varias veces en el transcurso del día.

Luego de retirado, el propio Chocolate reconocería que fue el *handball*, en primera instancia, y después el béisbol, practicados desde muy pequeño, los que le dieron esa vista de águila, esa velocidad y el aire que le facilitaron salir adelante en el pugilismo.

Como pelotero, se desempeñó con calidad en el campo corto, aunque podía hacerlo, además, en la intermedia o en el inmenso campo central. Sobrino de Heliodoro Hidalgo, Jabuco, brillante *centerfielder* del Almendares en la pelota de antaño. Yiyi heredó el virtuosismo beisbolero y, de no haber escogido el boxeo como profesión, Chócolo hubiera brillado igualmente en el deporte nacional, al decir de quienes lo trataron en esa época.

Fue el béisbol, más que el *handball* y tanto como el boxeo, una de las grandes pasiones del Kid. En entrevistas concedidas al final de su gloriosa carrera, admitiría que dos grandes ambiciones le motivaron desde muchacho: ver una pelea en el Madison Square Garden, el llamado templo del boxeo profesional, y un juego de pelota en el Yankee Stadium o en el Polo Grounds. Las satisfizo con creces: Chocolate combatió más de una vez en el Garden, y no solo conoció y visitó el Yankee Stadium y el Polo Grounds, sino que en este último parque discutió varias de sus peleas más taquilleras.

Mas no todo era béisbol, cancha y el cotidiano saltar de uno a otro tranvía con el «Extra, Extra…» a flor de labios, ni el deambular por las más céntricas calles habaneras, el cajoncito colgado del brazo, el paño listo y el chocar de los cepillos: «¿Le doy brillo por un níkel, docto?».

Sobre el mediodía, invariablemente, Yiyi se iba hasta Ciénaga y Calzada del Cerro. Esperaba allí el paso del tren rumbo al central Toledo —hoy Martínez Prieto—, y a todo correr trepaba a uno de los vagones para arrebatarle cañas que en muchas ocasiones le sirvieron de almuerzo.

Amparado en la penumbra de la tarde, luego de un reconfortante chapuzón en la poceta Hoyo de la Vieja, detrás de La Tropical, velaba a los chinos cultivadores de hortalizas en la estancia próxima a donde se levanta actualmente la Ciudad Deportiva, para apoderarse de algún apetitoso repollo. No siempre tenía éxito y más de una vez tuvo que volar la alambrada de púas para salvarse de la justificada ira de los asiáticos, quienes, advertidos, solían tender estratégicas emboscadas a los que ilegalmente penetraban en sus bien cultivados huertos.

Este temprano intercambio de golpes con la vida, el peligroso acercamiento al bajo mundo de una Habana podrida, esta niñez desprovista de escuela y estímulos, contribuyeron a deformar la personalidad del Kid, quien no podría escapar de una sociedad que lo devoraría con el mismo ímpetu con que un día lo había encumbrado.

El boxeo

Yiyi comienza a sentir afición por el boxeo, atraído por los carteles semanales que se ofrecían en la Arena Colón —situada en Zulueta casi esquina a Dragones—, en programas en que tomaban parte su hermano Domingo, Jack Coullimber, Pedro Isla y Ernesto Morejón, todos de la barriada. Para entonces, el boxeo arraigaba en el Cerro, a causa de la influencia dejada por la farsa Johnson vs Willard en opción por el título mundial de los pesos completos, la cual fue montada a bombo y platillo el 5 de abril de 1915, en Marianao, y en la que el negro Johnson se vio obligado a tirarse por 35 000 dólares. Los racistas del norte no le perdonaban a Jack la grandeza entre las cuerdas ni los amores con mujeres blancas.

El entrenamiento de Coullimber, Isla y los demás, en el patio de una casa contigua a la cuartería en la que habitaba Yiyi, en un modesto gimnasio denominado El Manguito (de una rama del árbol colgaba un saco de aserrín como único aparato), y la necesidad cada vez más urgente de buscarse algunos pesos, influyeron bastante en que el Kid se inclinara por el boxeo. El gran empujón resultó el hambre.

Al tomar esta decisión, lo hacía con un organismo raquítico de niño hambreado, lo que saldría a relucir en sus grandes momentos. La conversión de muchacho endeble a campeón mundial no fue, como dijo un periodista de la época, un milagro más de la medicina; esta deficiencia biológica la arrastró aquel hombre de cerebro privilegiado para el boxeo, agravada por una vida nada acorde con el sagrado código del entrenamiento.

Cuando se convoca el torneo organizado por el diario *La Noche* para los voceadores de periódicos, Yiyi tiene diez años de edad y pesa 55 libras. La competencia con otros órganos de prensa —también de circulación nocturna— obliga a batallar por nuevas formas de venta y ésta es una buena fórmula: torneo pugilístico para voceadores, en el cual los ganadores se llevarán por premio un paquete de periódicos… para vender. Neutralizados la mayor cantidad de niños vendedores, *La Noche*, sería el más voceado.

La solicitud de Yiyi es rechazada de plano. Hay sonrisas de burla y otras de incredulidad: «¿Tú? ¡Pero si es que no tienes contrarios para tus pocas libras! Vamos, chico, déjate de bromas».

Yiyi insiste hasta el cansancio. Reta, maldice. Que le pongan a quien quiera, en fin, de cuentas él se ha fajado con todos ellos en el duro *ring* que es la calle, noche a noche, en la batalla por ver quién vende más periódicos; es decir, en la lucha por la vida.

Un nombre que recorrería el mundo

Al fin Yiyi es aceptado oficialmente en el torneo de La Noche. En el debut se impone decisivamente a Kid Viejita, de quince años y superior físico, y alguien comenta en las gradas de la instalación|, situada en Amistad entre San José y Barcelona: «Este negrito nació boxeador».

De su hermano Domingo heredó Yiyi el nombre de guerra. Chocolate, y cada nueva presentación en el torneo para niños voceadores de periódicos, promueve una manifestación de aficionados que ya le siguen.

Combate con éxito en la academia de Mike Castro, en Carlos III, frente al antiguo paradero de los tranvías de Príncipe, donde se realizan varios carteles del campeonato, hasta que este se traslada al Cuban Lawn Tennis, en Prado, lugar en el que se encuentra actualmente la Academia de Ciencias. Allí el Kid está a punto de ver interrumpida su cadena de victorias, que sobrepasaría del centenar, en disputado choque con Jimmy Kelly (los boxeadores aficionados de la etapa adoptaban nombres de estelaristas extranjeros).

El *referee* de la pelea, Allestown Joe Gans, que a la vez era juez, votó por Kelly, pero la reacción popular en contra fue tan grande que los organizadores del certamen decidieron anular el fallo, y la lid fue declarada *no contest* (sin decisión).

Es tal la aceptación del torneo, que el Cuban Lawn Tennis se traslada a la Arena Colón, plaza con mayor capacidad y prestigio. De ese primer campeonato surge como titular en las 75 libras, con solo once años de edad, un nombre que luego recorrería el mundo y brillaría con letras doradas en las marquesinas del Garden: Kid Chocolate.

Después de sus repetidos triunfos en las justas que cada año organiza el periódico *La Noche*, con rico historial como gladiador amateur, pasa a las veladas que se ofrecían en el antiguo Frontón (donde radica hoy la Central de Trabajadores de Cuba) integrando la cuadra Los Alacranes del Cerro. Antes, Chocolate había trabajado en esta propia arena, encargándose, entre otras cosas, de pasear entre *round* y *round* el pedazo de lata que anunciaba a los espectadores el próximo *round*.

Ya por ese tiempo tenía un estilo propio de combatir, el mismo que conquistaría a Nueva York y a cuanta plaza de importancia donde boxeó. Para muchos entendidos, Chocolate copió, en parte, a Chico Wallace, destacado peleador norteamericano que hizo temporada en La Habana y de quien el Kid fue mascota en los primeros torneos de La Noche.

Al debutar con victoria por decisión sobre Joe Castillo en las filas semiprofesionales, Chocolate no era, ni lo fue después, lo que debe llamarse un boxeador eminentemente técnico, de los que clasifican entre los llamados científicos. Tenía lunares en su defensa, dejaba la mano izquierda abajo por completo y su *hook* se declaraba.

Sin embargo, Chocolate vencía porque, sencillamente, era un peleador excepcional. Poseía eso que llaman instinto natural, olfato de boxeador grande, y su genialidad le permitía hacer cosas que a otros le estaban vedadas. Sacada el *jab* desde abajo, con tal rapidez que más que un *jab* parecía un látigo permanente en el rostro de sus adversarios; anunciaba el *hook*, pero fueron muy contados los que pudieron quitárselo de encima.

Rápido de piernas, tenía gran desplazamiento y su esquiva principal radicaba en la naturalidad con que sabía bloquear los golpes, muchos de los cuales quedaban en sus guantes, para luego meter los suyos. Pese a esto, no fue precisamente gran peleador de riposta. Atacaba por rallies y, cuando ello sucedía y se encontraba en buena forma, era un auténtico torbellino en el cuadrilátero.

Su grandeza descansó mayormente en ese poder creativo, en su capacidad para ganar y, sobre todo, en la intuición para hacer en cada momento lo menos indicado para el rival, pero lo más acertado para él. Sensible al ataque en los planos bajos, cuidó siempre de que sus adversarios no llegaran a la pelea en lo corto, apoyado en sus maravillosas piernas. Al fallar estas, y al no responder el músculo al cerebro, Chocolate recurrió a su genialidad de boxeador inmenso y se escabullía entre las cuerdas, metía en las esquinas a sus contrarios y convertía los estadios en manicomios.

Además de todo esto, el Kid poseyó, desde los primeros momentos, lo que en el deporte profesional se conoce por «ángel» y que tan bien se cotiza.

Pero, volvamos a su debut semiprofesional. Para su combate con Joe Castillo, en 1925, entrenaba en el patio de la casa de los hermanos Clemente, en Zaragoza, número, 27, Cerro, junto al luego campeón nacional Carlos Fraga, así como con Alcibíades Ortega, Arturo Granja, el Zurdo, Pablo Canales y otros. También —y esto apoyaría mucho su veloz desarrollo— ayudaba en el entrenamiento al puertorriqueño Nero Ching, que entonces peleaba en Cuba. Esto dejó huellas beneficiosas en el aval del Kid, que ya sonaba fuera de los límites del Cerro.

Boxeaba sin dejar de jugar *handball* en la cancha de Víctor Fuentes o de practicar béisbol. Si no tenía pelea señalada, pasaba horas y horas en cualquiera de estas actividades, para mantener la forma y conseguir algunos reales.

Kid Chocolate, foto familiar

JOHNNY CRUZ, PRIMER ESCALÓN

Por esos días, Luís Felipe Gutiérrez, Pincho, regresa de Nueva York con Johnny Cruz, campeón metropolitano del estado neoyorquino, precedido de justa fama como boxeador técnico con grandes méritos. El Kid le ve superar a Eugenio Molino y sube al *ring* a retar a Johnny. ¡Quiere una pelea con el campeón metropolitano de Nueva York! Pincho, que luego estaría estrechamente vinculado a Chocolate por el resto de su vida, no presta atención a lo que considera un atrevimiento del Kid, y el reto queda en el aire.

Para no oxidarse, Chocolate pelea en el interior de la Isla, por algunas «bolsas» siempre exiguas; un día acá, mañana allá, y sigue jugando cancha. Va al gimnasio solo cuando tiene un combate en puertas. Decididamente, no es amante del entrenamiento metódico, riguroso.

Ya había desistido de enfrentarse a Johnny, cuando un afortunado martes van a buscarlo a la cancha y le plantean que Pincho quiere hablar con él, que hay una pelea grande de por medio.

—¡¿Pincho hablar conmigo?! ¡¿Una pelea grande de por medio?! Si el propio Pincho me dijo que yo no tenía nada que hacer sobre un *ring* con Johnny. Miren, no estoy para bromas; déjenme terminar este partido que ya tengo los centavos en el bolsillo.

Los amigos insisten.

—Sí, Chócolo, sucede que Molino, que debía enfrentarse en la revancha a Johnny, enfermó de repente y no hay adversario para el campeón metropolitano. ¡Esta es tu oportunidad!

Chocolate abandona la cancha y se dirige a donde le esperan los promotores. $40.00 es la oferta. El Kid pone reparos:

—¿Cómo es posible tan poco dinero por pelear con un hombre de la calidad de Johnny? Además, yo llevo días sin entrenar y no estoy en la mejor forma. No me subo al *ring* frente a Johnny por menos de $60.00.

Los promotores saben que el Kid necesita dinero.

—Bien, quisimos darte una oportunidad y al parecer no sabes agradecerla. Si no eres tú, será otro; vuelve a la cancha.

Chocolate se deja convencer. Parte directo hacia el gimnasio de los hermanos Clemente y empieza a entrenar justamente en el momento en que Johnny está a punto de culminar su esmerada preparación. Dos días de guantes para encontrar un poco de distancia y el viernes, víspera de la batalla, de nuevo a la cancha, a mantener el aire, la forma.

La pelea está pactada a ocho *rounds* para el 8 de diciembre de 1927. Del Cerro acuden guaguas repletas de aficionados que hacen sonar con estrépito gangarrias y hasta campanas hurtadas a los heladeros. El nuevo Frontón está repleto. Las apuestas favorecen a Johnny Cruz, el campeón metropolitano de Nueva York; las simpatías están por el semiprofesional Kid Chocolate.

Desde el primer momento se puede ver que Chocolate quiere impresionar. Hoy está bien. Su izquierda es muy rápida para Johnny, los mejores golpes del favorito se pierden en el vacío o quedan en los guantes del ídolo del Cerro.

Por instantes se acentúa la ventaja del Chócolo, quien al final recibe el veredicto de los jueces. El Kid ha disertado boxeo del bueno, pero Pincho no queda convencido. Declara a la prensa:

> Johnny no estaba bien preparado. Subestimó al negrito este, no hizo lo que debía en el gimnasio. Si vuelven a verse sobre el cuadrilátero la historia será distinta: ya cuidaré yo de que Johnny no trasnoche ni ande de juerga.

A oídos de Chocolate llegan estas y otras disculpas sobre la derrota de Johnny, y decide ofrecer la revancha. Más que ofrecer, le pide, casi le exige. ¡Cómo si fuera él quien hubiese perdido!

Otra vez las palabras parecen perderse en el vacío. No hay respuesta de Pincho ni de los promotores, pese a que el otro combate entre el Kid y Cruz arrojaría una entrada que haría frotarse las manos al más codicioso de los empresarios.

Chócolo no recibe respuesta y vuelve al Maravillas, a batirse con las bolas y los *strikes*; continúa frecuentando la cancha de San Cristóbal y, por algunos pesos, se mete entre las cuerdas nuevamente con Joe Castillo, a quien derrota por puntos en seis episodios.

Los periódicos hablan del interés por un nuevo combate entre Johnny Cruz y Kid Chocolate. Se especula sobre una posible revancha, los apostadores se preparan, pero nadie se ha acercado al Kid para conversar sobre el asunto y este sigue jugando *handball* mientras espera, espera...

PINCHO SE CONVENCE

En la página deportiva de un leído diario, aparece un fotorreportaje de Johnny Cruz cortando leña en una finca de Canasí, remando en el río y corriendo a campo traviesa, como acostumbraban a hacer los grandes peleadores de la etapa en víspera de un combate importante. Así, al menos, se había visto en las revistas especializadas al vasco Uzcudún, la maravilla de los ligeros, el Toro Salvaje de las Pampas, Firpo, Benny Leonard y otros.

La propaganda iba in crescendo, y el Kid, ajeno a todo, hasta que un día, también martes:

—Chócolo, deja de jugar cancha y ven pronto, que quieren verte en las oficinas de Pincho.

Chocolate hace caso omiso al reclamo y, jugando ahora de pareja con Filomeno, se mantiene de lleno en la partida de *handball*.

—Oye, que el tiempo corre y el «blanco» quiere hablar contigo. Hay dinero gordo de por medio.

El Kid, inmutable, continúa su partida, pasan dos, tres, varios minutos. Termina el disputado partido y el Chócolo, después de pasar como de costumbre el pintoresco gorro tejido, va hacia sus amigos.

—Bien que te haces de rogar. Ahí, en la esquina, tenemos un carro en el que Pincho te manda a buscar. Ven, que ahora sí entras en dinero.

Pincho, acompañado del *martchmake* de la pelea, le espera reclinado hacia atrás en su silla giratoria. Lo saluda con un movimiento de cabeza y le hace señas para que tome un asiento próximo a la mesa.

Hay bastante arrogancia en el Chócolo cuando espeta, sin intercambio de saludos previo:

—Ustedes dirán…

Pincho asume la ofensiva.

—Lo hemos pensado bien y consideramos que mereces una nueva oportunidad, frente a Johnny.

Jactancioso, el Kid lo interrumpe…

—¿Para quién es la oportunidad, para mí o para Johnny?

Pincho no se deja provocar y vuelve a la carga.

—Como sabes, Johnny tiene un nombre: tú, en cambio, apenas comienzas a sonar y tienes que demostrar que lo de la anterior pelea no fue casualidad.

De nuevo Chócolo.

—Y si pensaban en esta pelea, ¿por qué me avisan de nuevo con solo cuatro días de anticipación? Yo no estoy en forma.

—Te sugerimos que lo pienses bien. Es una oportunidad única. Otra victoria sobre Johnny te consagraría. Además, podrías ganar buen dinero.

Chocolate se hace el interesante. Sabe que tiene la sartén por el mango.

—Decididamente no me interesa Johnny. Él es campeón metropolitano de Nueva York, tiene mucha calidad y, según he visto en los periódicos, ha entrenado muy bien. Esta vez no ha estado de fiesta.

Y haciendo como el que se va:

—No, no me interesa el combate.

El empresario cambia una mirada de desconcierto con Pincho:

—Muchacho, estás dejando escapar la oportunidad de tu vida irresponsablemente. Toma asiento de nuevo y escucha.

El Kid vuelve a la silla que antes había dejado. Juguetea con el gorro entre las manos hábiles.

—Mira, una nueva victoria sobre Johnny te daría mucho nombre. ¿Comprendes? tú mismo la habías pedido.

El gesto del Kid es serio. Mira fijamente a uno y a otro.

—Cuatro días no es suficiente para hacerme justicia frente a un rival como él. Ustedes me ponen la soga al cuello.

—Mira, muchacho, tú te has dejado llevar por malos consejos. Esta es tu oportunidad. El público quiere la pelea, la pide en la calle, a las redacciones de los periódicos llegan cartas…

—Bien, si es tanto el interés, la pelea va. Digan ustedes «cómo se llama».

Pincho y el empresario se miran asombrados:

—¿Cómo se llama...? ¿Qué quieres decir, Chócolo?

—Que le pongan nombre en billetes, que lo digan en números.

—Bueno, ya habíamos pensado en eso. La vez anterior te fuiste con $40.00. Esta vez serán $60.00. ¡No podrás quejarte!

Chocolate se levanta de nuevo. Parece que se retira.

—Espera, aún no nos has dado respuesta, ¿o es que no piensas firmar?

El Kid no los deja terminar:

—Si quieren pelea tendrán que darme $100.00. Ni un coco menos.

—¡Estás loco! ¡Se ve que no sabes lo que cuesta montar un cartel! —interrumpe el empresario.

Nuevamente el Kid de pie:

—No hay nada más que hablar. Si cambian de idea ya saben donde pueden localizarme.

No lo dejan partir:

—Por esta, ganas.

Y Chocolate firma por $100.00 (ni un coco menos) para enfrentar a Johnny Cruz el 11 de febrero de 1928, en la Arena Colón.

De la oficina de Pincho, el Kid se dirige hacia el gimnasio de los hermanos Clemente. La noticia se ha esparcido rápido como la pólvora y un grupo de amigos le esperan en Zaragoza.

—Estás loco. Yiyi. ¿Cómo firmas si apenas tienes tiempo para ponerte en forma y Johnny está que corta? ¿No lo has visto estos días en los periódicos?

Chócolo responde con una sonrisa, pide un par de guantillas, se mete dentro de los calzones y comienza a pegarle al saco. Un *round* de sombra y salta al cuadrilátero para entrar en distancia con el *sparring* de turno.

Hace días que el Kid no calza guantes, pero se le advierte rápido, con más aire que una gaita. Se ve alegre, retozón en el *ring*. Los escépticos comienzan a cobrar confianza: el Yiyi quiere pelear, y ¿Cuándo el Yiyi quiere pelear...?

Esta vez la afluencia de público es mayor. A ritmo de charanga llega el Kid a la Arena Colón. Decenas de aficionados lo hacen en guaguas fletadas. Otros, arrollando desde el propio Cerro. La Cuadra de los Alacranes toda está allí para darle aliento.

La prensa pronostica la victoria de Johnny; sin embargo, no parece muy convencida. Es posible que haya algo de ardid publicitario tras ese favoritismo. Los especialistas se apoyan en el título metropolitano de Johnny, en el buen entrenamiento rendido, en lo que dice Pincho «que de este negocito sabe mucho», etcétera.

El nuevo Frontón está abarrotado. Pudiera decirse, y no se caería en el colmo de la exageración, que no cabe ni un alfiler más. De las peleas preliminares van a la especial y antes del combate de «las buenas noches», suben los dos estelaristas.

Johnny Cruz, que antes de campeón metropolitano de Nueva York, fue titular Guantes de Oro en ese propio Estado, es, científicamente hablando, mejor boxeador que el Chócolo. Más estilizado, danza en la punta de los pies, la guardia más cubierta, una aceitada máquina de pelear.

Chocolate, era sencillamente genial, aunque no impresionara al principio tanto como Johnny, un auténtico esgrimista de academia. La algarabía de las gradas repletas no deja escuchar el campanazo inicial. Bien porque sabe de la preparación de su rival y teme que el fuelle no le responda hasta el décimo *round*, o bien porque está incentivado de manera especial, lo cierto es que hoy el Kid se ve más agresivo que otras veces, incluso que en su anterior duelo con Cruz. Ataca desde el primer momento. Su mano izquierda trabaja bien en combinaciones arriba y abajo, que repite, una, dos, mil veces. El *hook* izquierdo entra a los planos bajos y el boxeo académico de Johnny es insuficiente para detener los rallies de este Chocolate que hoy está impresionante.

Las gangarrias y tumbadoras se dejan escuchar desde un ala de la Arena Colón. En la medida en que se acerca el inevitable final para Cruz, arrecian los repiques de bongoes y los comparseros Alacranes danzan en el reducido espacio de las gradas, sobre el pedazo de asiento que ahora le sirve de acera para arrollar: «En un solo pie, en un solo pie…».

En el séptimo, llegó el final. Ya Pincho no dudaba de la calidad del kid. En realidad, no dudó a partir del primer encuentro entre ellos. Solo quería la reafirmación y esta noche el negrito del Cerro se ocupó de ratificar hasta la saciedad su estirpe de peleador grande y, sobre todo, peleador de multitudes, de esos que suelen abarrotar estadios.

En el rostro del Johnny había un no sé qué de tristeza, mas aceptaba con enaltecedora comprensión el resultado del combate:

—La vez anterior inventaron esa leyenda absurda de que yo no estaba en forma, que había dejado de entrenar y no sé cuántas cosas más. Ahora se habrán convencido: el propio Pincho fiscalizó día a día mi preparación y ya vieron lo que sucedió.

Y al tiempo de dejar el camerino:

—¡Yo quiero ver quién le gana en Cuba a ese negrito!

Después de aquella demostración, Pincho quiso ofrecerle a Chocolate un ventajoso contrato y la posibilidad de una exitosa gira por Estados Unidos, país que ya visitara el mánager y en el que había dejado buenos contactos, establecidos a raíz de la presentación allí de Black Bill, otro de los grandes del boxeo cubano y mundial. Al Kid le tentó la oferta, pero no aceptó de inmediato. De una parte, los «billetes», la oportunidad soñada, desde sus días de vendedor de periódicos, de ver su nombre en la marquesina del Garden. Del otro, sus compañeros de la vieja guardia en la cuadra de los Alacranes, el apego al barrio que los vio nacer y siempre le correspondió.

Pincho, le «echó detrás» a Eladio Valdés, Black Bill, amigo personal del Kid y por quien este sentía muchas simpatías. Criado en el barrio de Belén, Black Bill conquistó antes que Chocolate la gran metrópoli neoyorkina y contaba con prestigio entre las cuerdas.

Volvamos al Kid, que ya tendremos tiempo de abundar en Bill y su desafortunado desenlace.

Tanto los consejos de Black Bill como los de sus amigos del Cerro, llegaron a convencer a Kid, que finalmente accedió a las ofertas de Luís Felipe Gutiérrez. En verdad no hubo firma, nunca existió, al decir del propio Chocolate, que se vanaglorió siempre de afirmar que pese a las dificultades surgidas más de una vez entre él y Pincho, en los diez años que actuaron juntos, no hubo otra firma que el compromiso verbal entre ellos.

Antes de partir hacia Estados Unidos, se pactaron algunos combates de menor cuantía, ya con Chocolate como profesional y como miembro de la cuadra de Pincho. El 3 de marzo de 1928 derrotó por KO (nocao), en el cuarto *round*, a José Sotolongo (en la Arena Colón). Una semana después puso fuera de combate en el septimo round al excampeón pluma Ángel «Soldadito» Díaz, «el boxeador más guapo con el que me he metido en el *ring*», diría posteriormente. El 7 de abril de ese propio año después por KOT(nocao técnico), en el cuarto asalto, de Kid Remache y un mes después se trasladó a Camagüey y allí venció también por la vía del sueño, en el cuarto *round*, a Kid Sagüita.

Se aproximaba la fecha de la partida, señalada para el 22 de junio de ese 1928. Antes, Chocolate tuvo que enfrentar en la Arena Colón a Pablito Blanco, otro bien cotizado peleador del momento, surgido, al igual que él, Kid La Rosa y otros tantos, de los campeonatos de

La Noche. Pero hagamos un poco de historia tomando como base palabras del propio Chocolate.

Pablito, un gran peleador, había estado bajo las órdenes de Pincho. Desde un combate efectuado en Matanzas con Joseíto García, ídolo de aquella provincia, Pablito quedó disgustado con su mánager, y esta discrepancia provocó la separación de ambos, aunque esto no llegó a trascender nunca.

Cuando se anunció que Chocolate partiría hacia el Norte con la cuadra de Pincho, Pablito lo retó públicamente. La propaganda gaceteril presentó la pelea como eliminatoria entre ambos para hacer el referido viaje; cosa incierta. Pincho aceptó, viendo en esta fabricada rivalidad un buen motivo para una mejor entrada.

Chócolo no quería pelear con Pablito, a quien conocía desde niño.

—Si tú sabes perfectamente que a mí me disgusta pelear con mis socios en la calle y en el *ring*, ¿Por qué entonces este afán tuyo y este darle que hablar a los periodistas?

—Nosotros seguiremos siendo amigos, pero la pelea tiene que ir.

Pablito no entendía los razonamientos del Kid, que una y otra vez insistía en persuadirlo.

—Eso está decidido Yiyi. Vamos a pelear y que sea lo que Dios quiera.

—Tu problema es con Pincho, no conmigo. Tú y yo no hacemos nada arriba de un *ring*.

Las palabras de Chocolate no pudieron con la terca persistencia de Pablito y la pelea se montó para el 16, justamente una semana antes del viaje.

Ganó Chocolate por decisión amplia. Los jueces lo vieron mayorear a lo largo de los diez *rounds* del combate, en el que hubo, en sus *rounds* iniciales, una reclamación de Pablito por supuesto golpe bajo del Kid que ni los jueces ni el *referee* observaron.

Todo estaba listo. Llegó el 22 y la comitiva encabezada por Pincho e integrada por Chocolate como favorito, Relámpago Sagüero, Gilberto Castillo y Juan Antonio Herrera se lanzaba en busca de gloria… y de dólares.

YA ESTÁN EN NUEVA YORK

Ya están en Norteamérica. Pincho y su cuadra van a residir a la avenida Edgecomb, en el turbulento Harlem. Desde el sexto piso en que habita, Chócolo presencia las actividades beisboleras de los Giganges de Nueva York en Polo Grounds, uno de sus equipos preferidos cuando, aún niño, se desplazaba como torpedero en el Maravillas, allá en su Cerro entrañable.

Entrenan en las arenas Saint Nichols. Esta vez Black Bill no hace el viaje y los jóvenes peleadores cubanos, desconocidos en Estados Unidos, no llaman la atención de los promotores, que codician las figuras de nombre.

De nada vale que Pincho insista en los triunfos del Kid sobre Johnny Cruz, ni la condición de campeones nacionales de los otros. No hay nombres que «vender» y, por lo tanto, no hay peleas. La vida es cara, muy cara, en la metrópoli. La encargada de la pensión está ahí, cada lunes, golpeando con los nudillos o a mano llena en la puerta para reclamar el dinero de la renta. Los cubanos ayudan a algunos peleadores ya establecidos, en sus sesiones diarias de entrenamiento en el propio Saint Nichols, y con lo que ganan mitigan las deudas, pero en realidad no viven.

Pincho no sale de las oficinas de los promotores. En el pesaje previo a cada programa, no importa día, ni lugar, está él, siempre a la caza de una pelea «que se caiga» por enfermedad de uno de los contendientes, por sobrepeso en la báscula. Mientras, Chócolo, fascinado por la vida nocturna neoyorquina, entrena de día y, a espaldas de Pincho, se divierte de noche.

La situación se torna cada vez más dura. Entre la comida y la renta escapan los pocos dólares que ganan en el gimnasio. El primero de agosto, cuarenta días después de su arribo a Nueva York, se produce de forma inesperada el debut del Kid. Así él mismo lo relata:

Esa noche se efectuaba un programa en Mitchefields, en un campamento militar situado en Long Island, en los suburbios de Nueva York. Para una de las llamadas peleas especiales a ocho *rounds*, había enfermado el rival de un tal Eddie Enos, quien había hecho oscilar la pesa hasta las 138 libras. Pincho vio llegar la oportunidad esperada y no perdió tiempo:

—Yo tengo al rival para tu muchacho, en cuestión de minutos estará aquí.

Ni el promotor, ni el mánager de Enos, ni el propio Eddie, se preocuparon mucho por saber el nombre del rival. Solo preguntaron:

—¿Cuántas peleas tiene?

—En Estados Unidos ninguna, pero en Cuba está invicto. No hubo quien le ganara allá.

—¿Cuba...? Preguntan, y sonríen al tiempo que se encogen de hombros. Bien, trae a tu muchacho. Eso sí, no puede exceder de las 128 libras que hizo Eddie, ni una onza más.

Pincho es quien sonríe ahora:

—Despreocúpense, no se pasará.

Después de eso, Luís Pinero corrió en su carro a localizar al Kid. No está en la pensión, tampoco en el gimnasio. Finalmente le halla en un círculo de artistas, en el vestíbulo del teatro La Fayette, en la más animada tertulia.

—Recoge pronto las cosas y el maletín, que esta noche debutas.

El Kid no sale de su asombro:

—¿Debutar esta noche...? ¿Dónde...? ¿Contra quién?

—No preguntes más y vamos. Tienes que estar antes de las 12 del día en el pesaje. Ya Pincho te explicará.

Y hacen el viaje de regreso hacia las oficinas, situadas en Broadway 1547. Ya llegan. Chócolo sube de dos en dos los escalones. Pincho lo conmina a que rápidamente se deshaga de la ropa y suba a la pesa. Esta llega hasta las 117 libras, ni una onza más.

El empresario, indignado, tira el habano contra el piso:

—Usted me dijo, señor Gutiérrez, que tenía un rival para Enos y este ehh... muchacho, no es de su peso. ¿Cómo es posible?El acuerdo fue que no se excediera ni una onza más de las 128 libras pesadas por Enos. No hemos faltado al compromiso, no veo pues, por qué su disgusto.

—Pero cómo este muchacho va a subir con un hombre superior, más fuerte y pesado. Eso sería riesgoso... Los periódicos hablarían...

—No habrá riesgo alguno, y si lo hay será para Enos, puede usted estar seguro. En lo que sí estamos de acuerdo es en que los periodistas van a hablar ¡y mucho!, pero no en la forma que usted piensa.

El promotor mira nervioso hacia el enorme reloj que cuelga de una de las paredes:

—Bien, ya no hay nada que hacer. A las 8:00 debe estar en la arena, ni un minuto después.

Y Pincho y Chocolate se marchan presurosos, acompañados por Luís Pinero y Moe Fleischer, quien sería el *second* principal del Kid en todas sus peleas.

Ya estamos en Mitchefields. El programa se efectúa en un campamento militar y la pelea Chocolate vs Enos cubrirá uno de los turnos especiales, a mediados del cartel. Hasta el camerino del Kid llega el rugir de los aficionados, todos vestidos de kaki. Una voz, presurosa, les avisa que estén listos, que el próximo combate será «el de ustedes».

El primero en subir es Eddie Enos y lo hace en medio de una atronadora ovación. Ahora lo hace el Kid envuelto en su bata achocolatada como su nombre de guerra. Hay asombro en las tribunas. La diferencia en peso es notoria y el mismo Eddie, cuando voltea la cabeza hacia la esquina de Kid, no puede reprimir un gesto de asombro.

Mientras Enos saluda desde su ángulo a los numerosos amigos que le piden una victoria rápida sobre «ese negrito», para no demorar más el estelar, el Kid hace movimiento de cabeza y hombros, fintea y lanza algunos golpes al aire.

El pelo bien asentado, con la raya cuidadosamente hecha a un lado. La trusa y la bata flamantes, las zapatillas lustrosas, da más la impresión de un dandy salido de las calles de Belén que la de un gladiador.

Del público nace, hasta hacerse ola, una creciente pita, mezclada con aplausos y frases en inglés que el Kid no descifra. Chócolo, que no las tiene todas consigo, se voltea hacia Pincho:

—Esto no anda bien. Traerme a pelear con un blanco y en un campamento militar, no es nada bueno. Fíjate cómo me han recibido y eso que todavía no le he puesto las manos en la cara al soldadito ese. Si gano, no habrá forma de salir de aquí…

Moe Fleischer le devuelve la tranquilidad.

—No tienes por qué preocuparte. Kid. A diferencia de Cuba, en este país los silbidos equivalen a admiración, simpatías. Has entrado con el pie derecho, le gustaron tus fintas, tu presencia. Si notas que a lo largo del combate te dedican un ¡buhh! Entonces te preocupas; mientras tanto, no.

La calma vuelve al desconfiado Chócolo. Ambos contendientes son llamados al centro del cuadrilátero. Cuando el Kid acude, se repiten los silbidos: Chócolo saluda con una reverencia, enlaza las manos sobre la cabeza al modo de los grandes campeones, y el público ríe. ¡Ya había ganado el primer *round!*

Con el *gong,* salen a combatir. Enos, más fuerte, de mayor alcance y estatura, es la negación de boxeo. Chócolo, perdido el nerviosismo de los primeros segundos, se mueve a su alrededor, mete un *jab,* otro, otro más, encaja el *hook* y cruza con la derecha, hace ahora una finta y deja enredado entre las cuerdas a Enos.

Los militares, que no esperaban algo parecido, siguen con mirada de asombro el transcurso del primero *round.* Como es natural, alientan al suyo, pero los ojos, desmesuradamente abiertos, están en el Kid, en lo que hace sobre el *ring.*

Entre tantas voces extrañas, llega a los oídos del Chócolo una familiar, que en claro español no cesa de alentarlo: «Eso es cubanito, así se boxea, eso es…».

Termina el salto de apertura y el negrito del Cerro le pregunta a Pincho por esa voz que le ha estado animando desde el primer momento. Ni Pincho ni Moe Fleischer pueden darle respuesta: «olvida eso ahora y sigue haciéndolo igual. Ya tienes al público de tu parte. Los periodistas se fijan en ti. Como si estuvieras en el Miramar Garden el Nuevo Frontón. Chócolo, ya es tuyo, no lo pierdas…».

En el segundo *round,* más confiado y dueño de la situación, Chocolate desata su batería pesada sobre Enos y lo bombardea con todo tipo de golpes; más que *fintear,* payasea por momentos. Sus *side steps* (pasillos hacia los lados para dejar fuera de balance al adversario) ponen en ridículo a Enos, cuyo rostro comienza a desfigurarse bajo el látigo implacable del *jab* del Kid. Desde un lugar de las graderías, llega de nuevo aquella voz familiar. «Arriba cubanito, así se boxea: eso es arte, cubanito».

Ya el Kid es dueño de las acciones y del campamento militar. La victoria no se hará esperar. Para el tercero, Eddie Enos está en tan deplorables condiciones, que en gesto piadoso el *referee* decide conducirlo hacia su esquina. Arrecian entonces los silbidos mezclados con aplausos, y llegan a Chócolo, más fuerte que antes, las frases de aliento de aquel militar que hablaba español: «Bravo, cubanito, bravo; esta noche podré volar feliz».

En efecto, los aficionados no demorarían en presenciar el esperado combate estelar. «¡Chócolo, y no Eddie, había ahorrado tiempo!»

Esa noche los presentes y los periodistas que cubrieron el programa, tuvieron noticias de que a las puertas del boxeo tocaba un gladiador inmortal.

De Cuba llegó una nube negra...

A la mañana siguiente. Chocolate despertó más temprano que de costumbre. En su habitual tertulia del La Fayette, entre coristas trasnochadas y amigos diversos, buscó un diario para saber qué decían de su debut. En uno de los de mayor circulación pudo leer, en cintillo a todo despliegue:

De retorno a México, en vuelo desde la base de Michefields a la capital azteca, murió en trágico accidente el capitán de la aviación mexicana Emilio Carraza.

En la página deportiva, en uno de sus ángulos inferiores, una caricatura del Kid y en letras pequeñas este título:

De Cuba llegó una nube negra. Se llama Kid Chocolate: ¡Cuidado!

Aquel combate de presentación por el que Chocolate solo percibió 40 dólares, abriría las puertas del boxeo grande a quien un año y 27 días después se llevaría 50 000 frente el judío Al Singer, en Polo Grounds.

Las ofertas ya no escaseaban y Pincho se permitía el lujo de escoger a los rivales. Las arenas de Nueva York reclamaban al Kid de Cuba y junto con él, en cada programa, iba convoyando alguno de los otros muchachos de la cuadra de Luís Felipe Gutiérrez. La situación económica mejoraba y el Kid comenzó a ser leyenda. Aumentan sus relaciones, sus roperos empiezan a surtirse. A cada nueva víctima sobre el cuadrilátero suma otra conquista amorosa.

Después de Enos vendrían, en el mismo agosto, Nick Mercer, Mike Castle, Johnny Green, Nick de Salvo y Sammy Tisch; los tres primeros por fuera de combate en los *rounds* tres y cuatro, y los dos últimos por decisión en diez *rounds*.

Seis combates en un mes, 4 por nacao y 2 por la vía judicial; el Kid demostraba que no solo sabía boxear, sino que también podía pegar fuerte.

En octubre venció al brooklyniano Johnny Ericsson, un peleador callejero y guapetón con quien Chócolo tendría una curiosa anécdota posteriormente (no apresurarse, ya llegaremos allá), Eddie O'Dows y Joe Ross; las dos primeras por decisión en 10, y a Ross temprano por la vía del sueño.

Noviembre depararía para el negrito del Cerro una satisfacción largamente acariciada: su debut en el Garden. Contrincante: Joe Scalfaro. Pero antes de llegar allá tuvo que cruzar el 7 de ese mes sobre Frisco Grande (nocao en el cuarto); el 19 sobre Pinky Silverberg (decisión en el décimo); tres días después noqueó en el sexto a Jack Schwetzer y, también con tres días por medio, acostó el 25 a Pinky May, en el sexto *round*.

Cuatro peleas en diez días y la oportunidad esperada: el Garden aguardaba por el Kid.

Debut en el Garden

Chocolate ha conseguido trece triunfos consecutivos en la ciudad de Nueva York desde su batalla inicial con Eddy Enos. En ocho ocasiones ha puesto a dormir al contrincante. No obstante, la aspiración de pelear en el Madison Square Garden no se convierte rápido en realidad. No es fácil.

Pincho representa la primera ofensiva contra los prejuicios raciales que todavía quedan en el boxeo. Al llegar a Nueva York con Cirilín Olano, con vista a la inclusión del deportista en las eliminatorias por el cinturón ligero del orbe, dejado vacante por Benny Leonard, el pugilismo es territorio de blancos. Jack Dempsey, figura legendaria de los completos, jamás quiso medir fuerzas con Harry Wills, y no por miedo sino por el color de la piel del aspirante. La pelea se firmó, los boletos fueron impresos, pero la Pantera Negra se quedó con las ganas. Los racistas no permitieron el encuentro.

Los *bouts* estelares del Garden solo habían permitido a un negro, Tigre Flowers, quien llegara a ostentar el cetro mundial de los *middleweight*, al superar al inmenso Harry Greb, por la vía de los jueces, en quince *rounds*, el 19 de agosto de 1926. La alegría le duró poco al Tigre, pues cayó por decisión frente a Mickey Walker, con la faja en juego, el 3 de diciembre de ese mismo año.

Las carteleras del Garden preferían a peleadores como Scharkey, Loughram, Petrolle, Uzcudún, Singer, Rosenbloom, Canzoneri, Schmelling… quienes, además de la calidad y la atracción, tenían la piel blanca. Los negros debían conformarse con la arena Saint Nichols y otras instalaciones de menos rango. Y a ellas tuvo que llevar Pincho a su cuadra, hasta que las puertas del «templo» fueron abiertas por Tex Rickard y sus socios en esta empresa de sacarte el jugo hasta la última gota a los que intercambien *uppercuts* por «money».

Es cierto que Pincho resulta un magnífico combatiente contra la discriminación, pero si las puertas se abrieron, fue por el ariete de la calidad de hombres como Black Bill y Kid Chocolate, figuras de prestigio capaces de llenar los escenarios de Fistience y, por consiguiente, mercancías apetitosas, magníficos negocios…

Y al sueño de Chócolo le llega la ahora. Su rival: Joe Scalfaro; fecha: 30 de noviembre de 1928.

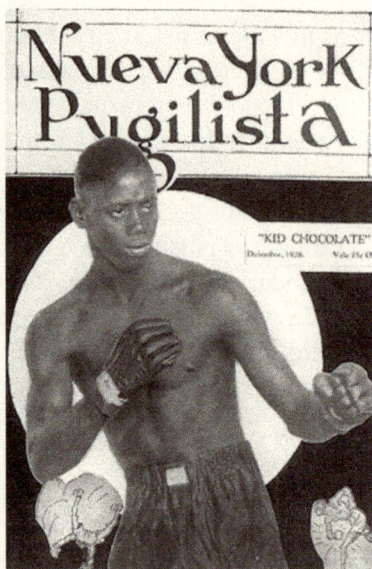

Joe Scalfaro (1903-1965)
Foto: Box Rec web

POR POCO...

Los 19 000 fanáticos son un grito ensordecedor. Las luces, sencillamente, son las luces del Garden y ya está dicho todo. Más fuerte que el aroma de los cigarros, es el olor de las apuestas. El cubano es favorito cuatro a uno. El veterano Joe es, ante todo, fuerte, resistente y corajudo. Su técnica no es de primera. Las libras que le saca al Kid son muchas menos que las libras de calidad que el antillano lleva de ventaja.

¡Silencio! Va a comenzar el pleito. Al centro del *ring*; hacia las esquinas respectivas...

Aquí, en el Garden, de estelaristas... *¡Mi madre! ¿Qué dirán mis «ambias» de La Habana? Si yo me conformaba con un puestecito, hasta por allá arriba, y mirar las peleas con anteojos. Con eso estaba conforme. Y hoy aquí de estelarista, y esas luces, y tantos fotógrafos, y esos gritos. La campana sonó, sí; Pincho me dice algo. Sí, me tengo que virar...*

Scalfaro, fiera sobre el adversario. Formidable derechazo al mentón del Chócolo, quien va de cabeza hacia la lona. El *referee* inicia el conteo. Uno, dos, tres... el Kid, aunque tambaleante, se levanta antes del diez. Scalfaro, ametralladora sobre el oponente. Mas, el negro del Cerro busca, prolonga el abrazo, esquiva, bloquea derechas e izquierdas, y hasta coloca sus golpes. Frena la ofensiva del veterano, que pensaba rematar y terminar la disputa aquí mismo. El *gong*. Al descanso.

En la esquina del Kid, angustia. Pincho se muerde los labios, aconseja: «¡Tú eres mejor, no pierdas la cabeza; desde lejos, tu *jab*, tu *jab*, cruza con la derecha». La esponja. El agua. Masajes a la nuca, a la cintura. Fleischer, el segundo, confía. Palmada al hombro. A pelear...

Dos, tres, cuatro, cinco, seis, siete capítulos. La ciencia va derrotando a la fiereza. La mayoría de los puñetazos de Scalfaro, al vacío. El Chócolo, pasillos laterales, *jab* latigazo, cuerpo de anguila. Aunque, en verdad, la ofensiva del criollo no es la que ha mostrado siempre. Le falta creatividad, mayor potencia. Pero, no deja de tirar; se ha repuesto y hay que contar con él.

De nuevo en la esquina; de nuevo la esponja, los masajes, los consejos. Y el Kid pregunta, entornando los ojos como si las luces le molestaran:

—Pincho, ¿cuándo empieza la pelea?

Pincho, asombrado, responde rápido con una palabrota. Comprende que Chocolate ha combatido inconsciente durante siete *rounds*; es el instinto del pugilista.

—Mira, muchacho, ese hombre te tumbó, pero estás bien; si sigues así la pelea es tuya.

—Pincho, ¿me tumbó? No, no puede ser…

—Sí, te tumbó en el primero y con tremendo golpe. Pero es tuyo, continúa con tu juego y te lo llevas.

—Pero, ¿me tumbó? ¿De verdad que me tumbó?

—Olvídate de eso y gánale.

La fiera ahora es Chocolate en cuanto se reanudan las hostilidades; lo que es una fiera hábil, habilísima. Y crea entre las cuerdas. Que lo diga Joe, que siente esa creación en el rostro, en el cuerpo, al no poder evitar *hooks* y *jabs*, o cuando sus mejores ataques terminan en nada.

La decisión de los jueces: tablas.

Kid Chocolate

EN LA PRENSA

Las opiniones estuvieron divididas ante la decisión. Un diario publica:

Morganstern Asegura que Ganó EL Kid

«Le han robado la pelea al cubano», dice el cronista de la *Inter Ocean Press*.

Chocolate boxeó más, pegó mejor, y debió haber sido declarado el vencedor:

New York, noviembre 30. Kid Chocolate ha sido víctima esta noche de la primera «mala jugada» que se le hace en este país, al ser declarada «tablas» su pelea contra Joe Scalfaro. No obstante la decisión, que fue recibida con protestas vigorosas, la pelea fue ganada, fácilmente, por el cubano. Para mí, esta ha sido la mejor y más brillante demostración del cubano en New York, donde tantos éxitos ha obtenido. Insisto en decir que Chocolate boxeó más y pegó mejor que el italiano, no obstante lo cual, los jueces, Charles Mathison y George Kelly, y el referee Kid Mc Pórtland, después de una larga consulta declararon tablas la pelea.

Chocolate fue el agresor en la mayoría de los rounds, y a Scalfaro no le valió de nada haber sorprendido al cubano con el golpe formidable con que abrió la pelea, derribándolo en el primer round.

Chocolate no esperó siquiera los nueve segundos de ritual. Se paró y peleó con coraje, demostrando ser el valeroso muchacho de siempre.

La pelea fue sensacional, movidísima, y la concurrencia, desbordante, quedó complacidísima hasta que se dio la decisión, que nadie pudo entender. Hasta los que ya están curados de espanto y conocen a fondo esas maravillosas decisiones que se dan de vez en cuando en el Garden, no saben cómo ha sido posible que nadie viera unas tablas donde la mayoría vio un triunfo sensacional, de mérito extraordinario para el cubano.

Chocolate - Scalfaro Tablas

Anoche demostró lo mucho que vale
La sensacional pelea fue presenciada por 19 000 fanáticos. La decisión
fue muy discutida. La mitad de los concurrentes estimaban que Cho-
colate era el ganador. La otra mitad, estimaba que se había cometido
una injusticia con Scalfaro. Después de cinco minutos de protesta, todos
convinieron en que había sido una decisión justiciera.
Kid Chocolate no pudo ganar anoche, al hacer su debut en Madison
Square Garden, pero al hacer tablas contra el veterano Joe Scalfaro,
después de recibir un knock-down al iniciarse la pelea, demostró lo
mucho que vale, su valor indomable y su verdadero espíritu de pelea.

Ahora sí que te graduaste

En la calle, Chócolo sigue incrédulo.

—No, no me puede haber tumbado, ¿a mí tumbarme?

Pincho le compró un extra nocturno, en el que se reseñaba la batalla, y estaba, además, la foto del Kid en el suelo.

Se convence, y la tristeza le invade el rostro.

Pincho interviene:

—Muchacho, ¿cómo te vas a poner triste? Ahora sí que te graduaste. Te has sabido levantar, has sabido pelear desde abajo. ¡Has demostrado más que nunca que eres boxeador de verdad!

Aunque más reconfortado, cierta amargura le brinca en el pecho. Él, que se creía intocable, ha sido derribado. ¡Cómo este torpe Scalfaro pudo llegarle a la cara y ponerlo de cabeza en la lona! Y esa noche, una corista platinada le sirve para aliviar el dolor del amor propio herido.

El camino hacia Singer

Chocolate cerraría ese, su primer año en Norteamérica, con tres victorias en diciembre sobre Johnny Holstein, Emil Paluso y Pancho Denico; la primera en 10 *rounds* y las dos restantes por la vía más expedita.

Ignacio Fernández y Kid Chocolate, 1929
Foto: Box Rec web

En 1929 le esperaba la pelea con Al Singer. Antes tuvo que superar a quince adversarios; de ellos, solo cuatro con real jerarquía; el batam Bushy Graham, Fidel La Barba, Vidal Gregorio e Ignacio Fernández (este último con una victoria por nocao en tres *rounds* sobre Singer).

Bushy Graham, entonces campeón mundial de las 118 libras, pudo representar para Chocolate su primer fajín del orbe, pues la pelea se pactó a 15 *rounds* y en opción a la corona. Solo que tanto Bushy como Chócolo se pasaron en la báscula y, aunque el combate se efectúo, el título no estuvo en juego, de acuerdo con el reglamento.

El combate Graham vs Chocolate fue montado como turno principal para la inauguración del Coliseo de Nueva York, situado en el mismo corazón del Bronx, próximo al Yankee Stadium. Dieciocho mil espectadores y la policía tuvieron que hacer uso del garrote para dispersar a los revendedores de tickets y al público que quedó con deseos de entrar.

El esperado duelo entre los dos grandes batams del momento, tuvo un final abrupto cuando el *referee* Jack Dorman descalificó a Graham a los dos minutos y cuatro segundos del séptimo *round*, por pegar un golpe *foul* que derribó al Kid, quien iba haciendo una buena pelea hasta el instante del desenlace.

43

Con Fidel la Barba, con quien pelearía en tres ocasiones, se impuso Chocolate por decisión clara en 10 *rounds*, apoyado fundamentalmente en su certero *jab* y mayor movilidad. La Barba, más pequeño de estatura y con mejor alcance, encajaba al estilo del Kid, que en todo momento trató de evitar —lo logró— que el fogoso ítaloamericano de 5,3 pies de alto, brazos cortos y puños fuertes, llegara al cuerpo con sus andanadas desesperadas.

Para La Barba, cuyo reinado en las 112 libras había expirado alrededor de dos años atrás, esta pelea formaba parte de un «come back» (retorno) en busca de dólares. Iniciado éste, había ganado nueve peleas en orden hasta sucumbir ante los puños del Kid, que aceleradamente marchaba en busca de un combate que lo llevara definitivamente a la cumbre.

Ese combate tenía un nombre: Al Singer vs Kid Chocolate, y llegó el 29 de agosto de ese año.

Chocolate vence a Bushy Graham en siete asaltos de quince, New York Coliseum, Bronx, New York, USA (1929). Foto: Box Rec web

Chocolate, cortina de humo

F inaliza el tercer preliminar. Murria Ke, del Este de Nueva York, con 137 libras de peso, le ganó por decisión a Harry Freidman, de Brooklyn. Casi nadie se fija en el prometedor estilo del victorioso; todos esperan el tope entre dos exvendedores de periódicos; el Kid, por las calles de La Habana; su rival, por el barrio Este de Nueva York. Además, acaba de llegar el famoso peso completo vasco, Paulino Uzcudún. Viste con elegancia y parece, más que atleta, estrella de cine con la cara algo más poderosa. Lleva su conocida boina azul, su corte de amigos y, claro, uno de sus muchos mánagers, Al Meyerl. Se sientan en la segunda fila de las sillas del *ring*.

Hype Igoe, uno de los más célebres críticos de pugilismo de Estados Unidos, se acerca a Uzcudún y le pregunta por el favorito. «Chocolate sin dudas», le responde el español. Igoe ha sido de los primeros en llegar, y se encuentra indagando por diversos rincones. Él mismo declara tener gran confianza en el deportista cubano.

Bill Carey, presidente del Madison Square Garden, también fue de los primeros; está en las sillas de preferencia, rodeado de varios amigos. Pedro Llanuza, caricaturista y periodista deportivo mexicano, dibuja a varias de los cientos de figuras notables que se hallan cerca del cuadrilátero.

¡Ya llegan los contendientes! Aplausos, chiflidos, escándalo… Joe Humphreys, el veterano anunciador, los presenta:

En una esquina, Al Singer, 128¾ libras.

Ídolo de la colonia judía de Nueva York, Singer es un bien ranqueado *featherweight*. En 48 combates: 42 triunfos (14 por nocao), 2 tablas y 4 derrotas (1 por nocao en el tercer *round* contra Ignacio Fernández, en mayo de 1929) Victoria importante, la del 24 de julio de 1929, al disponer por la vía del sueño, sin el cetro en disputa, del campeón mundial *feather,* el francés Andre Routis. Una de las tablas la logró, en 10 episodios, con el peligroso Tony Canzoneri, *as* de los pesos pequeños.

Al Singer sale favorito 2 a 1. Fuerte, resistente, guapo siempre, buscará la pelea dentro frente al cubano. Peleador elegante, figura taquillera, ha sido bautizado por reconocidos expertos como el segundo Benny Leonard.

Se ha preparado bien el judío norteamericano. En la prensa se publicó, en los días que precedieron al esperado enfrentamiento, lo siguiente.

Al Singer trabajó ayer ante un buen número de amigos

Su *máganer* no quiere que el muchacho tenga exceso de *training* y apenas lo hace practicar por ahora.

Hoosickfalls, agosto (AP). Miembros de la colonia hípica de Saratoga y algunos automóviles llenos de amigos suyos de Harlem, se contaron entre los que observaron a Al Singer en su primer día de entrenamiento para su próxima batalla con Kid Chocolate en New York, aquí esta tarde.

Singer, que está en magníficas condiciones debido a sus recientes *bouts* con Andre Routis y Gascón Charles, no boxeó. No se pondrá los guantes hasta el martes. Hoy trabajó siete *rounds* de suiza, boxeó de sombra e hizo trabajos calisténicos con una pimienta y vida que probaron está en magníficas condiciones.

Singer, que vino a este campamento el pasado viernes, planea tomarse dos días de absoluto descanso. Sin embargo, ha hecho algunos *rounds* de Golf. En el Country Club. La única preocupación del *trainer* Hoe Levys es mantener al muchacho en condiciones y alejarlo del exceso de trabajo.

En la otra esquina. Eligio Sardiñas, Kid Chocolate, 125 libras. Un habanero rápido como un tigre; se mantiene invicto en 32 combates efectuados en Estados Unidos: 31 triunfos (17 por nocao) y 1 tabla. El record que presenta en su país, según revistas especializadas, es de 100 peleas amateurs y 21 profesionales, y en todas se impuso.

Entre las víctimas del Kid, por decisión, en Estados Unidos, está Fidel La Barba, campeón olímpico dentro de la división mosca en 1924, y titular del orbe. Posteriormente, entre los profesionales, renunció a la corona en agosto de 1927 para estudiar en la Universidad de Stanford. En julio de 1928 retornó al mundo de los *jabs*. También el campeón batam del orbe, Bushy Graham, sucumbió por *foul* ante el Chócolo, en siete capítulos. Ignacio Fernández, vencedor de Singer por fuera de combate, perdió por la vía judicial frente al cubano, el 10 de julio de 1929.

Ídolo de la barriada latina, Chocolate asombra a Norteamérica, la conquista a puñetazos. Norteamérica también lo conquista, amenaza con tragárselo... Kid aparece en fotos, cintillos, entrevistas e informaciones en los periódicos. Sonríe, se siente feliz con la popularidad, pero no pocas veces olvida el entrenamiento. Aunque ahora la prensa ha publicado:

Chocolate actuó con sus sparrings ante buena concurrencia

Frank Bruen y algunos amigos vieron el *training* del criollo y le declararon en perfectas condiciones para la pelea.
White Sulphur Springs, N Y, agosto (AP). Kid Chocolate impresionó mucho a una concurrencia de sobre quinientos espectadores en su sesión de *training* hoy, que consistió en seis *rounds* de boxeo, con tres *sparrings* partners. Entre los que acudieron a presenciar el entrenamiento se contaron Frank Bruen, ejecutivo del Garden, W. a. Pratt y Bert Stand, de la Comisión de Boxeo de Nueva York. Stand declaró que Chocolate es una perfecta máquina de pelear. El Kid mostró considerable acción para la concurrencia hoy, mientras actuaba cambiando golpes con sus compañeros. Es notable su velocidad en este período del *training*. Con Eddie Reilly y Jimmy Slavin, los primeros *sparrings* en el *ring* por dos *rounds* cada uno, Chocolate fue visto en su mejor forma.
La pequeña sensación de Cuba usó una izquierda recta, practicándola toda la tarde. Chocolate terminó su trabajo con dos *rounds* de tácticas ofensivas contra Baby Face Quintana.
Nat Fleischer, director de la revista *The Ring*, opina:

He visto pelear a Kid Chocolate en sus tres últimas peleas y lo mismo yo que todos los demás compañeros míos, opinamos que Kid Chocolate es un boxeador excepcionalmente maravilloso y sus condiciones superan a las que poseía el famoso George Dixon.

Kid Chocolate sin duda alguna está considerado por nosotros el boxeador más completo de todos los tiempos, por su conocimiento superior a todos los aspirantes al campeonato mundial. Pega duro con ambas manos, es muy rápido y su gran juego de piernas es inimitable.

Con el pie en el estribo del inicio de la lid, el mánager de la estrella de ébano Pincho Gutiérrez, conversa con sus colegas, los periodistas. Se trata de esconder tras una máscara de serenidad, y está nervioso. Pregunta, responde...

Sobran las palabras, las intencionadas hipérboles; hablará la acción entre las cuerdas: Lou Magnolia, el árbitro, llama a ambos contendientes al centro del cuadrilátero. Al Singer, serio; en los labios de Chocolate, una sonrisa.

¿Quién es? ¿De dónde ha salido este negro esbelto, simpático, de rostro agradable, mirada pícara y frases ocurrentes, tan certeras como sus golpes, púgil que, en tan poco tiempo, ha conquistado al público neoyorquino?

LOCURA EN POLO GROUNDS

Polo Grounds es locura. Noche del 29 de agosto de 1929. Pelea estelar: Kid Chocolate vs Al Singer. El humo de los cigarros trata de imponerse. Gritos en inglés y español se mezclan cual un solo graznido. Hay apuestas y gánsteres, celebridades y decenas de periodistas. La música surge de las máquinas de escribir. Comienzan a llegar las mujeres hermosas, vestidas a la última moda. Continúan las exclamaciones, los Habanos, los saludos, las apuestas... Los postes del *ring* están más pulidos que nunca; soportan sogas forradas de terciopelo verde. La ansiedad mastica a la concurrencia; no escapa de ella ninguna de las 27 713 personas que han dejado en taquillas 215 267 dólares, récord mundial de asistencia y por concepto de entrada para pesos pequeños.

Primer round

Chocolate se persigna en el momento que suena la campana. Se buscan los atletas. El cubano comienza la batalla con una izquierda sobre el rostro de Singer. Éste riposta con derecha cruzada que el Kid bloquea fácilmente y con verdadera rapidez. El Chócolo empieza a bailar alrededor del oponente, y conecta un ligero uno-dos. Singer responde, mas el rival se quita el puñetazo. Chocolate coloca izquierda larga sobre la cara de Singer, que da casi en los ojos del norteamericano. Al Singer responde con derecha e izquierda fuertes a la cabeza del Chócolo, quien logra directo a la cara.

Singer llega duro con la izquierda, pero el Kid devuelve la medicina con derechazo al cuerpo. Singer se dobla; escapa de la ofensiva y se repone, pues lanza derecha al cuerpo. El antillano huye muy bien del ataque. Singer provoca el *clinch*. Cuando suena la campana para dar por terminadas las hostilidades en el episodio inicial, ambos púgiles intercambian golpes ligeros.

[...]

Tercer round

El nerviosismo desaparece. Los dos contendientes se mantienen frescos y parecen más confiados en sus fuerzas. Eso se ve desde el inicio del *round*. El Kid trata de castigar la cara del contrario; hay un ligero hematoma debajo del ojo izquierdo de Singer. Chocolate dirige una izquierda a la cabeza de Al; ambos se dan izquierdas y derechas al verse en el primer cuerpo a cuerpo de pelea. Magnolia hace que rompan; Singer pone cara de sorpresa. Dura izquierda de Chocolate, y enseguida hacia atrás. Singer busca el cuerpo a cuerpo de nuevo. Derecha al cuerpo del cubano.

Chocolate sale bailando y le da izquierda a la quijada, seguida de una fuerte derecha al cuerpo. Intercambian golpes ligeros en el centro del cuadrilátero. Chocolate da derecha a la quijada, pero recibe en cambio poderoso golpe al cuerpo. Baila hacia atrás. Singer le propina otro fuerte golpe a Chocolate y lo hace ir hacia el centro del encerado. Cuando suena la campana, ambos pelean furiosamente y el *referee* tiene que separarlos.

[...]

Sexto round

Ambos se encuentran en el centro del cuadrilátero al iniciarse el capítulo. Singer le da una izquierda al cubano, pero recibe a su vez una derecha al cuerpo. El Kid vuelve a castigar el ojo herido del contrincante; este empieza a danzar huyendo de la ofensiva. El Kid mueve su cabeza e invita a pelear al norteamericano. Al Singer le envía derecha a la quijada. Chocolate va hacia atrás. Dirige golpes largos de izquierda y derecha.

Singer ataca inesperadamente. Una, dos, tres fuertes derechas al mentón sin recibir contestación del Kid. De pronto, Chócolo ataca al ojo herido de Al; el neoyorkino se retira para evitar el castigo. Hay sangre en su rostro. Intercambian golpes. Ambos se daban derechas cuando suena el *gong*.

[...]

Noveno round

El estadounidense ataca, busca el cuerpo a cuerpo. Derecha e izquierda sobre el rival. Magnolia vuelve a cortar las acciones. Hay gritos de protesta de simpatizantes de Singer. El Kid ataca y clava su izquierda en el rostro oponente. Le responden con derecha al cuerpo. Va hacia atrás el Chócolo. En el centro del *ring,* intercambian derechas e izquierda; la combatividad vence el cansancio. Chocolate vuelve a intentar puñetazos sobre el ojo herido del opositor; este responde al cuerpo; van a un *clinch.* El Kid dirige izquierda fuerte a la cabeza y enseguida va hacia atrás. Al lo persigue; intenta colocar sus golpes al cuerpo. Logra un buen derechazo. Izquierda de Chocolate, derecha de Singer. Suena la campana.

[...]

Duodécimo round

El último. Al sale de su esquina como una flecha en busca del Kid. Singer intenta colocar golpes definitivos; el contrario trata de continuar martillando sobre la herida del rostro del norteamericano. Izquierda del cubano a la nariz de Singer. Derecha de este al cuerpo. Chócolo danza, vuelve a la carga. Otra vez el *jab,* sigue con derecha. Responde Singer con derecha. El neoyorkino fuerza el combate. Derecha fuerte a la cabeza de Chócolo. Hacia tras; de pronto, contrataca: *jab* al ojo herido, derecha al cuerpo. Recibe derecha al cuerpo también. Otra derecha de Singer. Chócolo la bloquea.

Singer busca el cuerpo a cuerpo. Retrocede Chocolate, después de colocar ligero uno-dos. Singer golpea con derecha e izquierda y recibe directo al ojo lesionado. La campana encuentra a Singer en busca de Chocolate.

Polo Grounds es manicomio. Se espera la decisión. Es más manicomio cuando se anuncia al vencedor: Kid Chocolate. Hay saltos, sombreros que vuelan, gritos tremendos entre los seguidores del latinoamericano. La disputa del *ring* ha terminado; ahora, en la calle, en la propia instalación intercambian trompadas los partidarios de uno y otro bando.

En las filas de los judíos-estadounidenses hay rostros sombríos. Protestan. No están de acuerdo. Acusan al árbitro de cortar la acción de Singer y no permitir a este recrearse en el cuerpo a cuerpo, agua maravillosa para Al y mala para el Chócolo. El *referee*, Lou Magnolia, judío también, será tratado desde entonces como traidor y hasta algunos grupos le golpean en la calle en varias ocasiones. La profesión misma se le hará difícil. Los periodistas rodean al ganador, lo acosan a preguntas.

—Singer será bueno, pero yo sabía que conmigo, «monina», no se buscaba nada. Soy el mejor; EL BOXEO SOY YO... ahora, que La Habana me espere.

Así declara el Kid, entre risotadas, sonrisas, palmadas.

Y La Habana lo estaba esperando. *El Diario de la Marina* llenó la página de deportes de títulos y sumarios relacionados con la pelea; guardó también para primera.

Chocolate venció sin susto. El negrito del Cerro demostró ante el gran AL Singer que es el más grande púgil de la época, obteniendo una brillantísima victoria. El hermoso triunfo obtenido por Kid Chocolate anoche nos ha llenado de legítimo orgullo.

Los gritos en español que lanzaban los aficionados que simpatizaban con Kid Chocolate, daban al ambiente un tono de corrida de toros, solo que el sol, la sangre y la arena se vieron sustituidos por la luna, la lona y la resina.

El más reaccionario de los periódicos cubanos no se conformó con ridiculeces, aun disparates y antiperiodismo. Al otro día se vanagloriaba de su logro.

Anoche la enorme multitud que se congregó frente a esta casa del *Diario de la Marina*, los millares y millares de fanáticos que se situaron en la amplia Plaza del Capitolio, desde la calle San José al Parque de la Fraternidad y la masa que se encajaba por la calle Teniente Rey, se electrizó una y otra vez mientras duró la interesantísima pelea, con las noticias que les íbamos transmitiendo por el servicio de amplificación de voz de la Phillips de Holanda, cuya potencia se hacía escuchar a distancia incalculable. ¡Un gran éxito de transmisión! Y nuestro hilo directo de la *Associated Press* funcionó de manera admirable. Desde el mismo *ring side*, golpe por golpe, detalle por detalle, el experto al otro extremo del hilo iba comunicando rápidamente lo que veía y oía, nada que tuviera algún interés se le escapó. Así que el público situado a nuestro alrededor se fue enterando de todo con la misma facilidad, con la exacta sensación que si estuviera en Polo Grounds…

Balihoo de aquella periodística, canto publicitario de paso para la compañía holandesa. Las exageraciones plagaban las páginas, y no por gusto: era un diario fiel a su clase.

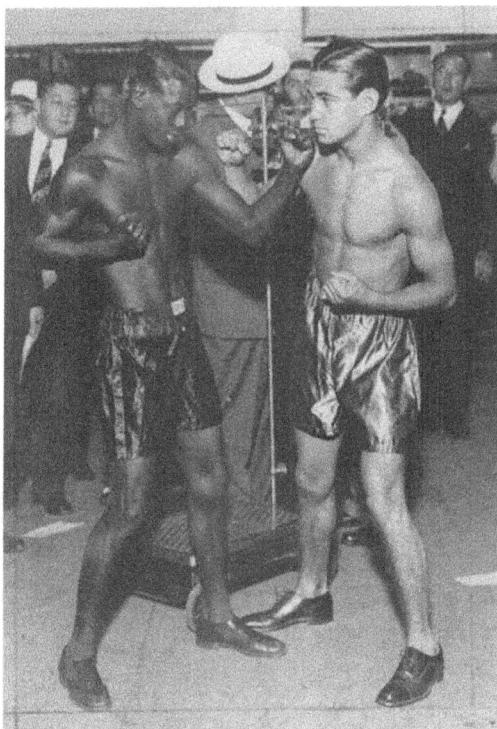

Chocolate vence a Al Singer en doce asaltos, Polo Grounds, New York, USA (1929).
Foto: Box Rec web

EL DEPORTE COMO DROGA

El segundo período presidencial de Gerardo Machado se inicia precisamente en 1929. Se mantenía, pues, el crimen en el poder, crimen para consolidar los intereses americanos y de la oligarquía nacional. El Asno con Garras y sus secuaces usan como opio de las masas al deporte, tanto los triunfos del *as* negro, como los Juegos Deportivos Centroamericanos, a celebrarse en La Habana en 1930.

Sin comprenderlo, Chócolo es cortina de humo contra los reales problemas del país, incrementados con la crisis económica capitalista, que comienza este mismo año con la quiebra del mercado de valores de Nueva York, el nombrado *Crack* del 29. La rapidez felina, los *jabs* impetuosos, la esgrima boxística del Kid, son utilizados por los medios masivos de difusión para obstaculizar el tremendo crecimiento del movimiento oposicionista.

Para una compañía de aviación, también le es útil la simpatía del deportista rentado:

Kid Chocolate Volando en aeroplano de la Pan American Airways.In. Saluda a sus Amigos y Compatriotas ¡Hey Familia!

Lo que cae del cielo no hace daño.

El Chocolate está caliente.

Pregúntenle a Al Singer.

Aquí me tienen volando por los aires, pero no por eso soy pájaro; y aunque en cuerpo estoy muy arriba, en espíritu me encuentro al nivel de los corazones de mis compinches habaneros. Pincho me acompaña en este saludo a Uds.

Suyo Kid Chocolate

A Chócolo lo salva, por el momento, su calidad en el mundo de las narices aplastadas; en lo íntimo, los mismos que lo convierten en instrumento y mercancía, lo desprecian: no le perdonan ni el origen, ni el color.

El Kid en La Habana

El Sikorsky, anfibio de la Panamerican Airways, amarizó en aguas cercanas al muelle de Caballerías. Miles de personas se concentran en este lugar por la carga del aeroplano: Kid Chocolate y su director, Luís Felipe Gutiérrez, Pincho. Vibra la multitud. Ya los dos subieron al remolcador que los trae hacia los fanáticos que lo reclaman. Después, aplausos, abrazos, escándalo, sombreros al aire; Pincho y Chócolo cargados en hombros, ¡hasta lágrimas de alegría!

El recorrido. Las calles son hormigueros humanos, que rugen como leones. Prado es un mar de personas en ebullición. El desgobierno ha decretado media jornada de trabajo con vista al recibimiento. La tiranía se aprovecha del momento, de lo puro de la reacción del pueblo ante su ídolo, para manejarla al antojo y beneficio de los explotadores. Funcionarios machadistas les dan audiencia al gladiador y su guía; hay fotos, galardones y discursitos. Los plumíferos sacan lascas al hecho.

La droga, la melodía diversionista en acción: Cuba tiene un pugilista capaz de ceñirse más de una corona del orbe, es un genio, un fuera de grupo... aunque no hay trabajo y crece el desempleo; se incrementan el hambre y la miseria, las torturas y los asesinatos; no hay escuelas, ni hospitales, ni deportes para las masas; no hay desarrollo industrial. Julio Antonio Mella, atleta de la libertad, había sido ultimado en México, por orden y con balas machadistas, a principios de 1929, exactamente el 10 de enero. Su sangre, más tarde o más temprano, florecería en la victoria del pueblo. Y esa sí es la verdadera alegría.

Pero, ahora, la fanaticada no comprende, ni Chocolate tampoco; por eso es, simplemente, a pesar de sus triunfos y condiciones, instrumento, droga. Cortina de humo...

PINCHO GUTIÉRREZ

El canto de sirenas del recibimiento mareó a Chocolate y a Pincho. Creció la autosuficiencia en el dúo, se creyeron invencibles. Hubo bastante reposo... activo para el campeón: rumba de noche y, también, de día. La fama, la popularidad, la derrota de Singer, las perspectivas risueñas, unieron más a la pareja.

A pesar del éxito, Pincho había escrito desde Nueva York a un amigo:

> Aquí estoy en mi torre de marfil. Todo aquí es falso y me dan ganas de dejarlo todo y volver a La Habana donde se respira el aire de sinceridad. Todo aquí se arregla con dinero. Los sentimientos se fabrican con dinero y para no contagiarme con esta falsificación humana, me encierro por la mañana en mi oficina de Broadway donde sueño con librarme algún día de esta gente que no puedo resistir.

En La Habana se daría cuenta de que tampoco en su tierra era fácil respirar la sinceridad y aquellos que luchaban por ese aire, por la felicidad plena, eran perseguidos y hasta asesinados. Intuyó, algo más tarde, que tras las bambalinas de la acogida había pedazos podridos. A pesar de eso, la capital de su patria siempre lo llamó y él y el Kid vacacionaban en ella después de las duras jornadas.

«Necesitamos un poco de cielo criollo para vivir...», confesaba al periodista. El cielo criollo estaba nublado y Luís Felipe no pudo ser ajeno a esa situación. Y en una de las despedidas a las temporadas de reposo, dijo hasta luego con una carta pública violenta en la que desnudaba al país y mostraba mucho de lo malo existente. Tomó partido en la batalla contra lo turbio.

Por eso, a mediados del cincuenta, un periodista señaló: «Sus afanes rebeldes no son de fecha reciente. Por el año 1930 ya estaba Pincho —que nada necesitaba entonces— en andanzas revolucionarias.» Fueron más que andanzas.

No hay Chocolate sin Pincho, ni Pincho sin Chocolate

De origen nada humilde —los padres eran dueños de una flota pesquera en Surgidero— a Luis Felipe lo enviaron a estudiar a Estados Unidos. Allí se familiarizó con el boxeo: le golpeó como *hobby*, se le hizo negocio y, sobre todo, le entró en la sangre para siempre. Mánager, promotor, periodista del ambiente de las orejas de coliflor, el pugilismo fue gran parte de su vida. En 1925 llevó su primera cuadra a Nueva York: Black Bill, Relámpago Sagüero, entre otros. Luego, sería Chocolate su gran *round*; mas no el único: Vidal Gregorio, Mateo de la Osa, Victorio y Valentín Campolo. Ignacio Ara, Canadá Lee, Baby Joe Gans, integraron su escuadra internacional. Participó, a su vez, de las ganancias del célebre panameño Al Browns, titular mundial batam.

Atleta él mismo en su juventud, Pincho practicó baloncesto, lanzó con acierto la jabalina y formó parte de la canoa ganadora del torneo nacional, la del Dependientes, la misma donde remara Mella. Nunca olvidaría a este, y algo de la rebeldía del líder revolucionario le llegó dentro; con el tiempo le fue creciendo. Luís Felipe Gutiérrez resultó de esos seres ganadores de juventud para las ideas con los años; murió muy joven porque falleció en franca rebelión contra la injusticia.

Con valor y habilidad se lanzó a conquistar al Norte con sus deportistas y lo logró, especialmente con el Kid. Hábil en la dirección de su pupilo, lo supo guiar hacia la cima. Era negocio, cierto; sacaba ganancias, cierto; pero es difícil que un gladiador de nuestra época diga lo que ha dicho Chocolate de su mánager:

—Pincho, ¿mi amigo? No, más que eso, mucho más que eso; mi hermano, mi padre… Si le hubiera hecho caso en muchas cuestiones…

Hubo broncas entre ellos, discrepancias porque el mentor deseaba que el pugilista no dejara las fuerzas en las «alegrías nocturnas». «Me regañaba y duro, como un padre, por mi bien. Por Pincho llegué», confesó el Chócolo.

¡Aquel mundo... ¡Qué mundo!

Hombre muy discutido, expresó en entrevista publicada en la revista *Carteles* del 12 de febrero de 1933:

—He sido receptor de los más injustos ataques —comienza Pincho, después de ingerir un sándwich de queso Roquefort— y también he sido «catcher» de agresiones justas (Pincho me dirige una mirada preñada de gentileza... muy significativa) Pero yo no pierdo la cabeza, aunque me duele el alma. El oficio de mánager de boxeador —especialmente el mánager de un campeón del mundo puede catalogarse entre los más difíciles y más crueles. Es necesario pactar con los elementos más ruines y bajos de este mundo. Hay que poseer psicología: hay que ser hipócrita; y barnizar el espíritu de una filosofía muy práctica, si no se quiere sucumbir en el ambiente.

He sido tildado de jactancioso, de vesánico; de hablador barato; de mal cubano y hasta de «guilladera» crónica. Y no me quejo... Es la reacción lógica contra todas las personas colocadas en la frontera de la actualidad. El negocio del boxeo —reconocido como la cuarta industria de los Estados Unidos— requiere como esencia de su propia vida, la luz del calcio del anillo. Para mantener a un boxeador en la primera fila de la notoriedad, es indispensable quemar los hilos cablegráficos, gastar las letras de modelo, y abusar del cintillo sensacional. Tomemos por ejemplo el caso de Chocolate. Lo llevé a los Estados Unidos en el año 1928, un perfecto desconocido. Un año después escalaba un *ring* consagrado, para ganar $50 000 y bañarse en la luz universal de la publicidad.

He leído muchas cosas desagradables contra mi persona... Mi rostro ha reído y mi corazón ha llorado. Me he resguardado en el espejismo de una filosofía que mi espíritu rechaza... ¿Hablan mal de mí? ¿Qué importa? Ya hablarán bien... no porque me quieran, sino porque poseo el contrato de un campeón mundial.

Mi figura está trazada por las conveniencias de la propaganda.

Pincho Gutiérrez es obra de «press agents» Pero, ¡qué poco conocen a Luís Felipe Gutiérrez! He experimentado momentos de irreflexión… me he dejado conducir por la impetuosidad de mi carácter. Esos instantes vesánicos que todos tenemos en algún momento, en que el saber amarescente de la vida nos llega al paladar. Se me ha criticado acerbamente. Se han medido mis palabras con ensañamiento despiadado, olvidando que es humano errar y yo no soy más que un ser humano. Algunos cronistas americanos han criticado mi alianza con Jimmy Johnston. Claro, que se trata de enemigos personales de Johnston. Es asombroso cómo el público olvida que el boxeo profesional es un negocio… y un negocio muy grande, donde se exponen millones de pesos… Johnston es un todopoderoso en New York. Controla el boxeo, controla la comisión y tiene influencia política. Luchar contra él sería más que estéril, absurdo. Entonces, ¿por qué no tenerlo de aliado, en lugar de enemigo? No es cierto que Johnston haya comprado un interés en la dirección del Kid. Este arreglo es codiciado por los principales mánagers del mundo. En el Norte hay muchos boxeadores desconocidos para el público y que no llagan a la cumbre por falta de protección. ¿Quién sabe que Slaughter, es el peso mediano más formidable del mundo? Sería capaz de ganarle a todos los *middleweights* por su *punch* y su técnica. Sin embargo, está vegetando en los estados de Milwaukeee.

Hablaba demasiado; a pesar de sus transacciones tácticas, cierta rebeldía se le detectaba. Eso le hizo daño a él, y a su cuadra. La revista *Nocaut* de agosto de 1932, lo había informado:

Parece que las vicisitudes de Pincho Gutiérrez lo han obligado a ponerse bajo la protección del Todopoderoso del pugilismo. Pincho ha recibido la decisión adversa en todas las peleas de importancia del Kid. Entre los periodistas se rumora que Pincho habla demasiado: que alardea más de lo conveniente y que no tiene freno para decir todo lo que se le ocurre de los promotores, mánagers y comisionados. Este es un gesto gallardo, pero suicida para los intereses de Kid Chocolate.

Y seguía, a pesar del trato, atacando sabroso... Era así: un carácter impulsivo, terco, quijotesco. Un periodista comentaría:

La susceptibilidad de Pincho era extraordinaria. No olvidaba un agravio. Aunque lo perdonara. Sus batallas con el Madison Square Garden fueron famosas. No había nada de ofensa en las relaciones del Garden con Pincho. Pero a Pincho le molestaba el aire de superioridad, los gestos de altanería de los llamados dueños de la situación boxística de los Estados Unidos. Prefería enviar a Chocolate a cinco clubes pequeños que a una pelea grande en el Garden. Con los promotores humildes no regateaba: con los poderosos exigía condiciones especiales que los hacían rabiar. El Garden siempre pagó muy bien los servicios del Kid.

El coraje era para Pincho cualidad apreciada, fundamental. En su crónica sobre la pelea Schmelling-Stribling, lo demuestra.

Young Stribling: el mejor boxeador de la división completa. Un verdadero exponente de la ciencia pugilística. Sabe pegar. Comenzó muy bien. La pelea estaba de su lado en los primeros rounds. Pero el teutón persistió en su ataque, y el americano perdió el almidón. Este es el complex de Stribling. Se desanima muy pronto. Si está ganando la pelea, se convierte en titán; pero si comprende que sus mejores golpes no han hecho mella en el contrario, se torna indeciso, se alarma, y finalmente recurre a sus tácticas de agarrar y amarrar al contrincan-te. En los *rounds* finales, el georgiano fue aguijoneado por la chispa de la ambición. En su esquina, sus séconds le cantaron al oído el paraíso terrenal que le espera a un campeón... Infiltrado de valor artificial, hizo un postrer esfuerzo, pero al final su «complex de inferioridad» triunfó. Su alarma prendió el ánimo del teutón y este, convertido en una llama bélica, hizo trizas la hermética defensa del norteño del sur.
Un halo de tristeza pasó por mi mente al ver el cuerpo de Stribling rodar por el suelo. Stribling, joven, jovial, con viva

simpatía emanando de todos sus poros, yacía en el suelo víctima de un hombre que le aventajaba en instinto y valor. Porque Young Stribling, un boxeador inmaculado, crece del requisito primordial para el boxeo: fibra de peleador.

No ha muerto

En el diario *Granma*, en ocasión del décimo aniversario de la muerte de Pincho. Elio Constantín escribió sobre la actitud de Luís Felipe Gutiérrez, «en los días duros de 1957».

Eran días difíciles, sí, sobre todo para hombres como Luís Felipe Gutiérrez, conocido por la afición deportiva cubana, y aun por quienes no eran deportistas, como el rebelde Pincho Gutiérrez, un periodista que, con estilo cáustico, expresaba su inconformidad con los males de la vida pública y con sus causantes y mantenedores. El deporte, prácticamente la única vía de protesta que le había quedado abierta, aunque fuera a medias, servía a Pincho para denunciar por igual a dirigentes vendidos que a negociantes del deporte. No perdonaba al «magnate» criollo que arreglaba un torneo ni al «pelotero» yanqui que venía a mascar chicle y pasar el grato invierno cubano con un buen sueldo. Su pluma escribía, pero su trabajo no se podía leer: había que oírlo. Ya a Pincho se le negaban espacios en los periódicos y le quedaba como refugio la radio. Allí, día a día, con espíritu perennemente joven, Luís Felipe Gutiérrez libraba batallas que a otros con menos decisión hubieran cansado. No era, sin embargo, más que espíritu. El cuerpo estaba cediendo, y él lo sabía, a los rigores de la enfermedad.

No por ello abandonó Pincho su trinchera. Siguió escribiendo, combatiendo hasta caer muerto en su puesto de pelea, un día como hoy, hace diez años.

Los hombres no son máquinas, ni deportivas, ni artísticas, ni en ningún campo. Los hombres son hombres y únicamente dejan de serlo cuando son antipueblo; entonces, son bestias.

El 14 de enero de 1957 dejaría de existir Luís Felipe Gutiérrez, a los cincuenta y siete años de edad, víctima de un colapso, en su casa del reparto Almendares. Estaba escribiendo un comentario para el escuchado espacio *Verdades Deportivas*. En la cuartilla, escrita a medias, dentro de la máquina de escribir, atacada a la caótica situación del deporte en Cuba, su trompada iba más allá: contra el batistato.

Chocolate, Pincho Gutiérrez y Gregorio Vidal, foto de 1931

ANTES DE LLEGAR A JACK KID BERG

Luego de la victoria sobre Singer y el estruendoso recibimiento de que fue objeto por parte de los habaneros, el Chócolo regresa a Nueva York y cierra 1929 con fáciles victorias sobre Johnny Erickson, José Martínez, Eddie O. Dowd, Herman Silverberg, Dominick Petrone y Johnny Lawson, tres de ellas por nocao; todas entre el 9 de noviembre y el 21 de diciembre.

¡El Kid despide el año felizmente!

A principios de 1930, regresa a La Habana para unas nuevas vacaciones y más que descansar, se divierte. En febrero derrota en la capital cubana a Vic Burrone, por decisión, y de paso por Tampa, en viaje hacia Nueva York, dispone por la misma vía de Benny Hall.

Este año no sería para el Kid todo lo afortunado que los anteriores. No solo ve caer su invicto ante el inglesito Jack Kid Berg, «un tigre entre las cuerdas», sino que también es superado por Fidel La Barba, y cuarenta días después por Battling Battalino, en combate en el que el Chócolo discute el cinturón *Featherweight* en poder de Battalino y que, como en el de Jack Kid Berg, el Kid resulta despojado de la victoria, al decir de la mayoría de los especialistas que presenciaron aquellos topes.

Antes de llegar a Berg, Chocolate venció por nocao en dos *rounds* a Al Ridgeway, en el Madison Square Garden. Dicho así, a secas, este triunfo representaría solo uno más en la larga cadena elaborada por el cubano. Pero, tras él, tras la alegría natural del triunfo, hay un trasfondo de dolor que opaca las risas y mueve a la tragedia.

En uno de los dos estelares del regio programa, precediendo al del Kid vs Ridgeway, perdió Black Bill en 15 *rounds* ante el monarca Midget Wolgast, en pelea eliminatoria por el título mosca del mundo. Esta noche el cubano había peleado ciego de un ojo y con el otro lastimado. A partir de aquel combate, Bill iría perdiendo la vista hasta finalizar años después completamente en la penumbra, solo y sin un centavo.

Un paréntesis para Black Bill

Bien vale la pena abrir un paréntesis previo a la pelea Chocolate vs Berg y hablar algo de este hombre que antes que el Chócolo, invadió con éxito los *rings* norteamericanos y que más que el propio Chocolate, fue víctima del bien llamado crimen legalizado y del medio en que le tocó crecer, encumbrarse y sucumbir.

Es válido este breve paréntesis en memoria de Esteban Valdés, a decir de Chocolate, «el boxeador más hábil, marrullero e inteligente que conocí».

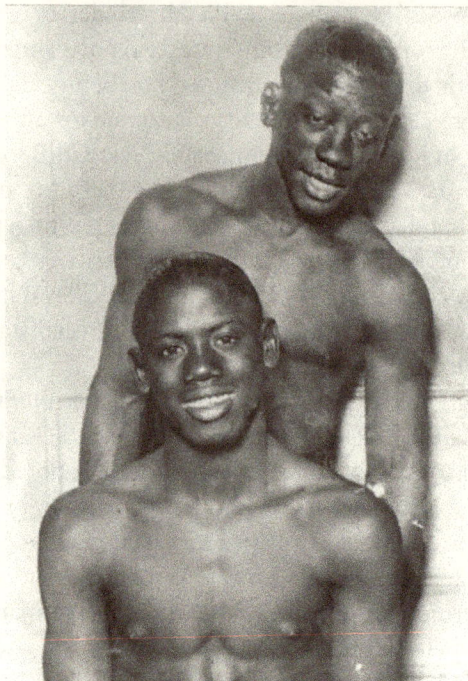

Kid Chocolate y Black Bill

Black Bill fue de los primeros cubanos en marchar a Nueva York con Pincho Gutiérrez y allí cosechó una larga cadena de victorias que le ranquearon entre los primeros «flay weigths» del mundo. Nacido y criado en el barrio habanero de Jesús María, Bill era pendenciero por naturaleza, jugador y alegre en la más amplia concepción de este vocablo. Bailarín de Charleston de los que la gente hacía grupo para verle danzar; y hombre decidido, audaz y valiente sobre el encerado o en la calle, listo a liarse a puñetazos o a cuchilladas alrededor de una mesa de póker.

Al igual que Chocolate más tarde, fue seducido por la vida escandalosa del bullicioso Harlem y allí dejó una buena parte de sus facultades. Los golpes recibidos entre las cuerdas le habían privado de la vista en el ojo izquierdo, cuando fue a la pelea con Wolgast. Pese a que esto era aparentemente desconocido hasta por el propio Pincho, Midget parecía saberlo y desde el primer momento concentró su ataque sobre el ojo derecho del cubano.

Como era costumbre en cada programa, mientras un boxeador esperaba en el camerino su turno para salir a pelear, espontáneos emisarios llegaban a él con partes anunciadores de cómo se iba desarrollando la pelea que en esos momentos se libraba en el *ring*, particularmente cuando se trataba de compañeros de cuadra. El Kid había advertido días antes «en la barbería de Generoso, mientras Bill tomaba una afeitada» que el mosca cubano no veía del ojo izquierdo. Lo notó —dijo a los periodistas años antes de suicidarse Esteban Valdés— cuando al dirigirse a este desde el ángulo izquierdo, Bill tuvo que girar la cabeza en redondo para responderle.

Intuitivo, el Kid hizo como que introducía su dedo índice en el ojo de su compañero, que permaneció como si tal cosa. ¡No había dudas, Black Bill no veía del ojo izquierdo! Primero quiso negarlo, luego lo aceptó, rogó al Chócolo que no se lo dijera a Pincho. Necesitaba los pesos de la pelea con Wolgast, por la que incluso ya había recibido algún anticipo. Nunca se supo ciertamente si Chocolate se lo comunicó o no a Pincho, pero lo cierto es que el combate se efectuó.

Por eso, Chócolo permanecía impaciente mientras que en el *ring* los dos pequeños gladiadores intercambiaban golpes furiosamente. Los primeros partes eran alentadores: «Bill es mucho Bill, ese Wolgast no puede con él.»

En efecto, los *rounds* iniciales favorecieron a Black Bill que, conocedor de la situación salió a forzar los acontecimientos desde el primer campanazo. La estrategia de Wolgast era otra más paciente: trabajar sobre el ojo derecho, insistir allí, que una vez cerrado, el Bill estaría a la deriva y sin posibilidades.

Así pensó y así fue. Después del octavo, los partes que llegaban a Chócolo no eran tan alentadores. Ya el Kid no podía más y desoyendo los consejos de Moe Fleischer salió al *ring* y se situó en la esquina, junto a Pincho, para seguir de cerca «la tragedia de mi hermano».

A medida que avanzaba el combate, se acentuaba el dominio de Wolfast, pero, injusto sería callarlo, la pelea no era, ni aun en estas condiciones, nada fácil para Midget. El instinto que caracterizó a

Chocolate, frecuente en todo peleador grande —¡y Black Bill lo fue!— afloraba en los momentos difíciles.

Lean lo que un enviado especial de *La Razón*, diario argentino, dijo para Buenos Aires bajo el título:

Black Bill, Campeón cubano de peso mosca, coequiper de Kid Chocolate, es, como este, un astro de primera magnitud

Wolgast fue el vencedor, por puntos, pero la ventaja resultó tan escasa, y el match tan lucido a lo largo de los quince rounds, tan reñido y ágilmente disputado, que a estas horas el Madison Square Garden está ajustando los trámites para concertar el desquite a fines del mes de mayo.

Todo lo cual no bastó —ha de extrañar este dato— para que Black Bill recibiera por todo premio la insignificante cantidad de 1 500 dólares, ¡mil quinientos por un *match* por el campeonato del mundo, sí señores!

Pero es lo corriente en pesos inferiores

No hay que alarmarse, sin embargo. Premios de esa monta son los corrientes para cualquier clase de combate entre hombres de peso inferiores al liviano. No son tan fantásticas las bolsas que se pagan, como se las pintan allá en Buenos Aires.

Y es que la verdad no llega allá por falta de sinceridad de los argentinos que ahí vienen a ejercer la profesión. La verdad hay que decirla, sin embargo. Es esa falta de sinceridad o la ocultación sistemática de las sumas que reciben aquellos, la causa por la cual los aspirantes, ebrios de optimismo, sueñan con sentar sus reales en esta meca del boxeo y reunir una fortuna en poco tiempo. No quiero dar nombres —que no hace el caso—, pero sí puedo afirmar, con profundo conocimiento de causa, que cualquiera de ellos ganaría en los *rings* argentinos muchísimo más dinero y mayor gloria que aquí, donde nadie los conoce, donde realizan encuentros insignificantes deportivamente y por los cuales ninguno ha obtenido bolsas mayores a cien dólares. Si se tiene en cuenta que la vida en este país es cara, y se agrega que las necesidades, lejos del hogar, son mucho mayores, fácil es llegar a la conclusión real de que llevan una existencia estrecha y no exenta de sacrificios.

El ejemplo de Black Bill

Y volviendo a Black Bill, de cuya persona me estaba apartando impensadamente, ninguno mejor que él para servir de ejemplo. Efectivamente, este pugilista excelente, de gran arrastre popular, ha obtenido como beneficio en concepto de bolsas, en toda su vida profesional e incluyendo los cincuenta y cuatro combates que lleva realizados, la suma de quince mil dólares, que da para cada uno un mísero promedio de menos de 270 dólares. Y ahora que estos datos consigno, no puedo resistirme de compararlo con éste; Juan Lencinas, nuestro profesor incondicionar, alcanzó a ganar en Buenos Aires, en solo dos combates alrededor de seis mil dólares.. Claro que estas comparaciones se destruirán citando las sumas obtenidas por Kid Chocolate, pero no ha de olvidarse que Kid Chocolate es el hombre más cotizado de la Unión, y el que, con su solo nombre, llena cualquier estadio.

Ahora te toca a ti, tienes que ganar

Cuando Black Bill descendió del *ring* se fundió en un fuerte abrazo con el Chócolo, que lo había estado alentando en los *rounds* finales frente a Wolgast.

—Ya lo mío pasó. Ahora te toca a ti. Tienes que ganar hoy, y mañana, y siempre.

El abrazo se prolongó hasta que Fleischer se interpuso entre ellos, pues ya desde el cuadrilátero reclamaban al Kid. Cuentan quienes estuvieron cerca de la escena, que los ojos del Kid estaban humedecidos.

Al despedir a Bill, y mientras le dedicaba la victoria sobre Ridgewat, posó sus manos sobre los hombros del amigo querido al tiempo que le decía:

—No importa que ya hayas perdido esta noche. Para mí tú sigues siendo el más grande de todos los campeones.

Y entonces por las mejillas del Bill pendenciero y bullicioso, acostumbrado a la riña callejera y al humo de los tugurios del bajo mundo, se deslizó, no sé si una lágrima o una gota más de sudor.

Después de aquel, Black Bill libraría varios combates más, hasta que se ve obligado a colgar los guantes. Ya no siente amor por el deporte, pelea por dinero. Viaja a Puerto Rico para una pelea con Kid Yambó, cuando apenas ve. Ciego de un ojo: el otro, seriamente lastimado. Se pone en manos de un curandero y el mal se agudiza: Bill finaliza ciego.

En las condiciones antes citadas, combate por espacio de tres años. Hay que vivir. Narran algunos de sus biógrafos, que Black Bill extendía la mano izquierda para hacer contacto con su rival y por encima de ella soltaba, rápida como el rayo, la derecha. Se orientaba —¡tal era su instinto!— por los pasos del adversario sobre el *ring*, pues al faltarle la vista, agudizó el sentido del oído. Así, hasta que le fue retirada la licencia. Luego vinieron los años duros, el olvido de siempre, la miseria, hasta que un día...

Trágica inauguración de la Arena Cristal

Para la inauguración de la Arena Cristal, próxima a la calzada de Infanta, en La Habana, los promotores invitan especialmente a Kid Chocolate, quien sería presentado al público en el intermedio de los dos estelares de esa noche: ¡en uno, Arturo Godoy —el peso completo chileno que peleara dos veces con el inmortal Joe Louis— frente a Young Herrera, el mismo que iniciara en el boxeo a Teófilo Stevenson; en el otro, Conrado Conde, Conguito Camagüeyano contra Joaquín Torregrosa.

Chocolate llega temprano a la Cristal. Mientras espera por el momento de su presentación, departe con varios amigos en la oficina de la nueva instalación. La charla, animada, se interrumpe por una llamada de larga distancia. Es el propio Kid quien descuelga el teléfono. Palidece, niega con la cabeza, golpea con el puño cerrado sobre la mesa, despide con un apagado «okey» y finalmente hunde la cabeza entre las manos.

Desde la otra parte del hilo llegó la terrible noticia: en el cuarto que ocupaba en una casa pensionista de Harlem, Black Bill acababa de quitarse la vida con un disparo a la ingle.

Con el tiempo se aclararía el hecho. Abandonado por la mujer que amaba, ciego y sin dinero. Black Bill citó a la que había sido su compañera. Lo tenía todo planeado. Al entrar aquella a la habitación y tras la reiterada negativa a continuar sus amoríos, Black Bill sacó el revólver y al bulto disparó sobre la mujer que gritó horrorizada.

Los proyectiles no dieron en el objetivo, pero Bill, obsesionado, volvió el arma contra sí y todo terminó para él.

¡Triste epílogo!

Black Bill (1905 - 1933)

El 7 de agosto de 1930. Kid Chocolate frente a Jack Kid Berg, en el Polo Grounds de Nueva York. Torrentes de publicidad. Otro lleno grande y una bolsa de 37 000 dólares para el cubano.

Chócolo es el primer imán taquillero del Estado. El hombre a cuyo influjo se mueven las multitudes y abarrotan las arenas. Comienza, más que realidad, a convertirse en mito y leyenda.

Jack Kid Berg, el Inglesito descendiente de judíos, tiene también sus partidarios que ansían tomar desquite con él por la derrota un año atrás de Al Singer. A Berg lo respalda una hoja de servicios respetable. Está en el momento cumbre de su carrera profesional. Chócolo, en cambio…

Al llegar a esta pelea, Jack Kid Berg presenta estas credenciales nada despreciables: 86 victorias frente a 5 reveses y 4 tablas, y en

70

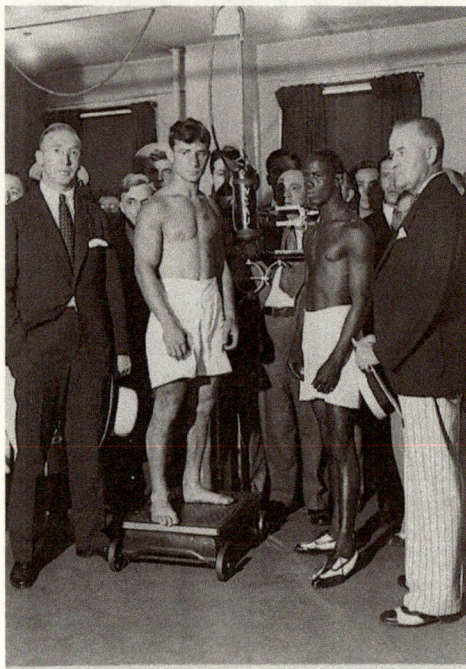

su poder el título Junior-Welter ganado en Londres a principios de este propio año, a Mushy Callaham tras quince discutidos *rounds*.

Unas semanas antes, por si no bastara con estas credenciales, el inglesito Berg se había interpuesto en el camino de Tony Canzoneri, otro de los grandes de todos los tiempos, venciéndole por decisión en diez *rounds* en el mismo Nueva York.

Jack Kid Berg y Kid Chocolate

Antes de invadir los *rings* norteamericanos, Berg hizo campaña triunfal en Londres, donde se hizo profesional en 1924. En la capital británica ganó 56 combates, 26 de ellos antes del tiempo reglamentario; perdió 2 y entabló otros 2. En mayo de 1928 debuta en Estados Unidos al presentarse en Chicago con victoria sobre Pedro Amador, en 10 *rounds*. Noquea en 6 a Mike Gamiere. Salta a Detroit para superar a Jonny Mellows. Regresa a Chicago, donde vence a Freddie Mueller y Mike Walkers por nocao, antes de ir a su primer combate de recia envergadura frente a Bill Petrolle.

Petrolle, conocido como The Fargo Express, era hombre de recia pegada, temido y rehuido por todos los célebres boxeadores de su peso. Frente a él, Berg hizo tablas en diez *rounds* muy peleados, el 26 de julio de 1928. Un mes después, en *bout* revancha, los puños anestesiantes del hombre que derrotó a varios campeones del mundo, entre ellos Canzoneri y Battalino, dieron cuenta de Berg en cinco episodios de un memorable combate librado en Chicago.

Repuesto de aquel revés, Jack Kid Berg, continuó su paso ascendente. Gana dos combates fáciles en Londres y debuta en Nueva York con victorias sobre Bruce Flowers, el 10 y el 23 de mayo de 1929. Lo llevan a una pelea endemoniada con el chileno Tani Loayza, la sensación de entonces, y Berg logra unas tablas que le ganan la admiración del público. Los periodistas comienzan a hablar y escribir del Tigrecito inglés que amenaza a los mejores ligeros del mundo. Ese año lo cierra con quince victorias, la mayoría de ellas en Nueva York, y las referidas tablas con el bien cotizado Loayza.

Berg tendría su año grande en 1930: Derrota al inmenso Tony Canzoneri y llega a la cima de la notoriedad cuando un mes después, el 18 de febrero, gana el título Junior-Welter en Londres a Mushy Callahan. Cuatro victorias más y todo queda dispuesto para enfrentarlo al más popular de los boxeadores de esos días: Kid Chocolate.

Se monta una bien organizada campaña publicitaria. Las opiniones están divididas. Se reconoce la grandeza del Kid cubano; se duda de su buen estado físico. Además, el Inglesito le llevará unas cuantas libras y hay quienes especulan con el argumento de que «un hombre bueno grande debe ganarle siempre a un hombre bueno pequeño».

En torno a todo ello gira la publicidad. En tanto unos comentaristas abogan por el paso impresionante de Jack Kid Berg y la ventaja en peso, otros cantan loas al genio de Kid Chocolate, a sus piernas maravillosas. Todo argot publicitario sale a relucir. Crece la discrepancia entre los especialistas sobre la forma actual del Chócolo; hay controversias en las columnas de los diarios y en la calle. La Habana aguarda confiada por el triunfo de su muchacho.

LLegó el día

Y llegó el día esperado. En una esquina, de Londres, Inglaterra, Jack Kid Berg; veinte y un años de edad, pesa 135 libras. En la opuesta, de La Habana, Cuba, Kid Chocolate. Se anuncia que este hizo 123 libras en la pesa, y en las repletas graderías corre un murmullo de asombro. Los diarios habían divulgado que Chocolate no haría menos de 130. ¡Sin dudas el Kid no anda bien!

Quienes siguieron el entrenamiento del Chócolo en el campo de entrenamiento de Gus Wilson, en New Jersey, confesarían luego que el cubano no estaba bien. Pincho pensó, efectivamente, que Chocolate subiría frente al inglés en 130 libras, pero el Kid afrontaba por entonces los efectos de una terrible infección que le hizo descender a 123 libras. El negrito bullicioso del Cerro había perdido su característico buen humor, comía poco y parecía mal de salud, aunque los médicos no pudieran dar entonces con las causas de la verdadera infección. Lo cierto es que el Kid ya estaba «herido» por la enfermedad que solo se descubriría años después y que limitó su extraordinaria carrera deportiva.

Pero, volvamos al *ring*. Ya están sobre él los dos contendientes de esta noche. El cubano expone su invicto en más de 170 combates entre amateurs y profesionales. Suena el *gong* y a pelear…

Berg, una pulgada más alto que Chócolo y con 12 libras de ventaja (debieron ser algunas más a la hora del combate), fajador incansable y con poder en ambas manos, busca la pelea, el intercambio de golpes frecuente para sacar producto a su mayor fortaleza. No combate a distancia apoyado en su ligero mayor alcance; todo lo contrario, suelta las manos con velocidad pasmosa y busca, acosa al Kid, en afán premeditado de hacer mella en la anatomía, más débil e incuestionablemente dañada, como bien refleja el bajo peso hecho en la báscula por el Kid de Cuba.

Chócolo se mueva a uno y otro lado, gira, bloquea los mejores golpes del inglesito que no cesa de atacar cual tigre al acecho. Un *side step*, otro, el *jab* a pupilo no frena el ímpetu de Berg, que persiste, persiste.

Fue este —al decir de un comentarista de la época— uno de los momentos más dramáticos en la vida deportiva de Chocolate. Estaba, realmente, en pésimas condiciones. Finalizado el tercer *round*, todos del mismo corte del primero, Pincho y Moe Fleischer preguntaron a Chócolo:

¿Qué te pasa? ¿Por qué no te mueves más? no puedes forcejear con ese hombre en los *clinches*, pesa mucho y es muy fuerte, terminará por agotarte.

Chocolate no respondió. Había un halo de fatiga en su rostro y quedaban 7 *rounds* de pelea frente al fajador más fajador del boxeo de entonces.

Pincho insistió mientras Moe pasaba la esponja empapada en agua por la nuca y las piernas del Chócolo:

—Dime, ¿qué te sucede, ¿qué sientes?

Fue entonces que Chocolate respondió con desconsuelo:

—Las piernas, Pincho, las piernas. No me responden.

Pincho calló, pero se le vio palidecer.

Durante cada *round* preguntaba a Moe Fleischer, ¿cómo lo ves? ¿Terminará de pie, terminará?

Moe no respondía y se limitaba a trabajar fuerte con Chocolate en el minuto de descanso. Sales, esponja que chorrea agua, hielo.

Kid Chocolate no solo terminó la pelea en pie, sino que, en la opinión de la inmensa mayoría de los críticos, ganó aquel combate frente al tren descarrilado que era Berg. Cuando fallaron las piernas, blandas cual gelatina, cuando no pudo hacer su boxeo de maravilla hacia los lados, entrando y saliendo para pegar sin que le pegaran, Chocolate se refugió en las sogas, esperó allí a Berg, y recostado sobre las cuerdas, con esa maestría singular que caracteriza a los genios, se quitaba los mejores golpes del inglés y marcaba los suyos.

En otras ocasiones, cuando no recurría a las cuerdas, Chocolate esperaba a Berg en el centro del cuadrilátero, le hacía fallar con movimientos de torso o desviando sus mejores golpes con los guantes, y entonces el público, en su gran mayoría ajeno al drama que se escenificaba sobre el encerado, aplaudía a rabiar.

La decisión de los jueces fue para el inglés. La crónica deportiva se dividió, aunque la mayoría vio ganar al cubano. Para el público de Nueva York había un solo triunfador: Kid Chocolate. ¡Tanta era la simpatía del cubano!

KID CHOCOLATE VS JACK KID BERG

7 de agosto de 1930

Primer round

Berg sale como un temporal para acercarse al cuerpo a cuerpo, su favorito campo de batalla; pero el esbelto cubano lo agarra en un cerco de acero negro y forcejearon y lucharon a brazo partido en el *ring*. Berg trata por todos los medios de zafar los brazos y Chocolate de enredárselos y contener los golpes. Por fin rompen, y salen a un claro, y Chocolate clava al inglés con una salva de ganchos zurdos y de derechazos al mentón. Berg rechina los dientes y devuelve con furia los golpes; tira trompadas con ambas manos a la cabeza. Se golpean hasta ponerse en un estado que está al borde de la inconsciencia, antes de tocar la campana del primer round. La muchedumbre ruge de gusto al ver al bronceado muchacho blanco y al reluciente cubano colocar pie con pie y cambiar golpes sin interrupción durante treinta segundos enteros.

Segundo round

Chocolate boxea con el acometedor inglés unos cuantos segundos y por fin abandona la tentativa de mantenerlo a larga distancia. Se le va encima y tira golpes con tanta furia como Berg; ambos se tambalean al golpearse por el *ring*. Es una pelea frenética en la que no tienen tiempo ni para respirar, dando y tomando golpes como y donde quiera, de la clase que los fieles hacen tantos meses estaban esperando ver.

Chocolate agarra a Berg con un gancho zurdo al cráneo y un derechazo de los que sacuden de pies a cabeza. Sin embargo, Berg no ceja en su empeño y se le va encima: se mantienen pie contra pie, tirando golpes con ambos puños al cuerpo, en una esquina neutral, con el cubano de espalda a las cuerdas. Chocolate se abre paso peleando y cambiando golpes de izquierda a la cabeza al cruzar el *ring* para tener otra ruda escaramuza en el ángulo de Chocolate. Éste clava, en Berg con tres fuertes derechazos, justo antes de sonar la campana.

Tercer round

Chocolate es hermosa imagen de un pugilista al salir con animado paso contra el inglés, y ofrece la cabeza en una finta, y rápido le tira un *hook* zurdo a la barbilla y está a punto de tumbar a Berg con una fuerte trompada de derecha que da de lleno en la quijada. Berg se repone, pero el cubano le está ganando a Berg en el propio estilo del británico, superándolo en los forcejeos y en la fuerza de las trompadas en un largo y furioso cambio a corta distancia. Al romper, Chocolate descarga tres derechas rectas a la barbilla de Berg, quien titubea. Ya se rehace, y enseñando los dientes en un rictus de ferocidad agresiva, tira zarpazo tras zarpazo al esbelto cuerpo de Chocolate. Golpea el cráneo del cubano con una corta izquierda y lanza al oponente de un lado al otro con un barrage al cuerpo. Chocolate lo endereza con un *uppercut* de derecha al sonar la campana.

Cuarto round

Chocolate adopta un estilo defensivo al ver que Berg, en perfecto estado y dotado al parecer de ilimitada resistencia, se le va arriba, enarbolando ambos puños. Se entrelazan los brazos y se tiran zarpazos por toda la extensión del *ring*; es Berg el que suelta las manos con mayor frecuencia. En una esquina neutral, Berg coloca la cabeza por debajo de la barbilla de Chocolate y golpea duramente los costados del cubano. Chocolate parece estar reservándose un poco, conteniendo a su contrario todo lo más posible y haciendo que Berg sea el que trabaje. Evita otra acometida de Berg y tira un *uppercut* de izquierda al mentón del inglés. A larga distancia. Chocolate descarga su derecha a la cabeza de Berg, pero el inglés se le echa encima continuamente; golpea con ambos puños al sonar la campana.

Quinto round

Berg sale corriendo de su esquina para descargar sus guantes sobre el Kid. Se agarran y golpean en un cuerpo a cuerpo. El cubano se esfuerza desesperadamente por enredar los brazos a Berg.

Chocolate se toma su tiempo para tirar un gancho izquierdo y una derecha corta al cráneo de Berg; este no ceja un instante. Descarga un izquierdazo al costado de Chocolate, cruza la derecha a la barbilla y tira otro golpe en otro cuerpo a cuerpo. El morenito lo empuja hacia atrás y por poco lo tumba con un tremendo derechazo al cráneo. Berg sacude su negra melena y vuelve a meterse en un cuerpo a cuerpo. Chocolate falla una izquierda, pero dispara su derecha a la cabeza otra vez, que bien que lo expone a otro barrage de cuerpo a las costillas. Berg acomete al Kid cuando se oye la campana.

Sexto round

Berg corre para entrar en acción con trote perruno, pero el cubano le hace frente con una izquierda al cuerpo y un *upper* de derecha al cráneo. El Kid se pone los zapatos de boxeador y baila tirando *jabs* por todo el *ring*. Con singular destreza hace perder el equilibrio a Berg, pero este persiste en echársele encima. Al deslizarse Berg a un lado, Chocolate le tira un derechazo y un rudo golpe de izquierda a la cabeza. Por tres veces se opone de este modo a la carga del inglés, antes de que este lo haga entrar en un clinch y vapulee los costados del habanero. Se colocan cabeza contra cabeza y se tiran un diluvio de trompadas al cuerpo, al cráneo y la cara, mientras la multitud ruge. Todavía cambian golpes furiosamente cuando les interrumpe la campana.

Séptimo round

Comienzan a laborar con furia sobre sus respectivos cuerpos. Berg tira puñetazos a cualquier porción de superficie negra que se le ofrece y descarga una lluvia de cuero sobre el cráneo, la cara, el cuello, los brazos y las costillas de Chocolate. Este se declara en retirada al írsele encima el londinense, quien le golpea por todas partes, con todos los golpes inimaginables. Chocolate retrocede y dispara derechazo al cráneo. Hace girar a Berg y le descarga, seguidamente, un gancho de izquierda a la cabeza en el momento en que el británico rebotaba de las sogas. El cubano, cual centella negra, barre con Berg de un lado a otro del *ring* y lo lanza de las cuerdas al otro lado con un torrente de trompadas a la cabeza y al cuerpo. Al sonar la campana, Berg está alelado.

Octavo round

De nuevo en el cuerpo a cuerpo. Tira Chocolate izquierda al cuerpo. Berg cruza con derecha a la barbilla del cubano. Vuelven a tirarse zarpazos; descargan puñetazos a la distancia del antebrazo, y colocan una porción de golpes a la cabeza y los costados. Juntan las cabezas como luchadores de grecorromana. Se olvidan de la defensa y se golpean furiosamente; ambos titubean atontados. Un zurdazo en gancho y un *upper* de derecha, hacen girar a Berg sobre sí mismo, cuando se oye la campana.

Noveno round

Berg a la carga; Chocolate lo frena con izquierda al estómago. Ataca Chocolate. Berg, a un lado y otro del *ring*. El inglés tira también, pero los golpes del cubano son más efectivos y limpios por ahora. Derecha al mentón de Berg, pero este inicia tremendo rally al cuerpo de Chocolate, quien se ve obligado al abrazo. En cuanto rompen, Berg lo persigue. Derecha a la cabeza del Kid. Dos, tres golpes más. Chocolate parece cansado. Berg ataca furiosamente cuando suena el *gong*.

Décimo round

Berg fuerza la pelea. Torrente de golpes sobre Chocolate. Este da dos pasos atrás, en medio del intercambio, y coloca dos limpios derechazos a la cabeza del adversario. Berg de nuevo hacia delante. Dispara tres puñetazos. Un *clinch*. Rompen. Al ataque Berg. Chocolate lanza izquierda al cráneo. Pegan las cabezas. Ambos se golpean los costados. Berg clava al cubano con dos fuertes derechas debajo del corazón; pero recibió fortísima izquierda a la cabeza. Berg no ceja un instante de írsele arriba al cubano hasta que éste, muy cansado, hace todo lo que puede, y capea el temporal hasta la última campanada.

¿Cómo sigue el Chócolo?

Después de la pelea con Jack Kid Berg, la inteligente táctica propagandística de Pincho y el «descanso rumbero» en La Habana, «la víctima» dispuso en Estados Unidos de dos palomas por fuerza de combate en el episodio inicial: Benny Nabors y Mickey Doiles. En el horizonte un escollo nada fácil: Fidel, La Barba.

El extitular mundial *flyweight* había visto cortada, frente al Kid, su cadena triunfal en la carrera de retorno, en mayo de 1929, cuando la agilidad felina del antillano se impuso a la rudeza del campeón olímpico de 1924. Luego de su caída por el camino judicial con el Chócolo, La Barba batalló en 12 ocasiones; 9 ganadas, 1 tablas y 2 derrotas por decisión, éstas frente a Earl Mastro y Kid Francis, ambas en 1929. Las tablas con el propio Mastro el 7 de agosto de 1930. Entre los superados se destacan el ex campeón mundial bantam, Bushy Graham, por decisión en 12, el 28 de mayo de 1930; y Tommy Paul, 2 veces por puntos, el 7 de junio de 1929 y el 4 de abril de 1930. Paul llegaría a poseer el cetro del orbe entre los *feather*, versión de la Asociación Nacional de Boxeo.

El ítaloamericano busca venganza y usar al prestigioso contrincante cual escalón para ascender. Los críticos opinan que La Barba se despidió de sus mejores tiempos; pero, ¿cómo sigue el Chócolo?

Suena la campana

La Barba, fiera sobre el Chócolo. Los golpes hablan sobre el cuadrilátero desde el primer *round*. La Barba busca el cuerpo a cuerpo; el rival jabea, se va por encima; recibe golpes al estómago. Chócolo hacia atrás… El ítalo norteamericano lo persigue; el Kid lo abraza y se amarra a los brazos cual náufrago a una tabla. Ya rompen. Flojo el *jab* de Kid; vuelve a atacar La Barba. Otro abrazo. Danza Chocolate, pero no es la danza de siempre… le falta ritmo. *Hook* de izquierda del estadounidense al cuerpo. La izquierda de Chocolate, al vacío. Otro agarre. Persiguen al Kid. Uno-dos flojos del Chócolo. Otro *hook* de izquierda de La Barba, la derecha le sigue. Otro abrazo. Y a danzar sin ritmo el Chócolo. Cuando suena el *gong*, parece que el cubano ha peleado siete u ocho *rounds*; se le ve agotado de pies a cabeza: lo dicen el rostro, la mirada perdida, la fiera y preocupada expresión de Pincho.

Dos, tres, cuatro, cinco, seis capítulos de la misma novela a puñetazos, con el Chócolo con el brazo tirado por encima de la peor parte. A Pincho no le quedan uñas.

Séptimo episodio. La Barba a la ofensiva. ¡Bien por el cubano! Su *jab* hizo diana en la cara del adversario. Cruza ahora con derecha. Baila algo mejor y descarga otra izquierda y otra derecha, a tiempo que evita el peligroso *hook*. Furioso, el estadounidense golpea con la derecha, mas su izquierda es burlada por la esquiva del Kid, quien hunde su derecha en el cuerpo del opositor. Un *jab*, dos, tres... Es La Barba el que busca el *clinch*. Rompen. Y Chócolo de nuevo sobre él con uno-dos que dan en el blanco. El fajador falla con la izquierda. Intercambian golpes en el centro del *ring*. Danza Chócolo y bloquea un terrible golpe. De nuevo un jab hace mella en la anatomía del contrincante, algo desconcertado ante la reacción del as negro. El campanazo, Pincho anda más contento en la esquina de su discípulo. Quizás...

Octavo round. *Jab* del Kid. Lo esquina La Barba y golpea el estómago del contrario. ¡Las piernas de Chócolo se doblan! Tiene que ir al *clinch* y recrearse en él para no caer. Danza, y danza, otra vez sin ritmo, los golpes no le llevan, y los del rival sí. Sigue aferrado al abrazo, el *jab* látigo no aparece por ningún lado. El noveno y el décimo son muy parecidos al octavo. Y... ¡pierde la decisión frente a La Barba! Pincho no puede «inventar» algo. No hay donde asirse, no existen discrepancias entre los expertos al estilo de las del choque con Jack Kid Berg. Y no hay libras de más, no hay mayor estatura; al contrario, tres pulgadas le saca el Kid a su vencedor.

La opinión de la prensa

Los periodistas especulan. Y sus ecos llegan a Cuba, fuerte. No pocos de los críticos neoyorkinos estiman que el fin de Chocolate está cercano, dudan de que vuelva a adquirir su antigua forma y hasta plantean que la frecuencia con la que ha venido peleando el criollo, en pleno período de crecimiento, puede haberle destrozado el caudal de energía.

El cronista deportivo español Antonio Arroyo Ruz no opina igual. Escribe:

Nosotros no vamos tan lejos: creemos sencillamente, que Chocolate ha venido haciendo, en estos últimos tiempos, una vida que no es la más apropiada para un boxeador de prestigio, y mucho menos para uno que lleva sobre sus hombros todo el peso del honor deportivo cubano.

Pero nadie pudo prever que un Chocolate que iba a debilitarse hasta el punto de quedar exhausto en cuanto le golpearon sólidamente en el estómago; un Chocolate que solo pesaba 123 libras; un Chocolate, en fin, que a veces daba la impresión de no poner el menor cuidado en lo que hacía, y de no preocuparse poco ni mucho por el resultado de la contienda, iba a ser el que tuviera esta vez como adversario el rudo y decidido La Barba...

Se dice abiertamente, que Chocolate no hizo todo el entrenamiento necesario, y se asegura que, en vísperas de este importantísimo encuentro, el Kid se ha entregado demasiado asiduamente al... arte de Terpsícore. Nosotros añadiremos que después de su encuentro con Kid Berg —y de la posterior operación y agasajos de La Habana— solo figuró en dos encuentros en que abatió a sus más mediocres oponentes en un solo *round*. El resultado de esta falta de preparación para la dura prueba con La Barba, fue un Chocolate desastroso en su «timing», inefectivo las más de las veces, y muy mediocre en toda ocasión. Solo en el séptimo período nos hizo recordar el cubano anoche, al maravilloso boxeador de otras veces, al encajador preciso y efectivo que había vencido a este mismo La Barba hace poco más de un año, sin tener que apurarse mucho.

¿Y debe consentírsele a un gladiador del cuadrilátero, a uno que gana con sus puños celebridad y fama para sí y para su patria y que además —ello fue demostrado anoche— es la primera atracción de taquilla de la actualidad, que entre en el *ring* en esas condiciones...?

¿No hay algún medio de evitar que un equivocado

muchacho dé al traste con todo lo que para él y para su patria supone su hasta anoche inigualada celebridad y el eco de sus clamorosos triunfos?

En el récord del cubano aparecerá este, como el segundo revés del kid. Pero pese a todos los récords del mundo, a La Barba le cupo la gloria de derrotar en buena lid, por primera vez, a la hasta ayer «maravilla cubana». El hecho de que Chocolate no fuera anoche más que una sombra del Chocolate de otras veces, no fue, naturalmente, culpa de La Barba...

La enfermedad sigue caminando. Las fuerzas de Chocolate ceden. Los demasiados festejos, las malas noches, los tragos y las hembras también le minan la calidad. Las piernas no quieren obedecerle, hay desgano, apatía en el habanero, y el peligro del adiós está cercano.

Sonado contraste

No habrá falta insistir en que la inmensa colonia judía dio riendas sueltas a su júbilo y que al igual que había sucedido en el *bout* Chocolate vs Singer, algún que otro combate callejero siguió al librado sobre el *ring*, nacidos al calor de las polémicas y pasiones que el fallo despertó.

Pero apartado de toda esta pasión, es necesario reconocer las circunstancias contrastantes en que toparon a Chocolate con Berg. Mientras el cubano veía mermar sus facultades pese a todo y el invicto que hasta entonces mantuvo, el inglés estaba en el mejor momento de su carrera boxística.

Tanto era así, que dos meses después de su duelo con Kid Chocolate, Jack Kid Berg tomaba revancha y vencía por inobjetable decisión en diez *rounds* a Billy Petrolle, el único que había logrado vencerlo por nocao.

Aquella noche lloró

Años más tarde, en entrevista concedida a una revista cubana especializada en deportes, Pincho confesaría que aquella noche los ojos se le empañaron cuando vio a Chocolate llorar por primera vez dentro de un *ring*.

Esa noche no hubo quien conciliara el sueño entre los amigos del King. Pincho el primero. Más que el efecto material de aquella discutida derrota, les preocupaba el estado de salud del Kid, cómo reaccionaría psíquicamente ante aquel revés, él, que siempre se creyó invencible... Como una película fija estaba ante sus ojos las lágrimas que en silencio derramara Chócolo en el *ring* y al bajar de él, cuando permaneció largo rato, sentado en su camerino, en total abstracción:

—Este golpe le ha hecho daño... le ha hecho daño —repetía Pincho.

Las primeras horas del día les sorprendió sin dormir. No podían pegar los ojos, así es que decidieron, Pincho y parte de la comitiva, dar un paseo por Nueva York, respirar el aire fresco de la maña-na... olvidar.

Pensaban en el Kid, en sus lágrimas, en el dolor de aquella derrota.

—Debe estar llorando todavía —dijo alguien.

Pronto aquellos temores quedaban disipados y surgían otros. Al entrar en un club de Harlem, el grupo recibió una sorpresa que los alegró: ¡allí estaba el Kid, divirtiéndose con una corista sentada sobre cada pierna, como si nada hubiera ocurrido!

La primera reacción de Pincho fue regañarlo. Lo bombardeó a reproches y se marchó. De regreso aceptaría que, si bien le preo-cupaba la afición de la vida nocturna del Kid, punto cardinal en su brusco descenso, le satisfacía saber que la derrota no había dañado su espíritu.

PARALIZÓ EL TRÁFICO EN BROADWAY

Aquella decisión que manchó el récord del Kid, no fue, ni en lo publicitario ni en lo moral, una derrota para él. Chócolo se acogió a lo publicado por los periodistas que le vieron ganar y esto aumentó su ya creciente egolatría. Por otra parte, la barriada latina lo consideraba vencedor y un periódico cubano de mucha circulación publicó una caricatura en la que se veía a un gánster, pistola en mano, gorra hasta los ojos y pañuelo a la boca, arrebatándole al Kid una bolsa en cuyo exterior se podía leer en gruesos caracteres: decisión.

Lejos de menguar, creció su popularidad, y antes de retornar a La Habana para ponerse en manos de médicos cubanos, Chócolo logró lo que solo antes habían hecho el actor Rodolfo Valentino, el as de la aviación Charles Lindberght, el jonronero Babe Ruth, el terrible Jack Dempsey, y Jimmy Walker, alcalde de Nueva York: paralizar el tráfico en la concurrida arteria de Broadway y la 47. Intentaba el Kid cruzar la vía cuando el agente de la autoridad encargado del tráfico, abandonó su puesto y corrió hacia él en busca de su autógrafo. Tras el policía se lanzaron a la calle los peatones que divisaron a Chocolate, y en menos de lo que se cuenta fue tal la afluencia de público que el tráfico se congestionó por varios minutos.

Ya no quedaban dudas: la popularidad del Kid no había sido mellada. Seguía siendo el fenómeno taquillero de siempre. Aunque, tal vez, sin siquiera saberlo, entre bambalinas cobraban fuerzas las maniobras contra Pincho. ¡La decisión adversa frente al inglés era una alerta!

Kid Chocolate. Bryant Studios

La indignación recorre buena parte de las crónicas y comentarios sobre el encuentro, donde el Kid, a pesar de no estar realmente en su mejor forma, había mostrado lo grande que era entre las cuerdas. Walter R. Douglas de la *Asociated Press,* opina: «La mayoría de los críticos están de acuerdo en que no estuvo bien dado el fallo».

Los que opinan que ganó Berg, declaran, sin embargo, que una decisión de tablas no hubiera parecido mal. «La cosa se está poniendo de mal cariz para el boxeo. Fallos como éste lo echan a perder todo», dijo Jimmy De Forest.

Polo Grounds, agosto 7 (AP). «Ladrón», gritaban en los tendidos cuando Jack Kid Berg entró en su cuarto de vestir. Los aficionados comprendían que se había robado a su ídolo una bien ganada decisión.

También lo creyeron así muchos de los veteranos. El viejo Walter Young no se podía estar quieto un momento. «Chocolate ganó ocho *rounds* y perdió la decisión», seguía diciendo.

Se escuchan enérgicas protestas y gritos de desaprobación durante varios minutos después de terminada la pelea. Dayton, del *Sun,* cree que Chocolate ganó a las claras. «Chocolate ganó», dijo Jess Mc Mahon. Cuando la pelea se acercaba a su fin estaban apostados tres contra uno a favor de ganar el Kid por decisión.

Y el clamoreo de los que muchos juzgamos una mala decisión estropeó la que había sido proclamada una pelea limpia debido a la intachable honradez de los que tomaron parte en ella. «Berg trató de forzar la pelea sin lograrlo». Chocolate lo batió en su propio estilo y descargó ¡los golpes más limpios!, manifestó Johnny Dundee.

Chocolate estaba hondamente apesadumbrado. Lloró a lágrima viva y comprendió que lo habían robado. Los cubanos compañeros del Kid estimaron que se le había tratado injustamente.

No fue posible obtener declaraciones de Chocolate. El Kid no podía ni hablar siquiera. No estaba cansado. No tenía una sola señal encima. No se lastimó en el combate. Hubiera podido pelear otros diez *rounds* más, pero había sufrido una amarguísima desilusión y estaba completamente decepcionado. En el cuarto de Berg reinaba a ojos vista la alegría. «Ahora Singer no se nos puede escapar. Gané sin duda alguna», dijo Berg. «Hubo un momento en que creí que me iba a vencer, pero creo que gané».

Benny Leonard, veterano de un centenar de rudos combates, entró en el cuarto del Kid. «No te apures, Kid», le dijo Benny. «Ganaste y bien, eso lo sabemos todos. Yo escogí a Berg, porque creía que era el más fuerte, pero créeme Kid nos probaste algo. Le ganaste por una milla».

Hype Igoe opina que Choco había ganado por amplio margen.

James Buchard, del *Telegram*, dijo: «Fue una pelea muy reñida y cualquier decisión dada hubiera promovido quejas y protestas. Personalmente creo que ganó el Kid».

James Jenning, de *Graphic*, nos dijo que a su juicio había ganado Berg. Jenning había escogido a Chocolate como yo a Berg y me declaró: «Tenía usted razón. El inglés ganó la pelea. Sin embargo, creo que unas tablas no hubieran parecido mal».

Tony Matello: «Chocolate ganó por una milla… y cómo!!!» David Lumiansky, mánager de Al Brown: «La decisión fue justa». «La decisión estuvo bien». Dijo Ed van Every del *Eve World* […] Frank Bruen no quiso dar su opinión, pero insistió en que la báscula funcionaba bien cuando Pincho se quejó de lo contrario.

Farell del *Daily News* declaró: «Chocolate ganó por lo menos siete *rounds*».
Luís Praga dijo: «Debió haber sido por lo menos tablas. Chocolate hizo la pelea y Berg el forcejeo»
«Di la pelea a Berg porque forzó la pelea especialmente en los *clinches*, pero Chocolate se portó como el maravilloso boxeador que

es», fueron las palabras de Patsy Haley, el *referee*. «El juez Mathiessen votó por Chocolate», agregó.

El Juez Mathiessen, según noticias, dijo: «Chocolate se portó como él solo puede hacerlo y no creo que Berg le pegó mucho. Voté por Chocolate y me sorprendió como a todo el mundo cuando se anunció a Berg como vencedor. Sin embargo, quizás los otros vieron la pelea desde un ángulo distinto al mío».

Tanto Alan Gould como Eddie Neil, cronistas de la *Asociated Press,* creyeron que Chocolate había ganado.

Protestas desde cintillos y títulos

Cintillos, títulos, sumarios… eran puentes para la protesta. He aquí algunos:

La reputación de Kid Chocolate intacta, ganó la pelea, pero a su récord va una derrota. Pudo más la mala fe que el punch de Chocolate. Vencen los ladrones a Chocolate

Y las protestas ayudan al dúo cubano: la batalla fue reñida, la mayoría estaba por el negro del Cerro, ascendido más en su papel de ídolo, visto como héroe burlado por los pandilleros y magnates. Más, terminó cansado, aunque se publicaran exageraciones como las de Douglas: pero eran solo palabras. El Chócolo no pudo imponer su pelea de afuera —no tenía piernas para ello— y tuvo que actuar —aunque lo hizo bien— en el terreno del rival. Mermaban sus condiciones a pesar de su épica labor y los cantos de la prensa.

Leamos fragmentos de la crónica del enviado especial del *Diario de la Marina*, publicada el 8 de agosto de 1930.

Chocolate lloraba como un niño cuando fue a su camerino por la decisión en contra, del referee

Después de más de 170 peleas, el negrito del Cerro, sin merecerlo, tiene que poner en su récord su primera derrota, sencillamente porque así lo quiso el *referee*, Patsley Haley. Los judíos tienen el control del boxeo en Estados Unidos. El misterio del pesaje y unos guantes más grandes que otros. Hype Igoe y Benny Leonard aseguran que Chocolate ganó la pelea.

El *referee* Pastley Haley, fue el único responsable de la derrota del Kid. Estando un juez a favor del Kid y otro a favor de Berg, el *referee* era el llamado a decidir. Y decidió por Berg después de permitirle al inglés pelear como quería, es decir, como acostumbraba a hacerlo. Berg usó todos los golpes ilegales del bagaje de un fajador de tabernas. Usó la cabeza, agarró, pegó al romper los *clinches* empujó y solamente le faltó usar el cubo o un bate que le hubieran dado sus segundos.

Que a Chocolate le hayan robado una pelea en Nueva York, era de esperarse, lo extraño es que hayan esperado tanto tiempo para hacerlo. Los judíos, que hoy controlan el negocio de boxeo en esta ciudad y tienen suficiente dinero para comprar a todos los elementos que integran el magno negocio del *ring*, son verdaderos sátrapas que señalan con el dedo a los que deben ganar una pelea.

...Berg pesó ciento treinta y cinco y media libras, y como debía perder cinco mil pesos de garantía por el peso, se utilizó el medio ilegal de arreglar la báscula, rebajándole dos libras.

La segunda treta fue entregar a los boxeadores guantes de seis onzas, que se usan solamente para pesos medianos y pesos completos. Pincho y yo fuimos al cuarto de Berg para examinar las vendas y después de vendado el inglés, me quedé en su camerino hasta el momento de la pelea para observar cualquier irregularidad. Enseguida me di cuenta del tamaño excesivo de los guantes y se lo comuniqué a Gould, uno de los mánagers de Berg. Este se sonrió y me contestó que eran los que había entregado la Comisión de Boxeo y que los cuatro eran iguales. Pincho, mientras tanto, protestaba de los guantes en su camerino, pero le dijeron que eran los únicos que había en el lugar y que no podían ser cambiados.

Naturalmente, los guantes grandes favorecían grandemente a Berg, siendo éste un fajador sin *punch* alguno que usa golpes de repetición, mientras que Chocolate es un fuerte pegador con *punch* para noquear a Berg.

Después del fallo y vuelta al camerín de Chocolate, este lloraba inconsolablemente su primera derrota. Juraba retirarse del *ring*. Los periodistas se reunieron allí pidiendo declaraciones de Pincho. Momentos después entró Benny Leonard, que sencillamente dijo que al *referee* le había dado la gana de que ganara Berg. Leonard siente un gran afecto por el Kid y lo consoló con palabras tiernas, y me dijo después que este era un muchacho y que se le permitiera llorar para que desahogara el pecho adolorido.

Los dos primeros *rounds* fueron tan rotundamente a favor de Chocolate que muchos esperaban un *knock out*. Chocolate conectó con ambas manos e hizo vacilar al inglés con los golpes más sólidos que ha tirado Chocolate en su vida. Después del segundo *round* nadie esperaba que Berg tuviese el más leve chance de ganar; en el cuarto *round* ya Chocolate mostraba señales de cansancio por el continuo *clinching*, no obstante, lo cual Chocolate se defendió y cada vez que iniciaba un ataque conectaba sólidos golpes a la cabeza y cuerpo. En el décimo *round*, Chocolate hizo un *rally* que le ganó el *round,* habiendo perdido el noveno.

Entrevista con Chócolo y Pincho

Algo más calmado, el Chócolo accede a las entrevistas al día siguiente: lo acompaña Pincho.

—Nunca he ganado una pelea tan bien ganada como esta. Todos los golpes los pegué yo. Berg me arañaba débilmente pero nunca me pegó un solo golpe limpio. He ganado y después de todo me importa poco lo que la decisión haya sido —declaraba el púgil, con el rostro marcado únicamente por las huellas de la tristeza y no por las trompadas del británico.

Pincho es volcán, tempestad; parece que en cualquier momento se va a comer el tabaco.

—Ha sido un robo, un robo descarado. Ya ven que cuando fui a la Comisión para quejarme antes de la pelea, era porque no tengo un pelo de bobo. El descaro de firmar a Berg para pelear con Singer sin contar con nosotros, me abrió los ojos. Chocolate pesó en cinco pesas diferentes 126 libras; sin embargo, pesó 124 en la pesa que el Garden envió a Polo Grounds. El pesaje era a las dos. Llegamos a la una y media y ya Berg se había pesado.

El disgusto le crece en la expresión a Pincho:

—Creo, igualmente que Benny Leonard, que el *referee* le dio todos los chances al judío, y Benny Leonard es judío. En mis últimas declaraciones anteriores al combate, dije que solamente tenía miedo a quien tocara ser *referee* y una vez más no me he equivocado. Las peleas, lo digo para el que no conozca boxeo, pueden ser decididas por el *referee*. Berg hizo lo que quiso, pegó con los codos, el dedo gordo, etcétera. Nos han robado la pelea miserablemente, pero Chocolate se consagró.

Mira al Chócolo con expresión de cariño:

—Yo tenía a dos periodistas cerca de mi esquina, y me dijeron en el noveno *round* que Chocolate estaba ganando fácil. En fin, que el resultado me ha dado la razón de que sabía que nos querían robar la pelea y por eso hice tanto ruido con el *referee*.

Sobre los guantes señala:

—Fleisher ya ha hablado sobre eso; quiero agregar que los guantes pesaban ¡siete onzas y cuarto!; óigalo y escríbanlo bien; ¡siete onzas y cuarto! Y debían ser de cinco, que ustedes saben de sobra que son los que usan los *flyweights*, los *feathers*, los *bastam* y hasta los ligeros.

Para los medianos y completos son los de seis onzas, y miran lo que nos hicieron para proteger a Berg del *punch* de mi muchacho.

Se acerca al Chócolo, pasa un brazo por encima de los hombros del gladiador, y…

—Fíjense bien el daño que hace una decisión indigna: le han roto injustamente el invicto al Kid; ese árbitro y ese juez han herido más a Chocolate que los puños del mejor de los rivales que ha tenido el muchacho. Tanto, que hasta quiere retirarse, pues dice que no quiere seguir entre tanta inmundicia, entre tanta gente sinvergüenza.

No obstante, Pincho convence a su pupilo. Le ayuda quien más quiere a Chocolate: Encarnación Montalvo, la madre, al enviar el siguiente telegrama:

Yiyi, tu madre y el mundo entero saben que te robaron una pelea anoche, sigue con tu cabeza levantada y ten fe en el porvenir.

Peso y medida de los contendientes

	Chocolate	Berg
Edad	22	24
Peso	123 libras	135 libras
Estatura	5 ft 6 ½ in	5 ft 7 ½ in
Alcance	67 pulg	69 pulg
Bíceps	12 pulg	13 pulg
Antebrazo	10 ¼ pulg	11 ½ pulg
Pecho (normal)	34 pulg	35 pulg
Pecho (expandido)	35 ¼ pulg	40 pulg
Muñeca	6 ¼ pulg	7 ½ pulg
Cintura	27 ½ pulg	29 ¼ pulg
Cuello	14 ½ pulg	15 ½ pulg
Muslo	20 pulg	19 ¾ pulg
Pantorrilla	13 ½ pulg	13 ½ pulg
Tobillo	9 ½ pulg	8 ½ pulg
Puño	10 ½ pulg	11 pulg

FRENTE A BATTALINO, POR LA CORONA

Pincho sufre, pelea, grita. Chócolo le responde:
—Lo hecho, hecho está; no podemos echar pa'tras el reloj.
Lo vivido, vivido está y es lo que me voy a llevar.
De todas formas, Pincho aprieta las clavijas. El Kid está en manos
de los médicos. Se cuida más, su vida es más acorde con la que debe
llevar un atleta. Es algo tarde.

Para fin de año, sostendrá una pelea importantísima: contra
Battling Battalino, por la Faja Mundial de los *featherweight*; la
segunda oportunidad para el púgil del Cerro de obtener la gran
alegría del peleador.

Los cuidados hacen algún efecto en el físico lacerado del cubano:
danza mejor, el *jab* y la esquiva no andan mal. Eso sí, no a la altura
de sus momentos brillantes. Y habrá que verlo sobre el *ring*, cuando
el otro lado también tire y esquive el contrario.

La alegría se le aleja a Battalino. Había conquistado el cetro,
por decisión en quince *rounds*, el 23 de septiembre de 1929, sobre
el francés Routis. El 9 de enero del siguiente año, anestesió en el
tercero a Phil Verde. El camino comenzó a llenarse de derrotas
para el ítalonorteamericano: el 20 del propio mes sucumbió, por
la vía judicial, ante Lew Massey, en diez *rounds*; y el 20 de marzo,
cayó por puntos en diez frente a Bud Taylor. Renació algo... varios
triunfos y, el primero de junio, Cecil Payne acaba las carcajadas de
Bat, al superarlo por decisión en diez. El vencido pareció encontrar
la forma cuando despachó a Ignacio Fernández, por nocao en el
séptimo, el 15 de julio. Sin embargo, Payne le llevó decisión en 10
al dueño de la faja, el 24 de julio.

No terminan las amarguras para Battling. Venció a Taylor por
decisión, el 18 de agosto, en diez; perdió tres encuentros consecutivos, antes de topar con el cubano: Roger Bernard (3 de septiembre), Louis Kid Zaplan (24 de septiembre), y Young Zazzarino (20
de octubre); los dos primeros por puntos en diez, el último por
foul. Desastroso el año 1930 para Battalino: 14 enfrentamientos; 7
reveses y 7 triunfos. Púgil inestable, no tiene todas las fibras de un
campeón, y mantiene la corona porque —maravillas del pugilismo

en yanquilandia— no la ha expuesto todavía. Pincho hábilmente «caza» la pelea, y la logra. Buena para su pupilo, necesitado de un buen levantón espiritual y propagandístico. Si gana la pelea y el título, están aseguradas el alza y la publicidad. Y la pelea se llama: $28 000 para el retador.

Dos victorias en una misma noche

Es el 12 de diciembre de 1930. El Madison Square Garden de bote en bote. Battling Battalino defiende su sitial frente a Kid Chocolate. El árbitro Arthur Donovan los llama al centro del *ring*. A décimas de segundos de la lucha. ¡Se inició...!

Ligero estudio, ligero intercambio de golpes. ¡Tremenda derecha del Kid al rostro del campeón! Se le doblan las piernas, cae... Chócolo hacia la esquina. Uno, dos, tres... Al conteo de ocho se levanta Battling. Al *clinch*. Chocolate apurado trata de rematar. Muchos de sus golpes se van en blanco. Battalino va venciendo al temporal. Pasa el tiempo y... Chocolate pierde el chance de alzarse por su *punch* con el cetro.

En la mayoría de los 14 capítulos restantes, el Chócolo —con los destellos del *as* que fue— impone su calidad. Termina la disputa. Esperemos la decisión. ¡Están locos! ¡Levantan el brazo al golpeado Battalino! Las 14 400 personas que se han congregado en el Garden abuchean la decisión. La prensa Asociada da 10 *rounds* al cubano y 5 al ítalonorteamericano. El diario *The Mirror*, de Nueva York, estima lo mismo. El famoso comentarista Hype Igoe ve imponerse al Chócolo en 9 de los 15 períodos. Un periodista norteamericano escribe en el pie de una foto del encuentro: «Los jueces le dieron la decisión a Bat, quien fue seguramente uno de los primeros sorprendidos. ¡El boxeo es un gran juego!».

El escándalo, enorme: Donovan y los jueces Barnes y Kelly tratan de justificar su decisión a los pocos días: declaran que Battalino había ganado «por la agresividad mostrada». No dicen nada de las decenas de izquierdas y derechas conectadas por el aspirante sobre el favorecido. Los gánsteres, con fuerza, detrás.

Le robaron la pelea y el campeonato a Chocolate. No obstante, aunque robado, el Chocolate no enseñó las facultades de sus buenos tiempos, de poseerlas, hubiera podido acabar la obra que comenzó aquella terrible derecha al mentón segundos después de iniciadas las hostilidades.

Chocolate, años después de retirado, comentaría sobre esta batalla:

—Le gané dos veces en una misma noche a Battalino; gané dos veces el campeonato mundial en una sola pelea, ¡y le regalaron la decisión al contrario!

Y añadió:

—Cuando lo tumbé en el primer *round*, el árbitro demoró el conteo por gusto, se preocupó por mandarme hacia la esquina y ya yo iba hacia ella; se tardó una eternidad en contar. A lo largo de todo el combate, le di a Battalino una soberana paliza. Y sorpresivamente, vi como le levantaban la mano a mi contrario. Pero el público votó por mí, y ese sí que no se equivoca; dio uno de los abucheos más prolongados que se hayan oído en el Garden.

¡Al fin, campeón!

Cuatro victorias consecutivas consiguió Chocolate, luego de su choque con Battling Battalino y antes de disputar la corona mundial con el junior *featherweight* filadelfiano Benny Bass. La Habana lo acogió, aunque no con la brillantez de otros tiempos, inmediato al robo del que fue objeto el Kid en diciembre de 1930. El descanso fue prolongado, con buena intención médica y algo menos de «rumba» (siempre la hubo).

Su cuarto viaje a Nueva York. El 29 de mayo de 1931, dispone por fuera de combate en el séptimo de Georgia Goldberg: por puntos vence a Steve Smith, Max Lerner y Harry Sankey, el 12, 17 y 29 de junio, respectivamente. Sus contrincantes le sirvieron de entrenamiento. Le hacía falta; se enfrentaría a Benny Bass, judío nacido en Kiev, nacionalizado estadounidense, con el cetro ligero corto en juego.

Bass pega duro y es valiente hasta la temeridad. Pequeño —cinco pies y tres pulgadas de estatura— gusta del cuerpo a cuerpo y es buen asimilador. Peleador incansable, no es hombre fácil entre las cuerdas. Había poseído el fajín supremo de los *featherweight;* lo obtuvo al superar por decisión a Red Chapman, el 12 de septiembre de 1927, en pelea por el sitial vacante dejado por Louis Kid Kaplan. Tony Canzoneri le ganaría el título a Bass, por puntos en quince *rounds*, el 10 de febrero del siguiente año. A fines de 1929, el 19 de diciembre para ser exactos, Benny le arrebataría el máximo galardón de los juniors ligeros a Ted Morgan, por nocao, aunque no es hombre a la altura de ases como Canzoneri o Jack Kid Berg, pues es inestable, Bass resulta obstáculo difícil.

Bass favorito

Benny Bass es el favorito de los entendidos y así va en las apuestas. Hay miedo a las condiciones del Chócolo, a pesar de la labor frente a Battalino. Influyen la agresividad del campeón y su mayor fortaleza. El cubano llega a las 125 ½ libras.

Es el 15 de julio de 1931. El momento de la verdad. Gritan los puños. Acata Bass; el *jab* del adversario; martillo, intenta el titular imponer su *punch*, fuerza el combate. La esgrima del Chócolo se burla del ímpetu del muchacho de Filadelfia. El *jab*, el *jab*… a pupilo en el rostro de Benny. Al descanso.

Se repite la película en el segundo *round*. ¡Tras…! Un golpe de Bass al pecho del Kid suena y asusta a los partidarios del aspirante. El negro del Cerro, no; piernas y brazos ligeros; uno, dos, tres, cuatro *jabs* seguidos sobre la cara de Benny, quien se turba. Ataca de nuevo. La técnica del contrincante se burla de esa agresividad. Vuelven los *hooks* y los *jabs* del antillano a llevar la voz cantante.

Tercer capítulo, lo mismo: Bass, toro; Chocolate, torero y de calidad. Bass coloca derecha e izquierda al cuerpo; recibe izquierda. Ahora, el Chócolo da *uppercut* de derecha y se quita los golpes del opositor. Derechazo de Bass al cuerpo; derecha e izquierda de Chocolate al cuerpo. Bass logra derecha al estómago. Izquierda de Chócolo; tres derechas de Bass, quien parece recuperado. La campana sorprende a los púgiles peleando.

Cuarto *round*. Izquierda y derecha de Bass sobre Chócolo, quien responde con izquierda. De nuevo la izquierda del campeón llega al cuerpo del retador, quien riposta con derecha al rostro. Se estremece Bass. Izquierda y derecha del Chócolo. ¡Derechazo del Chócolo; Bass contra las sogas! Bass tiene que agarrarse; el negro del Cerro, inteligentemente, descansa su cuerpo sobre los hombros del oponente en cada *clinch*… Rompen. Derecha e izquierda de Bass; Chócolo se estremece. Derecha de Bass al cuerpo; Chócolo logra derecha al cuerpo. Derecha e izquierda de Bass; derecha de Chócolo. *Upper* del Kid; derecha de Bass al cuerpo. *Jab* fuerte a la cara de Bass. El *gong*.

Bass sale muy agresivo en el quinto episodio: derecha a la cara, derecha e izquierda al cuerpo. Derecha corta al estómago; recibe derecha del Chócolo. *Clinch*. Danza el Kid. Elude golpes. El *jab*; uno, dos, tres, cuatro… ¡doce veces! en el rostro del titular. Derecha del Chócolo; responde con izquierda el campeón. *Jab* del Chócolo; *hook* de Bass. *Uppercut* violento del Kid. El ojo izquierdo de Bass comienza a sangrar. Izquierda sobre la herida; derecha abajo. El campanazo sorprende al Chócolo en tremenda ofensiva.

Sexto *round*. Bass es sombra, guapo sale a fajarse, pero… Izquierda y derecha del Kid. Derecha de Bass con poca fuerza. Izquierda del retador; derecha. Dos izquierdas a la cara. Más sangre en el rostro de Benny. Danza el Chócolo. De nuevo, a la ofensiva: uno, dos, tres *jabs*. *Upper* de derecha. Sangre en la boca de Bass. Falla Bass; derecha e izquierda de Chocolate. Ataca ahora al cuerpo, *jab* a la cara. Más sangre, más sangre… derecha de Bass; recibe derecha e izquierda al rostro. La campana.

Séptimo *round*. Chocolate dispuesto a acabar. Derecha e izquierda. Bass dobla las rodillas, arrastra los pies. Recibe derecha e izquierda a la cara; ¡otra derecha, al estómago…! Izquierda; una, dos, tres veces al rostro. Sangre y más sangre. Derecha e izquierda de Bass. Derecha e izquierda del Chócolo; Bass se las ha sentido. Parece borracho. Chócolo ataca; *uppercut* fuerte; dos *jabs* a la cara. El ojo, la boca, la cara de Benny: sangre, sangre, sangre. Falla Bass; recibe izquierda, derecha, izquierda. El árbitro Leo Houck para la pelea. ¡Ha ganado Kid Chocolate por nocao técnico! ¡Al fin, campeón!

Lo que dice la prensa

Comentarios, crónicas, artículos. Han destronado a un campeón, y el nuevo es as, que lo soñaba —y tenia con qué— hace tiempo. Se le creyó hasta terminado, pero Kid Chocolate ha resurgido. La prensa lo vuelve a rodear —y a mareas—con palabras. Un periódico de Filadelfia dijo:

> Kid Chocolate ha sorprendido al mundo pugilístico, derrotando a Benny Bass el campeón mundial, de una manera tan decisiva que no ha dejado lugar a dudas. El filadelfiano Bass, era el favorito, no solo en su propio terruño, sino en todas partes del globo. El Kid se presentó en unas condiciones maravillosas, pues le pegó al fornido campeón a su antojo, manejándolo como a un chiquillo. La izquierda del cubano hizo trizas el rostro del filadelfiano. Sendas cortadas en ambos superciliares, en las mejillas, en los labios, en la nariz, y la sangre esparramada por todo el cuerpo hacían de Bass una figura macabra. En el séptimo *round*, el referee, obligado por la ensordecedora gritería del público que pedía el cese de la carnicería y por su propio sentido común, suspendió el combate, y levantó el brazo del nuevo campeón mundial júnior-ligero.

Toda la prensa norteamericana coincide: loas, flores por el flamante campeón. Lo creen recuperado, piensan que durará mil años con el cetro entre las manos. Victoria aplastante y sorpresiva, y al contar novelas sobre los autores de los sangrientos siete capítulos, efectuados en Filadelfia, en el estadio Shibe Park, hogar de los fabulosos elefantes blancos del legendario Connie Mack, ante 14 400 personas.

El periodista cubano Sergio Varona, en su sección Actualidades Deportivas del diario *El Mundo*:

Chocolate ya es campeón

Tras las infructuosas tentativas del año anterior, cuando luchó contra Jack Kid Berg, y contra Bat Battalino, después de haber pasado por el fuego graneado de Fidel La Barba, el Kid criollo, el boxeador-artista, el pugilista natural que surge de la nada para escalar la gloria y la fama en los *rings* neoyorkinos, ha conquistado un campeonato bo-xístico, el primero que obtiene Cuba en este espacio de sus actividades deportivas. Hasta ahora, los cubanos habían brillado en muchos sectores. En esgrima, billar, en *baseball*, habíamos brillado y hasta conquistado campeonatos mundiales en todos estos sectores, pero nuestros afanes en el gran *sport* del *ring* no se habían coronado por el éxito.

Cerca estuvimos con Black Bill, mucho más cerca hubiéramos estado con Charol si este hubiera sabido aprovechar su magnífica oportunidad, pero ahora ya hemos logrado escalar la cima, ahora ya hemos logrado el éxito pleno.

Cayó como una bomba en nuestra capital y seguramente lo mismo habrá ocurrido en donde quiera que se alentaran esperanzas de triunfo de nuestro Chocolate, la noticia de que su peso solo había llegado a las 125 libras y media. Con el campeón superándolo en dos libras y media, no dejó de desalentarnos tan grave nueva, pero aun teníamos confianza en la habilidad, en la eficiencia del gran boxeador criollo.

Era evidente que su entrenamiento había sido mucho más brillante que aquel que precedió a sus peleas grandes del año último; que había llegado al fin del mismo fuerte, ligero, con la antigua confianza que lo caracterizaba cuando era el invencible representante de la Perla de las Antillas. Pero la duda, la duda de que hablamos en reciente modesto trabajo respecto a su capacidad era mejorar de *punch*, aunque sabiéndolo muy superior en ciencia del *ring* a Benny Bass, persistía. Y ya quedó desvanecida.

Hablamos en aquel trabajo de la necesidad de que el Kid mejorase de «punch» respecto a aquella últimas, inolvidables peleas que perdiera a manos de La Barba y de Battalino, aunque bien sabíamos que no había estado en sus mejores condiciones físicas en esas grandes batallas. Y el Kid se presentó fuerte, atacando con denuedo, briosamente ripostando cada vez que el excampeón se le venía encima, y solo en el cuarto *round* tuvimos dudas de sus posibilidades de triunfo. Su «punch», pues, ha sido fundamento firme en su admirable demostración de anoche, ha sido el sostén firme en que desean solo el éxito del suspirado anhelo de obtener una corona mundial para Cuba. Pincho Gutiérrez debe sentirse muy feliz esta noche. Debe respirar a pleno pulmón después de los sinsabores sufridos el año anterior, tras de observar a Chocolate lento, casi inmóvil en algunos de sus encuentros, él que era la velocidad personificada. Pero al fin ha vuelto a su antiguo ser.

Así nos lo dice de modo terminante Ed Neil, el maravilloso escritor de la prensa asociada que junto al *ring* vio al criollo nuevamente en el pináculo de su forma.

Peleó admirablemente Benny Bass —no retrocedió nunca, no fue nunca un hombre vencido pese al castigo tremendo que recibió de nuestro compatriota, y hasta el momento en que Houck intervino para evitar un castigo innecesario, el excampeón demostró madera de tal, cayendo vencido de frente al enemigo, un enemigo superior con mucho, anoche, al corajudo peleador filadelfiano.

La sufrida madre del boxeador cubano, asistiendo diariamente a la preparación de su hijo, fue a manera de hada bienhechora que, influyendo decisivamente en el entrenamiento de su Eligio, hizo no poco porque Cuba ostente hoy un campeonato mundial en las lides del gran sport de los puños.

Sí, Pincho estaba contento; claro… Mánager de un campeón del mundo. El famoso periodista Damon Runyon había escrito:

*Creo que el second más sereno, más templado que existe en el boxeo
es Pincho Gutiérrez, que no pierde la cabeza ni se agita durante su
faena en el ángulo de Chocolate.*

La sonrisa de Pincho ante esas líneas fue grande:
—Debo ser un gran actor porque yo me muero cada vez que
subo al *ring*.

LLueven las entrevistas

La revista *Nocaut* de agosto de 1931, publica una entrevista con el
nuevo titular. A continuación, varios párrafos:

Cuando llegamos a su casa, una legión de curiosos
esperaba la salida del campeón, que se marchaba para
la ciudad.

«Los estaba esperando. Creía que no venían», nos dijo
con su voz ronca, de acento ingénito —la misma voz
del Kid de diez años que peleaba en el Campeonato
de «La Noche». Vestido impecablemente a gris, daba
la impresión de un «Bea Brummel» en ébano. La raya
de su cabello planchado de perfección geométrica. Sus
uñas, inmaculadas, habituadas a la caricia pulidora de
la manicurista.

Sus frases brotan ágiles; pero su fraseología es novel para
el lector castizo.

He aquí su versión de la victoria:

Subí al *ring* con esta cosa... la clavícula... en mal estado.
Un *sparring* se enredó conmigo y nos caímos, y me
lastimé. Pero después del tercer *round*, no sentía dolor,
y entonces le apliqué la mimbara a Bass y lo puse que
pedía auxilio. Usé mi izquierda mucho. Hubo una vez en
que le pegué 12 *jabs* seguidos sin recibir ni uno. En toda
la pelea no recibí más que un solo golpe y este fue en el
pecho. Todavía tengo un colorado como recuerdo. Fue un
tortazo que sonó fuera del *stadium*. Le corté los ojos, la
bemba, la nariz y ya me daba lástima hasta pegarle. Yo oí
al público que decía: *Stop the fight... stop it'*.

102

Sigue relatando el Kid:

Este Bass pega duro, pero pude quitarme todos los golpes menos el del pecho, que me dejó sin respiración por varios *rounds*, Ignacio Fernández, el filipino, y Al Singer, el excampeón mundial ligero, han sido los boxeadores que más duro me han pegado. Quizás los otros pegaran más duro, pero yo no pude comprobarlo porque no los recibí. Pincho me dijo antes de subir al *ring* que tenía que ganar o retirarme y yo iba dispuesto a ganar de todos modos. No sentí cansancio ni un momento en la pelea. ¡Estaba varicela verdad! ¡Esa noche le gano a Battalino, Canzoneri y a La Barba juntos!

Le preguntamos sobre el descenso en peso (pesaba 129 en sus peleas preparatorias y en la pelea por el campeonato 125 y media).

Ese Liepperville, es el lugar más caluroso que existe. Cuando Pincho llegó me dijo que empaquetara las maletas y a media noche nos fuimos otra vez para casa de *madame*. Bey, en Summit, New Jersey. ¡Figúrese que llegué pesando 131 libras y bajé cinco libras en cuatro días!

Cuando proseguí mi entrenamiento en la finca de la Bey, comencé a correr por las mañanas, cosa que no hice para las otras peleas, y bajé un poco de peso. Pero no me sentí cansado y agotado: al contrario, más fuerte y con resistencia en las piernas. Yo puedo hacer el peso pluma (126 libras) con facilidad y mi deseo es pelear con Battalino otra vez. Yo puedo tumbarlo en pocos *rounds*. Lo hubiera hecho la primera vez, cuando lo tenía en el suelo, pero estaba mal de todo. A Canzoneri también le puedo ganar. Es el hombre que más fácil tengo hoy. Es parecido a Bass ¡y a mí cómo me gusta me gustaban esos que entran peleando! A Bass nadie lo había noqueado, y yo lo acabé. A Battalino nadie lo había puesto horizontal y yo lo hice en un *round*. Canzoneri no ha sido noqueado todavía, y yo seré el que lo haga.

El Chócolo se siente confiado: ha desaparecido el desgano, la apatía. Contento, llena de bravatas y retos la conversación, se ha recuperado, sobre todo, psíquicamente. Piensa regresar a Nueva York, allí está la madre, llevada por inteligente estrategia de Pincho para controlar a su pupilo, quien ya dice:

Pero yo la mando para acá antes que llegue el invierno. Quiero volver enseguida, porque tengo varios negocios buenos. Una compañía de teatro me ofreció mil pesos diarios por hacer un trabajito de diez minutos al día. Otro empresario me da cinco mil pesos semanales por un trabajo igual. Yo espero que Pincho acepte para entrarle al guano fácil. Mis peleas para el futuro serán Canzoneri por los títulos Ligero y Junior Welter, y con Battalino por el Peso Pluma. ¡Ay, monina, si salgo bien de estos dos, puedo tener cuatro campeonatos mundiales!

En la mirilla, otros tres cinturones del orbe, mas también la cumbancha y otros negocios; por eso quiere alejar el freno materno, que ha pesado en su triunfo sobre Bass.

El Kid, lleno de esperanzas se despide de nosotros. Hurtado de Mendoza, que nos acompaña, se asombra de la línea esbelta y aparente fragilidad de Eligio Sardiñas. «Este Kid es el tipo que uno es capaz de meterle la caña sin esperar respuesta… ¡pero espere las consecuencias! ¡Es un coloso disfrazado de ingenuo inofensivo!».
Y en efecto, la figura del Kid no acusa su profesión, más bien parece un príncipe de Abisina, que se ha entregado a las exigencias de un sastre londinense y se prepara a darle la vuelta al mundo. Mientras el Kid desgranaba su pintoresca peroración al pie de nuestro automóvil, llegó un morenito que apretó la diestra del campeón, lleno de emoción.
—¿No me conoces? —le dijo. El Kid rebuscó en su memoria, pero no encontró solución a la pregunta. Entonces el negrito rememoró un incidente de su camaradería con «Choco».
—¿Te acuerdas cuando tú fuiste a Matanzas a pelear con un «buchipluma»? Tú te fajaste con un chino que vendía maní…

El Kid recordó.

—Sí, cómo no —dijo. Me acuerdo del tarrayaso que le di al chino. Un muchacho le había cogido un paquete de maní, y el chino creyó que había sido yo. Me agarró por el cuello y yo le solté la mimbara y lo esparramé por el suelo. Sí, monina —nos dijo *¡aquellos tiempos no se pué olvidar...!*

Las carcajadas eran dueñas de la casa de Chocolate ante la rica anécdota de una etapa superada. Las carcajadas acompañan al negrito del Cerro, a su mánager, a los entrenadores, a los simpatizantes. Parece curado.

KID CHOCOLATE
UNDEFEATED FEATHERWEIGHT CHAMPION
FORMER JUNIOR LIGHTWEIGHT CHAMPION OF THE WORLD
Direction: Lewis Gutierrez - 1585 Broadway, N.Y.C.   Phone: Longacre 5-8491

El otro recibimiento

A pesar de la corona conquistada en buena lid, La Habana no acoge al dúo vencedor como en otras ocasiones. Un periodista comenta:

> En el verano de 1931, Chocolate venció a Benny Bass por el título Junior *Lighweight* del mundo. Otra vez La Habana. El recibimiento a Chocolate fue un contraste con la bienvenida después del *bout* con Al Singer. Un exiguo número de fanáticos acudió al muelle a verlo, por mera curiosidad. Allí estábamos los amigos verdaderos del Kid, para felicitarlo por su triunfo. Chocolate —comprendimos entonces— había dejado de ser popular para convertirse en objeto de curiosidad. Esto era lo lógico. Sucede en todas las esferas de la vida.

Hay razones más poderosas todavía para el gris recibimiento: el gobierno machadista se declara en estado de guerra... contra el pueblo, que le hace la guerra. Crecen los impuestos. La zafra es de solo 3 210 796 toneladas de azúcar, con valor de 70 000 000 de pesos. El año anterior, el valor fue de 129 000 000, 70 menos que en 1929. Las vacas flacas habían dicho presente. En Pinar del Río fracasa la insurrección del general Francisco Peraza; se frustra la de Río Verde. Aunque la tiranía domina la situación momentáneamente, se tambaleaba, se tambaleaba... con las trompadas del pueblo. Las masas de Cuba están interesadas en combates más trascendentales que los del *ring*.

De nuevo, noticia

Después de la victoria sobre Benny Bass, Chocolate es nuevamente noticia de primera, no solo en Cuba, sino también en el extranjero y aun fuera del mundo boxístico. La prensa de su país da publicidad a las numerosas ofertas que llegan hasta el Kid para varias presentaciones en teatros de *vodevil*, muchas de las cuales representarían ingresos de más de 1 000 dólares semanales para el negrito del Cerro. Pincho, con clara visión, ha rechazado estas y otras tentadoras proposiciones; no quiere perder el terreno recuperado ahora que el Chócolo se ve mejor, pues considera, en lo personal y en lo económico también, que más vale cuidar la salud de su estrella pugilística, el hombre que a los 20 años de edad ha conquistado un campeonato mundial.

Chocolate, por su estructura fisiológica y de acuerdo con los dictámenes de la cultura física, debía pesar a los 20 años no menos de 135 libras. En la pelea en la cual ganó el título Junio Ligero a Benny Bass, estuvo por debajo, y únicamente la ciencia y el coraje del cubano contrarrestaron la diferencia de libras a favor del filadelfiano.

Una publicación habanera, al referirse a ello y a la estancia prolongada del Kid en La Habana, decía:

> La vida de Chócolo en La Habana ha sido ejemplar. Sin dedicarse a entrenamiento arduo, no ha abandonado sus ejercicios ligeros, para conservar la elasticidad de sus maravillosos músculos. Cuando llegamos a su casa, a las diez de la mañana, aun dormía. Fue despertado y a la media hora estaba con nosotros. Vestía un pijama de seda «varicela verdá» —expresión muy Chocolate— y su rostro acababa de recibir la caricia de una hoja de «Gillette». Nos explicó que dormía diez horas diarias. Sabia prescripción facultativa que le ha servido de sedante a sus nervios. Los ejercicios que hace diariamente se limitan a «shadow boxing» y calisténicos.

Le interrogamos sobre su alimentación. Recordábamos la época de su entrenamiento en Orangeburg, para su pelea con Jack Kid Berg, el año pasado, cuando sufría la inapetencia. Por toda respuesta nos invito a desayunar. Con vivo apetito ingirió dos naranjas, dos huevos ligeramente pasados por agua, algunas tostadas y un vaso grande de leche pasteurizada. La leche es mi alimento favorito, nos dice el Kid, es lo que me ha hecho aumentar a 135 libras. Yo tomo un vaso por la mañana y repito al mediodía, después de las comidas, y al acostarme. Desde luego, solamente ingiero leche pasteurizada, pues así me lo exigen los médicos. En los Estados Unidos fue donde aprendí a tomar leche al pasto. Es el alimento que mejor digiero y después de un entrenamiento duro, la leche me hace recuperar el peso perdido.

¿Y cuándo piensas regresar al norte? preguntamos. «Ya estoy completamente descansado». Espero solamente las órdenes de Pincho para regresar a Nueva York, y después dirigirnos a California. Creo que pelearé con Fidel La Barba, que es californiano, y la pelea daría una «casa» fenomenal. No creo que tenga necesidad de bajar hasta el peso *feather* para esa pelea. El *bout* será concertado a «catch weights».

Las doce del día. Chocolate se apresta a pasear un rato en automóvil. Generalmente almuerza a las dos de la tarde. El campeón nos invita a llevarnos hacia La Habana…

Indudablemente, el Kid respondía a una campaña publicitaria de alguna de las compañías distribuidoras de leche que pagaban bien estas loas al producto anunciado.

Eso pensaba Chocolate y así lo dijo al periodista. En la mente de Pincho retoza un nombre: Tony Canzoneri.

Kid Chocolate con Moe Fleischer, Sellout Moe

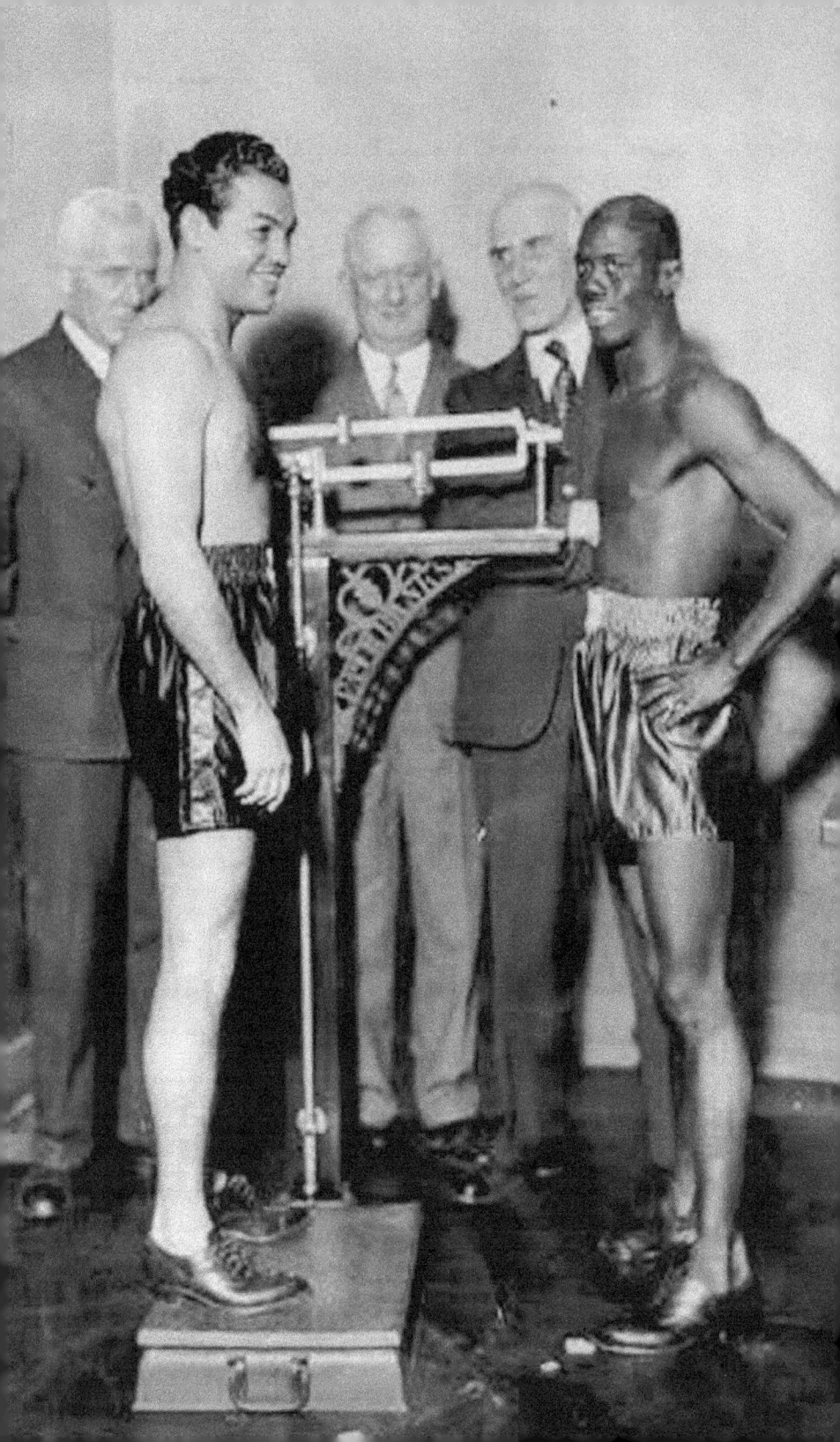

CHOCOLATE VS CANZONERI, DRAMA PUGILÍSTICO

De «drama pugilístico» tituló una publicación especializada de aquellos días del combate Kid Chocolate vs Tony Canzoneri, librado ante un Madison Square Garden repleto y en el que, tras quince encarnizados *rounds*, la prensa deportiva volvía a dividirse ante el fallo adverso al Kid de Cuba.

No estaría de más, antes de entrar en detalles sobre la pelea en cuestión y ofrecer el testimonio de testigos presenciales, ahondar algo en la figura de Tony, el ítalo norteamericano que, según *The Ring*, aparece clasificado como el séptimo entre los pesos ligeros de todos los tiempos y quien llegara a poseer tres coronas del orbe, una de ellas —la *Feather*— dos veces.

Al llegar a su pelea con el Kid, Canzoneri se hallaba envuelto en interesante campaña de regreso a los planes estelares, en un *come back* poco frecuente en el boxeo. Tres años antes, la crítica, con 111 ojo severo, había vaticinado su fin como primera figura del *ring*.

Fue el 28 de septiembre de 1928 cuando comenzó el declive, al perder el título *Feather* que había ganado a Benny Bass, ante el mediocre Andre Routis, de Francia. Dos meses después pierde con el judío Al Singer en el propio Nueva York, y los valores empiezan a bajar. Al año siguiente cae en diez *rounds* frente a Sammy Mandell, por el título mundial Ligero que aquel ganara al fabuloso Jimmy McLarning, y en 1930 Jack Kid Berg le propina una soberana golpeadura.

En septiembre topa con Billy Petrolle. El Express de Fargo lo derrota decisivamente y el Tony sucumbe ante los ojos de la crítica y los aficionados: es un valor sin valor en la bolsa del mercado de pugilandia. Mientras Canzoneri descendía, Al Singer saltaba a la consagración al obtener el título Ligero a costa de Sammy Mandell. El ítalonorteamericano, pues, era un hombre propicio para que Al siguiera ascendiendo.

Se arruinó el ghetto

La noche del 14 de noviembre de 1930 subieron al *ring* del Garden, título Ligero de por medio, el decadente Tony Canzoneri y el ídolo de la colonia judía y entonces flamante campeón ligero. Al Singer. Cientos de miles de pesos con logros apreciables estaban en los puños de Al. Nadie concebía una derrota de Singer y la crónica sentenció su victoria. No habían transcurrido dos minutos del primer *round,* cuando Singer se hallaba cuan largo era de espaldas contra el encerado, mientras el *referee* levantaba una y otra vez el brazo hasta llegar al fatídico ¡10!

Volvían a subir las acciones de Canzoneri. Los críticos, que se hallaban en una situación difícil, calificaron la victoria como producto de «un golpe de suerte». Habían extendido un certificado de defunción pugilística a Canzoneri. Y el ítalo norteamericano resucitaba de manera sorprendente.

El inesperado desenlace alborotó el avispero de Fistiana y los empresarios, que tenían nuevamente un buen imán taquillero en Canzoneri, se encargaron del resto, Jack Kid Berg dijo a un diario neoyorquino: «Le gané en enero 16, aquí mismo. Podría hacerlo ahora con mucha más facilidad».

Petrolle también habló hasta por los codos: «Por poco lo mato en Chicago. Le puedo ganar con una mano atada a la espalda».

Berg recibió la oportunidad en Chicago. Solo tres *rounds* estuvo el inglés de pie ante un Canzoneri desconocido, que sumó esa noche el título junior welter al ligero ganado antes a Singer.

—Me sorprendió con un buen golpe; eso es todo. En una revancha la cosa sería distinta.

Se ofreció la revancha y otra vez emergió triunfador Canzoneri, esta vez por decisión en quince *rounds* de un combate en el cual el inglesito recibió «un castigo sobre humano».

Canzoneri volvía a ser Canzoneri. Dos meses después de su segunda victoria, se enfrentaría a Kid Chocolate en una de las peleas más solicitadas y que dejó otra buena recaudación en las taquillas del Garden.

Chocolate seguía mejor

Después del descanso de dos meses y medio observado por Chocolate en La Habana, tras la conquista del fajín junior ligero, y su reaparición con victorias convincentes sobre Joe Scalfaro, Steve Smith, Al Rube Goldberg, Buck Oliva y Lew Feldam (esta última el 2 de noviembre de 1931), el Chócolo se veía bastante recuperado para la gran pelea con Tony Canzoneri, 18 días después, en juego los títulos ligeros y junior welter que entonces se ceñía al ítalonorteamericano.

Quienes no pueden entrar al Garden, están pendientes de la gran pelea entre «los dos mejores pesos pequeños del momento». En La Habana la expectación es grande. En medio del habitual bullicio y precedidos por un séquito de *seconds*, mánagers y periodistas que hacen funcionar los *flashes* de magnesio, llegan ambos pugilistas al *ring*. El primero, Canzoneri: aplausos, silbidos, algún que otro «buhhh». Instantes después, bailoteando sobre las puntas de los pies y lanzando *jabs* y *hooks* al aire, el Chócolo. Otra vez los aplausos, silbidos y los «buhhh» de la colonia ítalonorteamericana.

Fueron presentados como de ritual: Canzoneri sube con 134 libras; dos años mayor que el Kid, mide solo 5 pies 5 pulgadas. Chocolate pesa 128 libras; tiene —es cierto— ventaja en estatura (no olviden que el Kid se alza sobre 5 pies 6½ pulgadas) y alcance, pero esto no nivela las 6 libras de más que ostenta Tony. Las apuestas: 7-5 por Canzoneri.

La pelea a punto de comenzar. En sus respectivas esquinas los pequeños gladiadores se mueven inquietos. Canzoneri flexiona las piernas, asido a las cuerdas; Chocolate, fintea e inicia rápidos rallies con las dos manos, que se pierden en el vacío.

Son llamados al centro del *ring*. El brillante cuadrilátero lo ocupan ahora tres hombres: los dos actores principales del drama pugilístico a punto de comenzar y, entre ellos, el árbitro. Las recomendaciones de siempre. Son devueltos a sus esquinas. Se despojan de sus batas y escuchan los últimos consejos. Moe Fleischer introduce el protector en la boca del Kid cuando suena el *gong* y ¡a pelear!

Un *round,* copia del otro

Canzoneri, que había rendido un magnífico entrenamiento para esta pelea, se presenta fuerte y ambicioso como de costumbre. Tan impetuoso como Jack Kid Berg en sus mejores días, pero con menos alcance, no da tregua ni un solo instante al Kid. Siempre en busca de la pelea adentro, zapatilla con zapatilla, sin dar ni pedir respiro. Lo que se dice un auténtico torbellino.

Chocolate, que sueña con llegar a ostentar cuatro títulos (luego retaría al campeón *feather*), también derrocha valor y coraje esta noche. Y es bueno que se diga valor, porque, opacado por su grandeza entre las cuerdas, por esa genialidad ya reiterada, poco se ha dicho sobre el valor personal del Kid, otro de sus atributos puesto a prueba en más de una difícil ocasión. ¡Y esta es una de ellas!

Tony, buscando quebrar la defensa del Chócolo, regalándose en ocasiones, para colarse adentro y soltar allí sus andanadas de golpes, restar velocidad al Kid y ponerlo a merced de su pegada. El Kid tratando de detenerlo con su *jab* cortante, filoso como una navaja. La clásica medición entre el peleador certero, efectivo, que es Canzoneri y el boxeador de fino estilo que, presionado, sabe soltar los puños, fajarse llegada la ocasión. De nuevo el toro en busca del torero; este, diestro, esquivándole a capotazos, con el estoque listo para matar en el momento oportuno.

Esa mañana

En los diarios matutinos de Nueva York se dio gran despliegue publicitario al combate entre los dos pequeños colosos del *ring*. No faltaban las medidas, peso y talla de cada uno:

114

	Chocolate	Canzoneri
Edad	23	23
Peso	128 libras	134 libras
Estatura	5 ft 6 ½ in	5 ft 5 in
Alcance	68 pulg	65 pulg
Bíceps	11 pulg	13 ½ pulg
Antebrazo	11 pulg	12 ½ pulg
Pecho (normal)	36 pulg	36 pulg
Pecho (expandido)	37 ¾ pulg	38 ¼ pulg
Muñeca	6 ½ pulg	7 ½ pulg
Cintura	27 ½ pulg	28 pulg
Cuello	15 pulg	15 ½ pulg
Muslo	19 ½ pulg	20 ¼ pulg
Pantorrilla	14 pulg	13 pulg
Tobillo	8 ½ pulg	7 pulg
Puño	10 ½ pulg	11 pulg

Al día siguiente

Al día siguiente del cruento combate, los diarios habaneros publicaban el *round* por *round* y golpe por golpe, directamente desde el *ring side* del Madison Square Garden, según lo transmitieron las agencias cablegráficas. El hilo de la *AP* narraba:

Desde el *ring side*

El *referee* es Willie Newis y los jueces Joe Angello y Charles F. Mathison.

Tanto Chocolate como Canzoneri, dos de los más brillantes peleadores de los pesos pequeños que optan por la faja de las 135 libras, desde los días en que Benny Leonard y Lew Tendler ofrecieron su famoso duelo, subieron al *ring* entre los gritos de la mayor concurrencia que ha presenciado un *match* en el Madison Square Garden en los últimos años. Hubo una pequeña demora para permitir a las estaciones de radio que transmiten la pelea, dar el resultado inesperado y rápido de la semifinal.

Primer round

Los dos muchachos presentan un notable contraste al saltar de sus respectivas esquinas cuando suena el *gong*. Chocolate, esbelto, de piel ábanica y lustrosa; Canzoneri, de corta estatura, pálido, sonriente. El campeón se adelanta sobre el retador con dos *hooks* izquierdos a la cabeza, izquierda al cuerpo y una derecha que pifia la quijada de Chocolate. Demostrando un absoluto desprecio por el poder de los puños de su retador, Tony lleva al cubano por todo el *ring* con un barrage de golpes al cuerpo, lo acosa en su propia esquina y castiga con ambas manos. Chocolate retrocede peleando furiosamente, lanzando las dos manos a la cabeza de Canzoneri, describiendo arcos cortos al dejar el campeón abierta su defensa, y la concurrencia en pie ruge al ver a los muchachos pelear como dos gallos, cambiando furiosos golpes de izquierdas a la cabeza, hasta que suena la campana.

Segundo round

Tony hace que el retador se le adelante y Chocolate se lanza sobre su contrario con un ataque al cuerpo que Canzoneri suaviza. Canzoneri lanza su izquierda metiéndola dentro del cuerpo del cubano, dispara otras dos izquierdas al estómago de Chocolate y obliga a retirarse al cubano. Chocolate pelea bravamente, llevando a Tony a las sogas con dos puños voladores que se aplastan una y otra vez contra la quijada del campeón y de nuevo la emoción sube en unión de los gritos del público, al ver a Canzoneri ripostar furiosamente. Alejándose de las manos del Kid, un poco atolondrado, Tony castiga a Chocolate con dos *upper cuts* derechos a la cabeza, antes de sonar la campana. La sangre sale de la nariz de Canzoneri cuando se dirige a su esquina.

Tercer round

Rápidos y peligrosos, sin cuidarse absolutamente de las consecuencias, Canzoneri y su retador se lanzan derechos en un furioso cambio de golpes. Esta vez Canzoneri lleva la mejor parte al meter al cubano en las sogas con *hook* izquierdo y *upper cut* derecho a la cabeza, le agarra en un *clinch* y luego lanza cuatro golpes derechos al cuerpo. Hacen *sparring* esperando una oportunidad y lanzan *jabs* llegando los dos de Chocolate primero. El Kid castiga con derecha a la quijada y Tony desata un ataque salvaje con las dos manos antes que Chocolate pueda contraatacar con un violento *rally* y devolver golpe por golpe. En un salvaje cambio de izquierdas y derechas, la concurrencia se mantiene en pie y lanza *cheers* al ver lo encarnizado del combate. Suena el *gong*, y a sus esquinas.

Cuarto round

Ligeramente enfriados por el terrible paso que han marcado, los dos gallitos se contentan con jabearse mutuamente y dar una bella demostración de boxeo, lanzando sus golpes, esquivando y ripostando. Al acercarse, Tony esconde su cabeza en los hombros de Chocolate y lo martillea con ambas manos a los costados. Al salir, Tony pega a la cabeza de Chocolate y este da un mal paso, doblándosele las piernas, solo para saltar sin llegar a caer del todo. Siguen cambiando golpes con furia al sonar el *gong*.

Quinto round

Canzoneri se va sobre Chocolate con una serie de *hooks* izquierdos al cuerpo, pero en cada ocasión el retador lo recibe sin inmutarse, con derechas e izquierdas largas al rostro y cabeza de Tony. Cuatro veces consecutivas jabea al rostro del campeón y Canzoneri asimila bien y sonríe. Como una pantera negra, Chocolate salta sobre el titular castigándolo con ambas manos al cuerpo y combina con *hooks* izquierdos a la cabeza, mientras Tony, que solo piensa en desembarcar un buen derechazo para terminar el combate, tira poco. Chocolate le sigue jabeando a la cara y da vueltas alrededor del campeón, mientras este, aparentemente impone el castigo, le espera con la derecha preparada y presta poca atención a su defensa. Al fin se decide a tirar y agarra al cubano con dos derechas cortas, muy duras, al momento mismo de sonar la campana.

Sexto round

La ceja izquierda de Canzoneri también se ve cortada al salir a pelear cuando suena la campana. El campeón hace *sparring* cuidadoso con Chocolates prestando mayor atención a su defensa. *Hook* izquierdo de Tony y el retador le riposta con *upper cut* derecho a la quijada, que dobla las piernas del campeón. Chocolate le sigue pegando con ambas manos y cuando parece estar indefenso, Tony dispara un fuerte derechazo que agarra a Chocolate en la frente, parándolo en seco. Otra vez cambian derechas e izquierdas en furioso golpeo, mientras la enorme multitud sigue en pie dando vivas y gritando como no se ha hecho igual en el Madison Square Garden por espacio de muchos años. Se encontraban en franco cambio de golpes en el centro del ring al sonar el *gong*.

Séptimo round

Canzoneri lleva al retador contra las cuerdas, pero pifia con la derecha y recibe una fiera derecha en la misma quijada, que le obliga a agarrarse. Un *hook* izquierdo y dos cortantes derechas del retador, sacan sangre de la ceja derecha de Canzoneri. Tony, con sangre en el rostro, inicia un *rally* al mantenerse ambos cambiando golpes y castiga al Kid con dos derechas a la cabeza y una buena izquierda al estómago. Se castigan salvajemente a la cabeza y Chocolate se va hacia un lado, danza. Al separarse los dos, el rostro de Tony Canzoneri sigue agarrado a su idea, al hacer poco o ningún esfuerzo por bloquear los *jabs* del cubano, mientras le sigue con la derecha dispuesta. No se le presenta oportunidad de descargarla antes de sonar la campana y recibe en cambio varios jabs más al rostro.

Octavo round

Frescos, como un par de recién llegados al cuadrilátero a pesar del terrible paso que han mantenido, Tony y su retador danzan por todo el *ring*, jabeando, marcando, bloqueando bellamente. Chocolate dispara una fuerte derecha a la quijada al incrustar Canzoneri su izquierda en el cuerpo del cubano, se separan y vuelven al *sparring*. Canzoneri castiga otra vez el estómago del Kid, pero recibe en cambio una derecha a la cabeza. Ahora están a un pie de distancia. Se pegan a la cabeza sin preocuparse de la defensa, y la concurrencia, que apenas ha permanecido sentada desde que comenzó la brutal pelea, de nuevo ruge. Se siguen uno al otro por todo el *ring* lanzándose golpes al cuerpo y al fin suena la campana que los gladiadores no escuchan.

Noveno round

Canzoneri se lanza en *rush* sobre Chocolate y le castiga el cuerpo con las dos manos. Chocolate se aleja jabeando siempre y castiga el ojo lesionado de Canzoneri con larga izquierda. Los dos ojos del campeón van hinchándose y aparecen medio cerrados, pero no se detiene en su avance mientras descarga las dos manos al cuerpo. Chocolate retrocede jabeando y recibe a Canzoneri con dos derechas cruzadas a la cabeza, pero el italo norteamericano no desmaya. Un maravilloso *bóxer*, Tony quita todos los obstáculos y arrolla como un tanque en miniatura, lanzando sus dos manos a los costados del cubano. Chocolate lo mide con dos derechas más a la cabeza, que rebota hacia atrás, pero el campeón sigue avanzando al sonar la campana.

119

Décimo round

Siguiendo su castigo al cuerpo, Tony se lanza sobre Chocolate con dos *hooks* izquierdos al estómago y una fuerte derecha al corazón, pero el cubano le castiga con dos derechas a la cabeza. El esbelto moreno comienza a doblarse por el medio del cuerpo al pegar Tony en sus costados y comienza a mostrar los codos cada vez que el campeón trata de desembarcar sus golpes allí. Como un toro en su acometida, afirmándose en los talones mientras se lanza a través de la lluvia de *jabs* y *hooks* de Chocolate, Tony sigue castigando los costados del Kid. Fieramente, Chocolate se mantiene firme, lanzando la derecha continuamente a la cabeza de Canzoneri en una de las peleas más salvajes que han visto los fanáticos del Madison Square Garden. Siguen uno frente al otro. Canzoneri aun adelantándose y Chocolate tratando de contenerlo con cuatro *jabs* seguidos, cuando se escucha la campana.

Décimo primer round

Volviendo al mismo sitio donde dejó a su contrario. Tony Canzoneri, peleando en una de las más desesperadas batallas que se ha visto obligado a dar un campeón para defender su título, se lanza con todo contra su retador. Sin esperar por Chocolate, Canzoneri lanza una media docena de izquierdas y derechas al cuerpo y recibe el fuerte graneado de los puños del Kid contra su cabeza indefensa. Tony presenta su quijada para que Chocolate le pegue sin cuidarse de la sangre que le corre de las heridas que presenta en los dos ojos, marcha metódicamente hacia delante, metiendo las dos manos al cuerpo de Chocolate. Cambian golpes al sonar el *gong*.

Duodécimo round

Chocolate jabea mucho al campeón. Tony se adelante y castiga los costados del cubano. Al separarse un instante, Chocolate desembarca limpiamente un derechazo a la quijada de Canzoneri, pero este se mantiene firme, sepultando su puño derecho en los costados del Kid. Canzoneri descansa un momento por primera vez desde que comenzó la sangrienta pelea y hace pifiar a Chocolate con las dos manos, al hacer resbalar los golpes del cubano sobre sus guantes. Dos derechazos cortos del Kid rebotan contra la quijada de Tony al lanzarse nuevamente a la ofensiva, pero de nuevo el campeón se mete dentro de la guardia de su retador, con la cabeza ahora gacha, descargando con las dos manos al cuerpo del Kid, que riposta a la cabeza. Hacen *sparring* en el centro del *ring* tomando un bien ganado respiro, cuando allí les sorprende el campanazo.

Décimo tercer round

Canzoneri lanza otra vez su izquierda al cuerpo de Chocolate. Lo cruza con la derecha a la cabeza, pero recibe un *hook* izquierdo a las costillas y acto seguido Chocolate lo martilla a la cabeza con ambas manos. Canzoneri se mantiene frente al cubano y ataca con sus dos manos al cuerpo. Chocolate dispara una terrible media docena de izquierdas y derechas al rostro de Canzoneri, pero el campeón parece no sentirlas, mientras sigue castigando los costados de su rival. Chocolate hace pifiar al campeón tres izquierdas y lo agarra de lleno en la quijada con las dos manos y de nuevo la concurrencia se pone frenética y no deja oír el sonido de la campana.

Décimo cuarto round

Canzoneri agacha la cabeza y carga con el delgado y ágil moreno, pegando con las dos manos al cuerpo de Chocolate. El Kid batalla bravamente, lanzando golpes cortos, de arriba hacia abajo, pegado a su contrario, pero Tony, muy fuerte, lo obliga a retroceder por todo el *ring* bajo un ataque continuado al cuerpo, mientras la concurrencia hace oscilar las luces sobre el *ring* con su clamoreo y rugidos. Chocolate se mantiene firme frente al campeón y lanza derecha e izquierda, una detrás de otra, a la quijada de Tony. Un derechazo de Tony hace agarrarse a Chocolate cuando suena el *gong*.

Décimo quinto round

Salen de sus esquinas como si fueran a comenzar el *bout* y Tony recibe al retador con golpes de ambas manos. Se mantienen cabeza con cabeza, lanzando los puños con rapidez tan grande, que la vista no puede seguirlos, hasta que un barrage del Kid hace retroceder a Canzoneri. Cansado horriblemente, pero siempre valiente, Chocolate trata de repetir el *rally* y dispara las dos manos a la cabeza de Canzoneri, pero Tony le responde con un ataque fuerte al cuerpo, haciéndole retroceder. Tony lanza tres derechas con la mano abierta a la cabeza de Chocolate y el *referee* lo requiere. Se mantienen otra vez cabeza con cabeza, en un salvaje intercambio de golpes, y Chocolate sacude al campeón castigándolo en la quijada, y luego, con un furioso *rally*, mantiene el castigo sobre la cabeza de Tony hasta que suena la campana y con ella termina la pelea.

Cómo la vio la *AP*

La AP dio la victoria al campeón, al que concedió 8 *rounds*, por 5 a Chocolate y 2 tablas. El columnista Edward J. Neil, en información especial para La Habana, comenta así la pelea:

Canzoneri y Chocolate sostuvieron uno de los combates más reñidos que se han ofrecido en varios años

Tan buenas impresiones causaron los dos gladiadores, que al final del encuentro, cuando se conoció la decisión, el público se arremolino junto al *ring* para protestarla. Charles F. Mathison votó por Chocolate. Angello dio su fallo a favor del campeón y el *referee* William Lewis fue quien decidió. 19 mil personas asistieron al *bout* y se recaudó la cantidad de 83 408 dólares. Dos grandes campeones.

Ahora, párrafos de la información:

Madison Square Garden, Nueva York. Nov. 20 (AP). Stamina ilimitada y un corazón como solo los grandes campeones lo poseyeron, llevaron a Tony Canzoneri, Rey de los Ligeros y los Junior Welters a la victoria, esta noche, sobre Kid Chocolate, el maestro cubano, en uno de los más grandes duelos que dos hombres pequeños han sostenido en la historia del *ring*.

Por espacio de 15 *rounds*, ante 19 000 personas que llegaron al final de la pelea agotadas por la emoción y que constituyen la mejor concurrencia que ha presenciado un combate de boxeo en dos años, Canzoneri se lanzó decididamente contra el esbelto peleador cubano y salvajemente se abrió paso hasta ganar una decisión tan reñida, que uno de los jueces votó en su contra y la concurrencia se arremolinó en el «ring side» para gritar y protestar por espacio de 10 minutos el veredicto anunciado.

La historia del *ring*, en épocas recientes, hay que pasarla por algo hacia atrás, para llegar a las batallas del gran Benny Leonard con Lew Tender, de Willie Ritchie y Leach Cross y hallar igual en coraje, castigo y ferocidad, que pueda compararse con la ofrecida esta noche por el sonriente italiano de New Orleans y el corajudo morenito que vendiera periódicos en La Habana, ante una concurrencia que llegó al máximo de la excitación desde que sonara el primer *gong* hasta escuchar el último.

En otro párrafo de su información, apunta Edward J. Neil:

Canzoneri, conquistador por dos veces de Jack Kid Berg en el mismo año en que ganó la corona de la división de las 135 libras, dio a Chocolate todos los chances que un retador puede pedir. Expuso su quijada y dejó al fuerte, preciso pegador cubano, desembarcar con ambas manos. Se metió recto dentro de los venenosos *jabs* del Kid, a pesar de que con ellos le partieron las cejas y la sangre corría por sus mejillas, y pasando por todo esto sonreía aparentemente. Insensible al castigo, para debilitar al cubano con golpes al cuerpo, pegar en la quijada con derechas e izquierdas y llegar a la meta un poco maltratado, pero como un verdadero campeón: triunfador.

La única cosa parecida a un «knock down» se lo apuntó Canzoneri, en el cuarto *round*, cuando agarró a Chocolate con un derechazo a la quijada al tratar el retador de esquivar el golpe y resbalar. El Kid cayó, pero saltó inmediatamente, martillando continuamente como hizo en cada minuto de la batalla, con las dos manos. Tan reñido fue el combate que nunca descendió en intensidad y uno de los jueces, F. Mathison, dio el triunfo a Chocolate, mientras el *referee* Willie Lewis y el otro juez, Joe Angello, salvaron a Canzoneri su título. La anotación de la AP da a Canzoneri 8 *rounds*, 5 a Chocolate y dos tablas, el primero y el octavo.

Tal vez en la furia de la batalla, fue la eterna agresividad de Tony la que hizo inclinarse al otro juez y al *referee* a su favor. En realidad, el resultado fue tan apretado que no había base para privar a un campeón de su título después de un despliegue de valor y agresividad como el dado por Canzoneri esta noche.

Y concluye el cable:

La concurrencia de 19 000 personas pagó 83 408 dólares por presenciar la emocionante batalla, siendo esta la mayor recaudación a la vez que la mayor concurrencia de público que hombres de poco peso hallan llevado a un *stadium* en varios años.

No todos coincidían

Como dijimos al principio de este capítulo, los críticos estaban divididos, aunque una ligera mayoría se inclinaba por Chocolate, quien esa noche había ofrecido una gran demostración de valor. Es evidente y así se puede constatar al leerse la descripción *round* por *round* y golpe por golpe, que ya el Kid no tenía sus maravillosas piernas, aquellas que le llevaron a a la cima. Pero su instinto de peleador inmortal, su gran valor y su rapidez de manos le permitieron librar aquel memorable combate para la historia.

Vean lo que reporta Walter R. Douglas, de la propia agencia AP, en servicio especial a otro diario habanero:

Si Chocolate da a Battalino la pelea que dio a Canzoneri sería hoy el campeón *feather*

Siguen los comentarios en toda la prensa americana sobre la gran pelea del viernes. Ed Hugues dice que «los *jabs* de Chocolate tenían aturdido a Tony. En el séptimo, por poco se cae el campeón».

Nueva York, Nov. 21 (AP). La pelea entre Kid Chocolate y Tony Canzoneri ha sido origen de tantos comentarios que se creería llegará el día del juicio final antes de que se terminen. Hoy, en Brooklyn Eagle, el distinguido cronista Ed Hugues aporta su óbolo al debatido tema de quien ganó moralmente con un soberbio artículo y una caricatura no menos soberbia. En la caricatura, Canzoneri está en el centro del *ring* y el Kid en una esquina, el brazo izquierdo extendido se mantiene perennemente en la nariz de Tony. El texto es significativo: «Tony, ahora sabrá lo que es un buen *jab* izquierdo».

En su crónica, Hugues se expresa así:

> Los méritos de la decisión serán origen de discusiones, pero en lo que todo el mundo está de acuerdo, es en el valor intrínseco de la exhibición. En la historia del boxeo posiblemente habrán existido mejores peleadores que el doble campeón ligero y ligero welter y su antagonista. Pero dudo que en la antigüedad o en tiempos modernos se haya exhibido mayor cantidad de valor, acción dominante y entusiasmo que el viernes por la noche en aquella sesión blanca y negra en el Madison Square Garden. Hasta los veteranos acostumbrados a criticar a los peleadores modernos estaban embelesados aquella noche. La fuerza del *punch* de Canzoneri se estrelló varias veces contra la quijada al parecer frágil del Kid. El Kid parecía hecho de caucho, porque por un lado recibía un golpe que hubiera tumbado a cualquier otro y por otro lado devolvía con una serie de *jabs* izquierdos que dejaban a Canzoneri aturdido. Si Chocolate hubiera peleado la noche que luchó con Battalino como esa noche con Tony, hubiera conquistado el campeonato Pluma del mundo. En el séptimo *round* hubo un momento en que todos los presentes creímos que había llegado el fin de Canzoneri. El Kid cortó el ojo de Tony y luego la boca; Tony hizo cuanto pudo por permanecer en pie.

«Después del octavo, Chocolate no peleó con el mismo ardor. No fue hasta el 14 que volvió Chocolate al ataque brillantísimo del principio. En el último *round*, Tony Canzoneri estaba perplejo. Tony no llegó a pegar un solo *punch* bien pegado, porque el Kid eludió todos los golpes y lo mantuvo fuera de equilibrio con sus *jabs*».

Y así continúan los comentarios en la prensa neoyorkina

[...] y posiblemente un siglo después de esta fecha se

estará hablando todavía de esta pelea calientita que en opinión de más de 15 mil de los casi 20 mil fanáticos que la presenciaron fue ganada por el Kid y adjudicada a Tony.

Opina Pincho

Las páginas deportivas de los diarios cubanos reproducían los días que sucedieron al combate Chocolate-Canzoneri, nuevas informaciones, entrevistas. Era pan caliente para la afición nacional. El día 22 de noviembre apareció este trabajo con Pincho Gutiérrez en el que, además, se emiten juicios sobre el combate y cómo Harlem mantuvo al criollo en la cúspide de la popularidad. Lean:

En Harlem se paseó en hombros al cubano Kid Chocolate a quien lo consideran como el campeón «Light»

Dice Pincho Gutiérrez que ese ha sido el espectáculo de más vida que recuerda haber visto. Luego agregó el popular mánager que Eligio Sardiñas está ahora más fuerte que años atrás.

Nueva York. Nov. 22. Canzoneri, Chocolate y Jimmy Johnston salieron ganando. Johnston tuvo el placer de ver la taquilla más grande del Madison Square Garden desde la pelea entre Carnera y Big Boy Paterson. Canzoneri conservó su título y Chocolate ganó aun más popularidad, por creer una gran parte del público que había sido defraudado.

La pelea en realidad fue ganada por el mejor boxeador. Pero el hecho de que Chocolate no se mantuviera en acción constante como Canzoneri, parece que obligó a los jueces a dar la pelea por el campeón. Por otro lado, es muy difícil vencer a un campeón. Es preciso dejarlo en el suelo. Y, aun así, suelen varios árbitros contar más tiempo del necesario, como le pasó a Gene Tunney en Chicago. Canzoneri tuvo mucha suerte anoche. Salió vivo, pero muy marcado.

La revancha es una cosa segura. Johnston aseguró que dentro de pocos días se deberá firmar el pacto para esta segunda pelea. El Kid está un poco disgustado y dice que ya es la tercera vez que ha sido víctima de una mala decisión.

«Creo que para ganarme el campeonato voy a tener que matar al adversario. Hay veces que pienso es casi imposible ganar en Nueva York cuando la pelea es contra uno de esos favoritos. Tan seguro estaba de que tenía la pelea ganada que al final creí no habría dudas en el ánimo de nadie».

Pincho, locuaz como de costumbre fue más allá.

«Si alguna vez he creído que le pudimos ofrecer a Cuba tres campeonatos mundiales de boxeo» fue en esta pelea. Pero todos los resortes imaginables fueron tocados y cuando creíamos que la decisión era nuestra se nos aparecieron con una de esas injusticias tan corrientes en el boxeo. Hicimos todo lo posible porque conservara el Kid el buen estado de ánimo, ocultándole la injusticia de la petición de extradición en La Habana, interceptamos cartas, telegramas y anónimos. Y el Kid estaba bien cuando subió al *ring*.

El mismo juez Angello que le dio la victoria a Canzoneri se la dio antes a Battalino y a Jack Kid Berg. El mejor juez de los Estados Unidos, Mathison, votó por Chocolate y hoy le dijo por teléfono: No se preocupe, usted ganó bien ganado.

«Quedé satisfecho, sin embargo, al sentir la ovación tremenda que se le tributó al Kid. Habíamos ganado, pero nos sentíamos como un chino metido entre cien mil japoneses. Hoy asistí a la presentación de la película de la pelea. Allí se puede apreciar claramente nuestro triunfo. Al decir nuestro triunfo, me refiero al de Cuba en general. Anoche, en Harlem, llevaron al Kid en hombros por las calles en manifestación espontánea de triunfo a su victoria moral. Creo que ese fue el espectáculo más emocionante que he visto en mi vida. Creo que Chocolate está hora mucho más grande que cuando venció a Al Singer.

Y Pincho cerraba con estas palabras:

Pesando como un *feather weight* venció al mejor ligero del mundo. Y lo venció boxeando y fajándose. Nos robaron otra vez, pero no perderemos el ánimo y continuaremos luchando hasta conseguir otro campeonato. No nos lamentamos, llevamos siempre en la mente el lema de Club Atlético de Cuba, «Corazón y lo otro...» pero como sigan las injusticias no tendrán que pedir la extradición del Kid sino aceptar mi deporta-ción del país del peso plata».

Una hora en la selva

El enviado especial de una revista habanera, *Dennos*, escribió acerca del combate:

> Kid Chocolate, flexible, con los bellos movimientos de una pantera, acecha al león rugidor: Tony Canzoneri. Una hora de combate —15 rounds— los espectadores se han desgañitado. Las voces estentóreas confunden a todos menos a los boxeadores, que utilizan el cerebro para aniquilarse. Un galimatía. Una hora fuera de la civilización. El *gong* ha anunciado el final de la pelea. Los cerebros sobreexcitados, esperan la decisión. Cada uno ha visto la pelea a su manera. Pro existe un molde popular para descifrar al ganador. No es un molde científico, ni matemático. Es un sistema instintivo, de naturalidad sorprendente, cuyo raciocinio se evidencia en la unanimidad del veredicto. Los jueces —seres humanos— falibles, propensos a perder la ecuanimidad en el *maelstrom* pasional del momento álgido, tratan de computar la agresividad, efectividad y arte defensivo de los boxeadores con una tabla científica que requiere un cerebro mecánico para su operación. Esta es la génesis de las malas decisiones.

Y prosigue el enviado especial.

> Terminado el *bout*, una sonrisa apagada, que refleja satisfacción en un rostro fatigado: Tony Canzoneri. Una mueca de dolor espiritual: lágrimas amargas de una esperanza perdida: Kid Chocolate. El público de pie, escandaliza. Laringes y cuerdas vocales ejecutan un coro

feroz que llena el estadio de notas violentas. Es la música de la protesta. Es el público que ofrece su decisión. Y nosotros, ante la escena descomunal, sentimos nuestro cerebro matizado de lirismo. Transportados a épocas pretéritas, nos vimos sentados en una gradería del estadio de Olimpia presenciando los Juegos Gímnicos. El público, emocionado, saltaba las gradas y se dirigía al terreno y coronaba la testa de Kid Chocolate con los laureles del triunfo.

Dennis sale abruptamente de su lirismo.

Pero la mirífica visión fue rota por los policías neoyorquinos tolete en mano, cargaron contra las vociferaciones y desalojaron el inmenso Madison Square Garden. Vueltos a la realidad, caminamos en la bruma otoñal de la isla de Manhattan, hasta llegar al deslumbrante Broadway. Y otra vez en plena civilización, comentamos el despojo inaudito de que fue víctima Kid Chocolate.

Tony Canzoneri - Kid Chocolate (20 nov 1931)

HOMENAJE A BLACK BILL

El grupo desea ardientemente volver a La Habana. Solo lo impide el cartel que 10 días después tendrá lugar en el Saint Nichols Arena en homenaje a Black Bill, completamente ciego, y en el que tomará parte la cuadra de Pincho, encabezada por Chocolate, quien llevará de rival a Max Lerner. También un programa, dos días antes, en el que el gigante argentino Vittorio Campolo, de la cuadra cubana, se enfrentará a Primo Carnera, en pelea calificada como «entre los pesos grandes más grandes del boxeo». Carnera, 6 pies 6 pulgadas y 260 libras; Campolo, 6 pies 7 pulgadas y 234 libras, el ganador, se anunciaba, iría a un *bout* con Dempsey. Tras dos asaltos de bostezos, Primo noquea a Campolo.

Para ese combate y para el posterior entre Chocolate y Lerner, se publica que Pincho no estaría en la esquina por haber sido sancionado a causa de manifestaciones vertidas a un diario de Brooklyn. En ellas, se le atribuye al volcánico mánager que, antes de la pelea, sujetos del bajo mundo del boxeo profesional se le acercaron para advertirle que el Kid no podría ganarle a Canzoneri, debido a que había personas influyentes muy interesadas por las prevenciones raciales, dispuestas a proporcionarle a Canzoneri amplia protección.

En dicha entrevista, publicada por Frank Casale, se puso en boca de Pincho cosas como estas:

> Para que el Kid pueda ganar un campeonato mundial tendrá que hacerlo por KO, porque de otro modo, esas personas interesadas en que muchachos de color no alcancen un campeonato, harán todo lo posible por impedirle a Chocolate el ganar la decisión.

En la conversación con Casale, Pincho decía que el Kid iba tan delante de Canzoneri, que él creyó prudente aconsejarle que se contuviera un poco después del octavo, hasta después del décimo tercero.

Recordarán que fue en ese *round* cuando el Kid volvió a abrir su ataque violento, teniendo al campeón «groggy» casi todo el resto del combate.

Y al insistir Casale en la amenaza de la Comisión:

> Iré allí y haré las mismas declaraciones, y si me quieren suspender que lo hagan, pero siempre viviré con la satisfacción de que mis convicciones morales están por encima de las económicas. Que salga el sol por donde salga. Yo sabría, en última instancia, vender manzanas en Broadway.

Se da la reunión en la Comisión de Boxeo de Nueva York. Habla Pincho, lo hacen también los magnates del boxeo en el Estado y la cosa se reduce a la clásica tormenta en el vaso de agua. Pincho estaría de nuevo en la esquina de Campolo cuando este cae grotescamente ante Carnera, y en la del Chócolo, cuando noquea en un *round* a Max Lerner, la noche del homenaje a Black Bill.

El Cadillac por el Packard

Al llegar a Cuba, mánager y boxeador lo hacen como triunfadores. Vuelven a oírse los mismos cantos de sirena de antes, cuando, un año atrás, la prensa los respaldó también en el fallo adverso ante Jack Kid Berg. No aceptan lo que califican de inmerecida derrota. Herido en lo más profundo de su amor propio. Pincho se prodiga, ofrece conferencias, se entrevista con la prensa y habla del nuevo despojo.

Tampoco merma la publicidad del Kid: su nombre está en los cintillos de las páginas deportivas nacionales, en la calle, y el negrito del Cerro, que sigue soñando con ganar algún otro título mundial, pone los ojos en el fajín de los *Feathers*. Así lo declara en más de una entrevista, en la página de un diario, o a nivel de tertulia callejera.

Esta vez Chocolate no trae el Packard charolado que compró a raíz de su combate con Al Singer, diseñado especialmente para el hijo del presidente de esa compañía y cedida a él la opción de compra en correspondencia a su victoria sobre Al.

Ahora trae un Cadillac plateado, 16 cilindros en línea, y radio cuya estridencia llama poderosamente la atención en una ciudad en la que este maravilloso artefacto era virtualmente desconocido. Con él se pasea orondo, Prado arriba, Prado abajo. ¡La Habana es suya!

Abad no fue la razón

En la capital cubana permanece el Kid hasta mayo, mes en que empaca y vuelve hacia Nueva York. Vence antes en su patria a Dominick Petrone, por decisión; y por la misma vía, en 15 *rounds*, al panameño Davey Abad, en pelea por el campeonato del mundo de los ligeros juniors, escenificada en el campo La Polar.

Abad no aparecía ranqueado por la Comisión de Boxeo de Nueva York, y no era ciertamente un rival digno del Kid. Este fue un buen pretexto al que echó mano la prensa amarilla para justificar el por qué del fracaso taquillero, pues el público asistió en número muy inferior al calculado.

No es cierto. El Kid, solo con presentarse, hubiera llenado La Polar o cualquier otro estadio, no importa el nivel del adversario. La verdad es otra: el precio del azúcar, primera industria del país, baja alarmantemente; el desempleo crece; la acción revolucionaria contra Machado se incrementa y a ella responde el tirano con más crímenes y torturas. En el Realengo 18 se produce el desalojo de campesinos. El país vive días duros, muy duros.

Según la revista Colección Boxeo 1930′s) *Mateo Osa, Kid Chocolate y Serafín Martínez Fort (español pupilo de Pincho):*

Serafín entró en el equipo de "Pincho" Gutiérrez, un cubano que tenía el mejor equipo del mundo. Tenía a Black Bill, campeón mundial del peso mosca; Panamá Alf Brown, de los gallos; Kid Chocolate, en los peso pluma; Oscar de LaRosa, en el peso ligero; en el wélter, Canadali; en el medio, Ignacio Ara y en los semipesados, Mateo de la Osa. El equipo se entrenaba en el St. Nicholas, gimnasio de referencia en Nueva York.

La revancha con Berg

El Kid consigue, tras su triunfo sobre Abab en la capital de Cuba, seis victorias consecutivas, todas por decisión: Mike Sarko (2), Steve Smith, Lew Feldman, Roger Bernard y Johnny Farr. Con los triunfos anteriores frente a Dominick Petrone y el citado Abad, la cadena de alegría llega a nueve, luego de la derrota con Canzoneri. Va pintando bien 1932, al parecer, para Choco y Pincho. Y ambos piensan en tomar desquite con Jack Kid Berg. Lo desean desde el punto de vista moral, para demostrar que fue robo el primer combate. Y es magnífico negocio. Lo reafirman los promotores cuando pactan la batalla: esperan 180 000 dólares o más de entrada.

Se preparan

Las fieras se preparan para entrarse a zarpazos entre las cuerdas; los magnates se relamen de gusto. La publicidad sobre la pelea es poderosa. La pantera antillana y el tigre londinense entrenan.

Sparring, saco, *puching back*... El Chócolo monta el campamento en Summit, Nueva Jersey, donde vive desde que retornó a Estados Unidos en campaña que espera le lleve a otro cetro mundial. Lo acompañan sus compatriotas Pincho Gutiérrez y el caricaturista y periodista deportivo Joe Massaguer. El campamento es acción y ansias.

Pero, el Kid se siente mal. Le da mala espina el campamento de Smith, y cambia hacia el Gay Willson, en Orangenburg. Declara a la prensa:

> Siempre me ha dado suerte el campamento de Willson. De allí es donde he salido para anotarme mis mejores triunfos en Nueva York. Aun cuando he combatido fuera de esta ciudad, siempre he ido al campamento de Willson: me da buena suerte, se los aseguro...

¿Cuál es el peso del Chócolo? Flcischer dice que el muchacho anda por las 133 libras y conservará el peso para la pelea. Mientras, el as habanero continúa su preparación.

Berg prefiere el gimnasio al campo abierto; practica en el Stilman, y duro, muy duro. Allí se ha entrenado para la inmensa mayoría de sus compromisos más difíciles. Jack, según los cronistas deportivos, está muy bien, y mostró algo de sus viejas cualidades en su *match* contra Mike Sarko, escalón con vista al choque con el Chócolo.

Hay preocupación

Si, hay preocupación. Un especialista de la *AP* escribe el 13 de julio:

¿Se repetirá el robo de 1930?

Sí Chocolate logra noquear a Berg como ya lo hiciera Canzoneri, se podrá negarle el triunfo. De otro modo, Berg corre el peligro de… triunfar. Berg es un peleador mediocre. Su estilo consiste en agarrarse continuamente y pegar con los codos y los guantes abiertos sin gran esfuerzo, pero constantemente. En esta forma logra dar la apariencia de que está castigando a su adversario. En realidad, sus golpecitos resultan palmadas tiradas con el ánimo de convencer a los jueces que realmente está peleando.

Chocolate deberá cegar a Berg; mantener un fuego nutrido desde el principio y boxear constantemente sin permitir a Berg acercarse. No deberá descansar un instante, ni deberá demostrar cansancio en los *rounds* finales. Puede ganar catorce *rounds* y si pierde el último puede con él perder la pelea.

La pelea

EL 18 de julio de 1932. Frente a frente, la pantera y el tigre. Van y vienen los zarpazos. Fiereza, técnica sobre el cuadrilátero. Aunque el negocio no ha sido lo anhelado… Una agencia noticiosa lo predijo horas antes del encuentro:

«Cuando pelearon anteriormente, el *bout* produjo $140 000, y si hacen hoy $40 000, pueden estar muy satisfechos».

Otro redactor es más duro:

«No necesitaban el dinero cuando estaban arriba y ahora que necesitan el dinero, el dinero no está a su disposición».

Una revista cubana publicará posteriormente, en un comentario sobre el Kid y Pincho.

El descenso hacia la normalidad en el boxeo, que se inició imperceptiblemente en el año 1929, se ha convertido en una degradación rauda. El boxeo vuelve a vestir los andrajos de antaño. Se ha convertido en un negocio exiguo, sin brillo. Quién le iba a decir a Pincho que dos años después de percibir $38 000 por una pelea con Jack Kid Berg, Chocolate recibiría $ 3 000 por el mismo *bout*.

Falta agregar que Chocolate y su adversario británico tampoco eran los mismos. Empezaban —quizás lo justo es decir que iban por el medio— a rodar cuesta abajo, en el mundo de las trompadas pagadas. No podían atraer como antes. Eran más sombra que brillo... de Kid Chocolate y Jack Kid Berg. Pero, dejemos las palabras y volvamos a la lid, donde dos hombres se están dando duro y por donde quiera.

El Chócolo está haciendo quedar bien a los entendidos; salió favorito dos a uno. A pesar de la resistencia, el coraje del rival, sus golpes son más limpios y efectivos al principio de la lid. Sus piernas, eso sí, no son las de antes. A mediados de la batalla, se le ve cansado, y es más coraje y habilidad que fuerza la que impone entre las cuerdas frente a Berg, quien tampoco tiene las cualidades de la época de mayor calidad.

Los ojos del inglés, casi cerrados. Sangre. Pero, la cara del cubano está demacrada; se ha sentido los golpes al cuerpo. La esquiva no le funciona bien.

Decimotercer *round*: el Chócolo golpea mucho y fuerte a Berg, parece que se lo lleva... casi lo tumba. Sin embargo, el europeo levanta boga, ¡y al ataque! Hay desconcierto en el rostro del habanero.

Decimocuarto y decimoquinto *rounds*. El Chócolo, demasiado cansado. Jack, aunque casi no puede ver, ataca y ataca. El Chócolo resiste a puro coraje. Esquiva algunos golpes; a veces, parece aquel púgil que fue, «mas», no pocos de los puñetazos de Berg hacen diana y daño —tremendo daño— en la anatomía del Chócolo.

Cesan las hostilidades.

En los dos últimos capítulos, impuso el Kid inglés su estilo. Cierto que la disputa resultó algo más cerrada, no obstante, debe haber ganado el antillano, pues... ¿Qué es eso? ¡Le han levantado la mano a Jack Kid Berg! Ha obtenido la victoria otra vez por decisión dividida.

La protesta tiene la palabra

Hay gritos del público, abucheo en cuanto se supo el veredicto de los jueces; y rápido, la protesta toma la palabra. Por ejemplo, Ed Frayne, de Universal Service, opina así:

Perdiendo ocho de los quince round el juez Barnes y el referee John MCavoy dieron el triunfo a Berg

Entre los periodistas que vieron la pelea desde el *ring side* hay la impresión general que el triunfo fue de Choco. Algunos hasta le dan diez *rounds*.

Hubo protestas

Madison Square Garden, julio 18 (US). El pequeño, gracioso Kid Chocolate ganó ocho de los 15 *rounds* contra el británico Jack Kid Berg, en una fiera pelea en el nuevo stadium del Garden, y los oficiales dieron la decisión a Berg.

Los cronistas alrededor del *ring side*, declararon unánimemente que Chocolate había ganado la pelea. En mi tarjeta anotadora, Chocolate ganó el primero, segundo, tercero, cuarto, séptimo, octavo, decimosegundo y decimotercero. Todos los demás, incluyendo los dos importantes *rounds* finales, correspondieron a Berg.

La concurrencia lanzó un terrible rugido y una vez más el aire se ha hendido con gritos de desagrado, Luis Gutiérrez, mánager de Chocolate, al abandonar el *ring*, dijo que se hallaba extraordinariamente disgustado con el boxeo y sabía qué clase de trabajo iban a realizar cuando el *referee* McAvoy fue nombrado. El general Phelan, uno de los comisionados, escuchó la frase y pidió al mánager que se callara. Una discusión fuerte siguió y Pincho acabó por lanzar su opinión en términos no muy católicos.

La sangre no llegó al río por la oportuna intervención de los periodistas, que evitaron que Pincho se convirtiera en púgil fuera del cuadrilátero. La prensa y la gente ligada al negocio del boxeo, comentarían que:

> Phelan estaba «mojado» y por eso sus intentos de hacer callar a Pincho. La comisión que ha castigado a Joe Jacobs por igual falta en relación con la pelea Sharhey vs Schmeling, y a Sal Dold, no castiga a Pincho, aunque ratifica el fallo. Pincho les sabe algo a los comisionados.

Otro cable de una agencia noticiosa comentaba:

> Chocolate volvió a perder la decisión ante un peleador inferiorísimo, simplemente porque confiado en que estaba muy aventajado permitió que su rival luciera como un valiente acometiendo al final. El pobre Berg, casi ciego, cansadísimo solamente podía marchar hacia delante y recoger cuando Chocolate le mandara.
> Parece que Berg no puede perder en Nueva York mientras esté vivo al final.

Es necesario aclarar que el Chócolo no se confió: sus piernas no daban más, le faltaba aire, había perdido reflejos. Tenía destellos de la maravilla que fue, mas solo destellos. La intensa vida nocturna, como buen cobrador, comienza a pasarle la cuenta al negrito del Cerro. Y esta es elevada...

Un corresponsal en Nueva York telegrafiaría a la oficina de su agencia, poco antes de terminar la pelea Kid Chocolate vs Kid Berg:

Puede desde ahora anunciar que Berg ganará la decisión. El margen de Chocolate es tan grande, que los jueces y el árbitro escogerán a Berg.

Después lo explica:

> Esto lo dije porque estoy convencido que Berg, al ir
> perdiendo la pelea, dio ocasión a los políticos de inundar
> los lugares donde se hacen las apuestas y con los logros
> de cinco a uno que se estaban dando en el *round* décimo,
> pudieron hacer un agosto. Hubo político que apostó $5
> 000 contra $500 en el *round* duodécimo. Esas apuestas
> explican la decisión.

Los reporteros quieren dar «un palo» en relación con los dos
púgiles. La Universidad Service anuncia: «Es muy probable que
Chocolate y Jack Kid Berg vuelvan a pelear el 22 de agosto, a quince
rounds».

La información no se convertirá en vida jamás. Aunque Kid Berg
y Kid Chocolate «combatirán» de nuevo en La Habana, a mediados
de 1950, pues el inglés visitará a su adversario y «combatirán a tragos» en una gira por diversos bares habaneros, que terminó en los
prostíbulos del barrio de Colón. En medio de los «ronazos», Berg
aceptó que había perdido la primera pelea frente a Chocolate, pero
la segunda no. El Choco, simplemente, callaba.

Para que no se olvide

En el programa de la batalla estelar Kid Chocolate vs Kid Berg, se
enfrentaron en la primera para preliminar a Tony Faleo (133 libras),
de Filadelfia, y Franklie Klic (132 libras), en San Francisco. Hicieron
tablas. Anote el último nombre: Frankie Klic. Nos hará sufrir.

Kid Chocolate vs Jack Kid Berg

Así fue como vio la segunda pelea un experto de la Universal Service, en transmisión especial para los diarios de La Habana, *round* por *round* y golpe por golpe.

Primer round

Hacen *sparring*. Chocolate lanza dos izquierdas duras al pecho. Berg se acerca: Chocolate lo recibe bien y le echa la cabeza hacia atrás con un buen golpe. Chocolate pega con la izquierda al cuerpo de Berg. Chocolate de nuevo espera a su rival a pie firme. Cambia golpes fuertes con él y lleva, con mucho, la mejor parte, Chocolate lanza derechazo a la quijada de Berg. El cubano se mantiene fuerte y parece confiado en cada golpe que lanza. Berg toma todo lo que le envían, corajudamente, y pega con rabia, pero Chocolate siempre le saca ventaja.

Segundo round

Chocolate pega a Berg con ligera izquierda y luego repite con el mismo guante. Chocolate aprieta el acelerador y entones pega a la cabeza de Berg con las dos manos, quien con una etamina que parece no tener fin, responde a cada golpe con una nueva carga. La concurrencia grita. Berg pega en la cabeza de Chocolate media docena de derechazos y luego lleva al cubano a las sogas castigándole al cuerpo con las dos manos. Berg se lanza de nuevo al ataque y castiga al cuerpo del cubano con un grueso fuego de golpes. Chocolate escapa y responde con un par de *upper cuts* a la quijada, pero Berg sigue en su ataque y tiene a Chocolate perdiendo terreno al sonar la campana.

Tercer round

Berg sale rápidamente de su esquina y le pega a Chocolate una serie de derechazos, pero el cubano, bailando, se aleja y supera boxeando al británico con una serie de golpes a larga distancia. Berg pifia con la izquierda y su derecha pasa silbando sobre el hombro de Chocolate.

Chocolate le pega al inglés en la barbilla y lo tira contra las sogas. El cubano salta para dar el golpe decisivo y un derechazo casi envía a Berg entre las cuerdas, sin embargo, logra volver al centro del *ring* el británico y de nuevo su ataque es salvaje, pero los golpes del Kid parecen llevar más potencia porque las piernas de Berg se tambalean a cada instante. Berg parece a punto de caer bajo el terrible castigo, cuando suena la campana.

Cuarto round

Chocolate sonríe confiado al salir de su esquina. Berg está dispuesto a ganar o a morir. Berg recibe de nuevo castigo. Logra Chocolate desembarcar con la derecha y la introduce en el cuerpo del inglés. Berg no conoce otro estilo que el de mantenerse atacando hasta que se agote, y sigue fiel a su teoría. En un fiero cambio de golpes, resbala y cae sobre una rodilla, aunque rápidamente se pone en pie. Chocolate va peleando fácilmente al sonar la campana.

Quinto round

Chocolate pega con la derecha recta a la cara. Berg pega a Chocolate detrás de la cabeza, al persistir Chocolate en agarrar la izquierda del británico. Berg sigue lanzando golpes y golpes, pero el Kid los bloquea admirablemente, Berg lleva a Chocolate a las sogas y le pega con las dos manos al cuerpo. Chocolate dispara una salvaje derecha a la quijada, pero no da el alto a Berg, quien sigue moviéndose con rapidez al sonar la campana.

Sexto round

Berg se queda corto con la derecha y Chocolate lanza ligeras izquierdas a la cara del inglés. Berg desembarca fuerte derecha al estómago, pero el cubano responde con fuerte derecha a la cara, que abre una herida sobre el ojo izquierdo de Berg. Otra derecha y la sangre comienza a salir de la herida.

Séptimo round

Chocolate está dando una bella exhibición de esquiva, y escapa a los golpes de su contrario. Hace que Berg pifie media docena de golpes sin descanso con las dos manos, pero los golpes caen sobre los brazos y guantes del cubano. Chocolate pega con la derecha a la oreja y en un cambio de golpes que sigue, el cubano pega un par de derechazos al ojo herido de Berg y luego suelta una salvaje derecha a la oreja. Chocolate toca a Berg con tres ligeras izquierdas y con precisión de ametralladora, pega cuatro veces consecutivas a la cabeza de Berg; este parece como corcho en un mar tempestuoso. Chocolate sigue tocando a Berg con ligeras izquierdas al sonar la campana. Berg parece muy cansado.

Octavo round

Berg jabea con la izquierda a la cara y pega con las dos manos consistentemente el cuerpo de Chocolate, quien desembarca con la izquierda que hace daño al ojo derecho de Berg. Y ahora los dos ojos del británico muestran huellas del conflicto. Berg sigue forzando la pelea, y lleva a Chocolate a una esquina neutral, donde sacude al cubano con un ataque al cuerpo. Chocolate pega un *hook* de izquierda al estómago y hace retroceder a Berg con una serie de derechazos a la cabeza. Berg de nuevo sigue buscando y tomando los golpes como todo un héroe al sonar la campana.

Noveno round

Berg castiga furiosamente la cabeza de Chocolate. Éste pega, con la izquierda a la cara de Berg y, dando un paso de lado, esquiva un golpe de su rival. Chocolate pega dos izquierdas a la cabeza de Berg. Este responde con dos izquierdas a las costillas. Chocolate se queda corto con un *upper cut* derecho y Berg entierra dos derechazos en el cuerpo del cubano.

Décimo round

Berg pega a la oreja con izquierda ligera. Chocolate hunde una izquierda en el estómago del inglés y repite el golpe un segundo después. Chocolate, huyendo a las acometidas del británico, pega un *upper cut* al pecho. Berg lanza las dos manos al cuerpo. La derecha de Chocolate es bloqueada y de nuevo Berg toma la iniciativa con un ataque de las dos manos al estómago. Chocolate pifia una derecha y de nuevo Berg saca la mejor parte en un cambio de golpes. Berg está sacando la mejor parte en este round cuando Chocolate le pega en la quijada y casi hace caer al inglés, pero todavía quedan energías a Berg para soportar el golpe y responde con izquierda a la cabeza.

Décimoprimer round

Berg dispara la derecha a la oreja. Chocolate pega un *hook* a la cabeza y luego un *upper cut* derecho a la quijada. Chocolate no quiere riesgos y boxea a distancia. Berg trata desesperadamente de acercarse para usar su ataque al cuerpo. El mejor golpe de Jack es un derechazo a la quijada que desembarca ahora y que deja momentáneamente adormecido al cubano. Chocolate se agarra un instante, y pega a Berg con una buena izquierda. Chocolate esquiva tres izquierdas.

Decimosegundo round

Salen al centro del *ring*. Pifian y van al *clinch*. Después de romper, Chocolate castiga a la cabeza de Berg con tres duras derechas. Berg no sabe retroceder, y recibe otras cuatro izquierdas antes de encontrar el cuerpo de Chocolate con las dos manos. Berg pega de nuevo con las dos manos al cuerpo. Larga derecha del cubano a la quijada. Berg rehúsa ceder terreno; ahora la sangre corre de la nariz del británico.

Décimotercer round

Chocolate pifia con la izquierda y van al *clinch*. La izquierda de Berg pifia sobre la cabeza del cubano, al esquivar este. Ahora, los dos muchachos dirigen el ataque al estómago. Chocolate pone en pie a la concurrencia cuando casi hace caer a Berg con una hermosa exhibición de *puching*, que tiene a Berg medio loco; pegaba con la izquierda y la derecha; Berg catcheaba desde todos los ángulos, Chocolate parece un poco descorazonado cuando ve que Berg se le encima después del ataque.

Décimocuarto round

Los dos ojos de Berg parecen estar medio cerrados, pero de nuevo se lanza al ataque. Chocolate se retira ante el ataque, pero, ocasionalmente, logra disparar un golpe cuando da dos pasos atrás. Chocolate hunde una izquierda en el estómago y envía hacia atrás la cabeza de Berg con *upper cut* derecho a la quijada. Berg fuerza la pelea y lleva la mejor parte en un violento cambio de golpes, con Chocolate culpable de haber agarrado. Berg persigue a Chocolate por todo el *ring*, pero los golpes del británico no tienen potencia.

Décimoquinto round

Después de tocarse los guantes en un gesto amistoso, Chocolate hunde la derecha en el estómago; Berg se acerca, pero Chocolate le agarra. Chocolate recibe dos izquierdas a la oreja y entonces Berg saca la mejor parte en un cambio de golpes a corta distancia. Chocolate abre y renueva su fuego con excelentes resultados. Pero Berg ignora el bombardeo y comienza a perseguir al cubano hasta las sogas bajo un ataque con las dos manos al cuerpo. Berg castiga el cuerpo del cubano, pero Chocolate, cansado como está y todo, trata de resistir; Berg es quien domina la pelea al sonar la campana. Ambos contendientes se ven muy cansados.

Berg gana por decisión... de dos hombres.

Cómo votaron los jueces

Barnes dio a Berg 7 round; 4 a Chocolate y 4 tablas. MCavoy dio 7 a Berg; 3 a Chocolate y 5 tablas. Charles Lych dio 8 a Chocolate: 5 a Berg y 2 tablas.

Al final de su información, la propia agencia insiste en cómo, a pesar de la acción y el coraje derrochado sobre el *ring*, los golpes de los dos valientes gladiadores no parecían llevar la potencia de la pelea anterior entre ellos, si bien el fallo era igualmente discutido.

Kid Chocolate vs Jack Kid Berg

Segunda Corona

La nueva derrota ante Jack Kid Berg no amilana a Pincho, que sigue con la obsesión de una segunda corona para Chocolate. El 4 de agosto el Kid viaja hasta Chicago y allí derrota convincentemente a Eddie Shea. Ya el estratega cubano que dirige los pasos del Kid, ha trazado su plan táctico: el negrito del Cerro sigue en sus andanzas, repudia cada día más el gimnasio y la única forma de mantenerlo bien es pelearlo seguido, que la acción del *ring* le permita mantener la distancia y la vista. Que se aleje en lo posible de la vida disipada a la que ya no escapa, las tertulias nocturnas en el La Fayette, la subyugación que sobre él ejerce el Broadway deslumbrante y conquistador.

Se produce entonces el momento esperado por Luís Felipe Gutiérrez. Con la renuncia de Battling Battalino al fajín emblemático de los plumas (*feather weights*), la Comisión de Boxeo del Estado de Nueva York, la más poderosa, reconoce a Lew Feldman como nuevo monarca. Hay discrepancia. La Nacional Boxing Asociation, la otra entidad que se disputa el poder del boxeo mundial, no está de acuerdo y eleva al trono a Tommy Paul, peleador de poco colorido y escaso historial.

Para Pincho la oportunidad se «pinta» sola. Reta a Feldman, a quien ya el negrito del Cerro ha vencido dos veces; en vísperas de su combate con Tony Canzoneri, el 2 de noviembre de 1931, dieciocho días antes del memorable duelo del Garden; y más recientemente en este mismo 1932, el 1º de junio en la campaña preparatoria del cubano para enfrentar por segunda vez al inglesito Jack Kid Berg, en quince *rounds*.

Se firma la pelea por el título pluma del estado de Nueva York, para el 13 de octubre. Pincho no deja descansar al Kid. Entre el 11 de agosto y el 4 de octubre, a nueve días del combate titular con Feldman, derrota a Jonny Farr dos veces, en Cincinatti y en Detroit; a Frankie Marchese, en Nueva York: a Steve Smith, en Boston, y a Frankie Farriello, en Feeport.

Las bolsas son escasas, no responden a la real jerarquía del Kid, pero esto no interesa ahora a Pincho. Él tiene los ojos puestos en la corona de Feldman y para Chocolate estos combates son solo sesiones de *sparring* que ayudarán a mantener la forma. Esta nueva oportunidad no podrá escapar. El cubano debe estar bien. Tan bien, que no debe dejar lugar a dudas para otra mala decisión. Ya ha habido bastantes experiencias anteriores: Battalino, por el propio título Feather: Canzoneri, el inglesito Jack Kid Berg...

Otra cosa pensaba Chocolate

Chocolate, ansioso de diversión, no sigue al pie de la letra las instrucciones de Pincho. Tal vez confiado en las dos victorias anteriores sobre Feldman, a «quien me conocía de memoria»; lo cierto es que no se cuida como debe para un *bout* de tanta importancia. Asiste al entrenamiento obligado por sus asesores, pero trabaja con desgano. Hay que exigirle más y más. Chócolo está más ausente que presente, pese a su estancia allí cada tarde. Corre menos de lo debido, y llega el día de la pelea...

Dejemos que el propio Chocolate, cuarenta años después de aquel combate, narre a ustedes, en su propio lenguaje y con la lucidez de sus setenta primaveras, todo lo que rodeó a aquella célebre cita en el Madison Square Garden, y que representaría para él su segunda corona.

Óiganle pues:

—Por esos días yo tenía veintidós años, aunque los periódicos dijeran veinticinco. Me sentía lleno de vida y deseo de vivir a plenitud. Unos meses atrás, no recuerdo cuántos, había sido proclamado el hombre mejor vestido del mundo en concurso patrocinado no recuerdo tampoco si por una revista o qué otro tipo de publicación. Lo importante es que por entonces tenía 152 trajes y combinaciones de todo tipo en mi ropero y aventajé a 146 hombres tan figurines como el artista francés Adolfo Menjou; el ídolo de la pantalla norteamericana, George Raft; el Príncipe de Gales, y al alcalde de Nueva York, Mickey Walker, hombre que presumía de vestir elegantemente.

Hace una pausa, apura un sorbo de cerveza fría y prosigue:

—Pueden imaginarse ustedes. Yo era un negrito de cara «fácil», caía bien lo mismo entre los blancos que entre los negros, y como tenía suerte para las mujeres, pues pasó lo que pasó, sin yo provocarlo siguiera, se lo juro…

—*¿Y qué pasó, campeón?*

—Pues nada, chico, que a unas cuadras del gimnasio donde entrenaba, en la avenida Saint Nichols, había una escuela para muchachas solamente. Yo tenía que pasar todos los días por allí, a la ida y al regreso, desde mi residencia al gimnasio.

Y luego de mover varias veces la cabeza y reír con malicia todavía juvenil:

—Lo que son las cosas. Yo me acostaba temprano. No quería líos con Pincho y había dejado la vida nocturna. Pero la tentación es más fuerte y la carne es débil, ya lo dijo alguien. Una tarde y otra y otra, la misma chiquilla, preciosa como no he visto otra, detrás de aquellas rejas. «Adios campeón. Buena suerte. Buenas noches, campeón, ¿ por qué tan de prisa?

—*¿Y usted?*

—Pueden imaginarse. no quedaba más remedio. Un día paré, conversamos y allí empezó todo.

—*¿Qué fue todo, campeón?*

—¡Todo!

—*Por qué no se explica mejor?*

—Oye chico, ¿ Tú eres cubano o qué? La muchacha estaba para mí cartón y como a mí me gustaba, me dije «Esta no puedo dejarla pasar».

—*¿Y entonces?*

—Entonces nos comenzamos a ver todas las noches. Por la tarde en el gimnasio, por las noches, con Teresín. ¡Si la hubieran conocido ustedes!

—*¿Y la pelea, campeón, la pelea con Feldman por el título?*

—A Pincho le obsesionaba Feldman; a mí, Teresín. Además, yo sabía ganarle a Feldman y, por un poco que me despistara con Teresín (suspira), no te iba a perder con ese tiragolpes.

—*¿En qué terminó la cosa, campeón?*

—Pues de la única forma que podía terminar. De noche, para escapar del cuarto, yo dejaba la almohada debajo de las sábanas, como si durmiera, y apagaba la luz. Pincho metía la cabeza en la habitación, veía el bulto debajo de las ropas de cama y se iba tranquilo. Al día siguiente, embarajaba en el gimnasio. Un *jab* ahora, otro, después, una finta. Como estaba corto de peso, decía que no quería trabajar fuerte. Con eso engañaba a algunos, pero no a Pincho ni a Moe Fleisher, que estaban a la caza. ¡Hasta que se dio la bronca!

—*¿La bronca? ¿Qué bronca, campeón?*

—El día antes de la pelea, Pincho se enteró de todo. Me sentaron en una silla y me hicieron una rueda alrededor. Todos, encabezados por Pincho, comenzaron a lanzarme acusaciones: Que yo estaba loco, ahora que me hallaba a las puertas del campeonato. Que no escarmentaría nunca. Que debían cancelar la pelea y mandarme para La Habana. Que no tenía nombre lo que había hecho.

—*¿Y qué respondía usted, campeón?*

—¿Qué podía responder? Bajé la cabeza y aguanté a pie firme el chaparrón. Ni Canzoneri antes, ni Jack Kid Berger en sus dos peleas, creo que me vapulearon tanto como entonces.

—¿Y cómo terminó el «combate»?

—Qué combate, compadre, aquello era de león a mono que era yo, amarrado. Al fin Pincho me dijo:

«Responde algo. Di algo. Defiéndete, aunque no tengas razón».

—No tengo nada que decir. Ya ustedes lo han dicho todo. Ahora lo que hay es que ganar y voy a ganarle al Feldman ése, aunque me saquen muerto del *ring*.

Sonríe otra vez, golpea con las palmas de sus manos en las rodillas y agrega:

—¡Y por poco me sacan muerto de verdad!

¡Ayúdame virgencita, socórreme diosito...!

En efecto, Chocolate se conocía de memoria a Lew Feldman. Hombre muy guapo, tirador y de recia constitución física, pero inferior en estatura y alcance, y poco técnico. Contaba el Kid con que ya le había ganado dos veces con relativa facilidad «dándole largo», pues eran peleas más bien preparatorias en las que no quiso apurarse. Pero no contaba con que Feldman subiría mejor entrenado que nunca antes, por lo menos con mayor capacidad para recibir y mucho más aire. Había entrenado con esmero y corrido lo que no corrió el Kid. Estaba, pues, en óptimas condiciones físicas.

Comenzó la pelea y, según narró Chocolate aquella tarde de 1979 en que le visitamos, Feldman empezó a presionar. Los *jabs*, *hooks* y *upper cuts* de Chócolo entraban a la cara y cuerpo de Lew, que, sin embargo, avanzaba siempre, sin pararse un solo segundo, los brazos por delante.

—Mientras hubo piernas, mientras quedó aire, le di una paliza que de verdad lo puso feo. Allá por el octavo *round* comencé a desinflarme como una gaita. La pelea era a quince y aquel hombre no parecía sentir lo que le tiraba. Entonces preferí esperarlo descansando en las cuerdas, no derrochar las pocas fuerzas que me quedaban. Cuando él, loco, entraba con sus barrages, yo lo recibía con el *hook* izquierdo abajo buscándole el hígado, cruzaba con la derecha y luego me colgaba de sus brazos, descansaba en sus hombros, hasta que el *referee* tenía que forcejear fuerte para romper aquel abrazo.

Y llevándose los dedos en forma de cruz a la boca:

—Juro que en aquellos abrazos le mostraba más afecto que a un amigo al que hace tiempo uno no ve.

Contaba Chocolate que eran *rounds* de verdadera agonía. El público comenzaba a desesperarse, a pedir más acción, y Pincho, molesto, no cesaba de regañarlo:

—Tú te lo has buscado. Ahí tienes el resultado de tus correrías. Dile a Teresín que suba a ayudarte con ese animal de Feldman, a ver si entre los dos pueden contenerlo.

Y llegó el décimosegundo *round*. Feldman, tal vez porque veía más cerca que nunca la inesperada victoria, a juzgar por el rostro fatigado del Kid, por sus piernas blandas, se lanzó contra el cubano apenas sonó la campana. Chócolo, paciente, lo esperó en su propia esquina y... ¡Feldman a la lona!

—Hacía rato que le estaba buscando el hígado y esta vez se lo encontré. Avanzaba descubierto, me creía ya muerto y cuando se fue en blanco con una derecha corta, hundí mi *hook* al hígado, a la misma puntita del hígado. Desde que cayó, sabía que no se pararía, pero hasta me hizo temer...

Los ojos del Kid resplandecen con joven fulgor. Sentado sobre una silla giratoria, repite ahora, por instinto, el *hook* que tiró a Feldman:

—Yo dije ¡no se levanta! Y miré contento hacia mi esquina.

Pincho jugaba nervioso con la toalla. Moe me hacía señas para que saliera a buscarlo, que no lo perdiera. ¿Salir en su busca? ¿Con qué piernas? Mientras el *referee* contaba, yo confiaba angustiado en que no se pararía. En los ojos de Feldman había lucidez, no estaba mareado, pero su pierna derecha, recogida, indicaba que había sido dañado en el hígado.

Abre los brazos desmesuradamente y...

—Pese a todo se levantó y con cara de malo y la pierna derecha a rastras, avanzó hacia mi. Volví a esperarlo contra las cuerdas, hice un movimiento de hombros para confundirlo, volví a clavarle el mismo *hook*, y Feldman de nuevo a la lona. Mientras el *referee* le contaba, yo me decía para mis adentros: «¡Diosito mío, virgencita linda, que no se levante, mira que si se levanta el que se cae soy yo!».

El campeón deja la silla. Da unos pasos y hace como que cuenta. Suma, seis, siete...

—Aquel hombre a gatas, llega hasta las sogas. No deja de mirarme y yo sigo pidiéndole a la virgencita que no se levante. ¡Qué me ayude, tumbándolo de una vez!

Feldman no pudo levantarse pese a su esfuerzo bravío, y finalmente cayó por la cuenta de diez. Chocolate era a partir de ese momento el nuevo rey de los *feathers*, según versión de la Comisión de Boxeo del Estado de Nueva York.

Lo hubiera sido del Mundo

Lo justo es consignar que Chocolate, pese a que no fue jamás reconocido por la Nacional Boxing Commission, era muy superior a Tommy Paul, un pugilista mediocre que nada tenía que buscar entre las cuerdas con un hombre de la calidad del cubano. El Kid y Pincho buscaron varias veces ese combate para unificar el título y el reconocimiento del Chócolo como campeón del mundo, tal como lo era en los junior ligeros, pero no hubo promotor alguno interesado en montarlo, pues Paul no llevaría público frente al cubano.

Esta razón y el hecho de que las dos organizaciones que controlaban el boxeo mundial no llegaran a un acuerdo feliz, fue lo que imposibilitó al Kid de ostentar el cetro mundial de los *feathers*. Aunque, desde el punto de vista moral, así fue reconocido por los más exigentes críticos, ya que ni Tommy Paul, ni ningún otro de los *feather* que contaban para la Asociación tenían con qué ganarle a Chocolate.

El cubano defendería este título dos meses después de ganarlo, venciendo en quince movidos *rounds* a Fidel La Barba, el excampeón olímpico y único hombre hasta entonces que lo había superado inobjetablemente. El pleito tuvo lugar en el Madison Square Garden y el Chócolo tomó desquite de aquella derrota, demostrando su clase sobre el técnico La Barba.

La otra defensa de la corona *feather* (dos en total) la hizo ante Seaman Watson, en vísperas del viaje a Europa. La pelea, a quince *rounds*, se efectuó en el Madison Square Garden y Chocolate ganó una cómoda decisión.

En 1933, en ocasión de hallarse el Kid en La Habana reponiéndose de los efectos terribles de la gira por Europa, recibió un telegrama para que se presentara con urgencia en Nueva York, a defender el título. El plazo de treinta días era muy precipitado, y aceptar el término en tales circunstancias representaba más que una temeridad un suicidio seguro. Y el Kid no aceptó.

Así perdió, sin defenderlo, el título ganado a Lew Feldman. Ya Chocolate no era el mismo. Ni el mismo boxeador, ni el mismo imán taquillero. Otros hombres se abrían paso en el mundo de las narices chatas y las orejas de coliflor. Uno de estos, Peter Sarron, acababa de noquear a Freddie Miller por el trono de la Asociación Mundial de Boxeo y recibía el reconocimiento de la propia Comisión de Nueva York, en la que antes reinó el Kid del Cerro.

Chocolate está embullado con un recorrido por Europa. Pincho se opone. La disputa es grande entre los dos. Puede haber ruptura. Median los amigos. Y se llega a una transacción: el Kid combatirá en Nueva York con el mediocre campeón ingles Seaman Watson, cetro del orbe de los Teathers en discusión. Luego, «la maravillosa gira», según el Chócolo, quien cumple su compromiso, retiene el cinturón por decisión en quince asaltos y... a conquistar Europa.

En la revista *Carteles* de mayo 28 de 1933, publican, en relación con la labor del titular frente al gris retador:

> Corren rumores sobre la vida desordenada de Chocolate. Aunque no exagera, el runrún no carece de fundamento. Pues en efecto, el Kid no hace la vida de un atleta. Pero ni los defensores de la vida milonguera podrían señalar a Harry Greb y a Maxie Rosenbloom —modelos de existencia heterodoxa, fuera del *ring*— que han demostrado superioridad absoluta sobre sus bien cuidados rivales. La explicación es sencilla: Greb y Rosenbloom, como Chocolate, son genios pugilísticos.
>
> Son tan superiores sobre sus antagonistas, que muy bien pueden ofrecer un «handicap» físico, por lo que pueden estar tranquilos los simpatizantes del Kid que han escuchado presagios inquietantes acerca de su próxima invasión a Europa, pues en el Viejo Continente ni Girononés, ni Francia, ni Berg, ni Watson tienen condiciones para humillar al Kid, pésele a quien le pese.
>
> Lo único lamentable en el desorden de Chocolate, es que durará menos de lo que podía durar, de cuidarse un poco más...

No fue París

Le echarían las culpas a Europa, sobre todo a París. Pero, ya Chocolate está herido de muerte como púgil, cuando prefiere la aventura del Viejo Continente a los encuentros en Estados Unidos, aunque estos prometen bolsas superiores, al parecer… no les importan. Quiere conocer París. Un viejo sueño, desde niño, en el solar, y en el que han pesado novelas y reportajes, todo un canto, con mucho de mentira, sobre la capital de Francia. Quiere también conocer a las francesas y las españolas. No hay buenos opositores para el *ring*, más las habrá para el lecho.

Un amigo, Kid Chocolate y Adolfo González en Paris

Dirán que Madrid, Barcelona, París… causaron su debacle. Incierto, son los últimos golpes en su vida, digamos demasiado agitada, contra el atleta, contra el campeón. Mediados de 1933. Chocolate tiene veintitrés años de edad. ¡Y es un viejo para el cuadrilátero! ¡Tanto ha vivido! —o mal vivido— en esos veintitrés años! Eco del gran campeón que fue, ha perdido reflejos, la agilidad de las piernas, mucho de la capacidad de esquivar. Ha ido dejando facultades en «las noches violentas», en Nueva York o en La Habana.

Desde la época de la primera pelea con Kid Berg, Pincho andaba «desesperado con la situación de un Chocolate que había perdido el apetito y que lucía mal de salud, aunque los médicos no lograron entonces descubrir las causas de su verdadera afección», al decir de la prensa años más tarde. Y es que, por aquella etapa, el Kid había contraído una peligrosa infección, y a pesar de su posterior descubrimiento, y la lucha de los galenos, la infección es la infección, y dejó huellas, melló su organismo, en un principio raquítico, hijo del hambre, de la miseria, de la cuartería…

No, ni Barcelona, ni Madrid, ni París «enfermarán» a Chocolate, ni lo iniciarán en su caída. Ya venía hacia abajo…

Sin embargo, ahora la alegría sonríe en la tierra hispana a Chocolate y a Pincho. Desde el barco, la prensa los acosa a preguntas, los fotografían; al arribo, buena acogida. El Chócolo es todo un personaje.

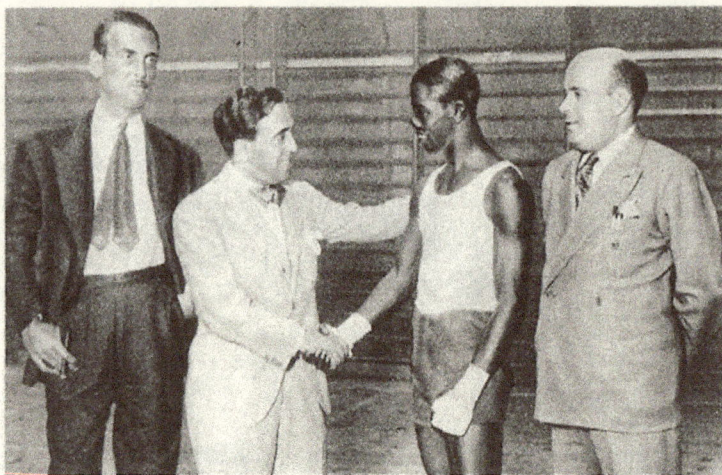

La primera presentación "oficial" de "Kid" en Madrid al presidente de la Federación Castellana de Atletismo. Le acompañan su "manager", "Pincho" Gutiérrez, y el periodista Arroyo Ruz.

La primera presentación «oficial» de Kid en Madrid al presidente de la Federación Castellana de Atletismo, le acompañan su «manager» Pincho Gutiérrez y el periodista Arroyo Ruz

La exageración se adueña de la propaganda

No es el mismo Chocolate, auque la propaganda en España sobre el campeón, será bomba de humo. Los adjetivos, la exageración, tratan de ocultar el verdadero estado del *as*.

Pincho primero intentó entablar negociaciones, para la gira por Europa, con Jeff Dickson, el norteamericano que controla el boxeo en París y Londres. Las condiciones eran favorables, pero Pincho explotó:

—Ese Dickson es un tremendo sinvergüenza, es un monopolista que quiere amarrarnos a sus condiciones. Rechazaré la proposición. Le voy a enseñar cómo se montan peleas. ¡A mí no me manda nadie!

Y así lo hizo el rebelde mánager, quien influye decisivamente en la cantidad y la forma de la divulgación acerca de su pupilo.

Arroyo Ruz, autoridad periodística hispana en la rama del pugilismo, los recibe en la prensa con estas palabras:

> Tenemos ya en España a Pincho Gutiérrez. Trabajo le costó decidirse a cruzar el charco, a poner ante los ojos de los aficionados españoles al deporte del box, esa maravilla ebánica que se llama Kid Chocolate. Pero, ya lo tenemos aquí, tan encantado de la vida como siempre y contento de estar en la tierra del sol, del buen vino y de las «gachís» castizas...

La publicidad: tremenda. Presentan al cubano como el *as* de ébano, el mejor boxeador de todos los tiempos, la maravilla entre las cuerdas, el fenómeno del cuadrilátero, el púgil más científico jamás visto, el genio, el prodigio, etcétera.

Muy a lo cubano, dirá un compatriota del dúo de conquistadores de Europa:

—Cuando Kid Chocolate debutó en Madrid, la «coba broadwayaba» de Pincho Gutiérrez convirtió a los cronistas madrileños en bardos deportivos. Maravilla de Maravillas y Sinsonte del Boxeo fueron los más pálidos elogios que los camaradas de la excorte vertieron ante la turbulencia y elegancia de nuestro muy glorificado Kid.

Las entrevistas a los visitantes llueven. Pincho declara, a mediados de julio, en España:

—Probablemente volveré a fines del veranoa Nueva York a discutirle a Canzoneri el título mundial en los ligeros, pero retornaré inmediatamente a España.

Anuncia que desean vivir en España, donde « ¡no hay el racismo de los Estados Unidos». No quieren ¡más *girls* artificiales y exóticas, «ni más whisky falsificado con soda». Anuncia que el Kid y él quieren fijar residencia en Barcelona.

Y en el ring

Poco antes de la gira por Europa, la revista *Nocaut*, en la sección «Lo que se dice en Broadway», firmada por Ivan Lew, publicaría:

> ¡Y hay campeón para rato! Fidel La Barba, en decadencia;
> Nel Tarleton, Eddi Shea, José Gironés, Tommy Paul no
> podrán jamás ganarle a Chocolate.

La exageración bailando en las palabras; con la decadencia de otros, tratan de tapar la propia. Entre las cuerdas se «hablará» la verdad.

El 15 de julio debuta el Kid en Europa, en Madrid, frente a Nick Bensa, campeón de Francia. Este último es fuerte, resistente cual toro, pero con la habilidad del toro... para el boxeo. En el encuentro por primera vez se usan guantes blancos en el deporte de los *jabs*; Bensa lo exige, ya que estima que las manos relampaguentes del Chócolo, enfundadas en guantes oscuros, se confunden con la piel de éste. Hay publicidad...

Desde el principio, el antillano mayorea. Es demasiado para el oponente. Es, más que otra cosa, una pelea de exhibición; Choco quiere terminar rápido para realizar peleas que le interesan más, con las «ganchís castizas».

El pleito dura diez episodios; gana el muchacho del Cerro por votación unánime de los jueces, aunque no se muestra tan maravilloso, tan Sinsonte del Boxeo.

Barcelona lo acoge en su segunda batalla de la *tournée*. Oponente: el campeón de Bélgica, Franz Matchens. Otra exhibición para el titular del orbe, quien dispone del adversario por decisión en diez *rounds*. El Sinsonte sigue sin cantar...

París. ¡Por fin! Las luces, la ciudad. «Bien vale una misa», repite el Chócolo, sin saber quién lo dijo antes, ni saber ni importarle qué es la misa. La capital de Francia lo tienta a seguir haciendo lo mismo que en Estados Unidos y La Habana. Vive ebrio por las tentaciones, las leyendas, el recibimiento, las mujeres, la popularidad... Conoce a Gardel, y todos los cabarets parisinos; para el tráfico por culpa de los cazadores de autógrafos, en la Rue Fontaine. «Teníamos que venir a Europa, a París; Pincho, teníamos que venir». Dice y sonríe el púgil habanero. El mánager sonríe también, pero hay incertidumbre en la sonrisa.

El 29 de septiembre hace su presentación Kid Chocolate en París, Nick Bensa es de nuevo su rival. Lo anestesia en el último capítulo de una pelea pactada a diez. Mas...

Ángel Artero —mánager del campeón europeo de los bantam, José Gironés— lo había resumido, después del *bout* en Barcelona:

—Chocolate es superior a Brown y, sobre todo, pelea con mayor limpieza. También es una figura más atractiva, pero no es la maravilla que me pintaban, o acaso su pelea con Matchens no ha sido fiel expresión de su pregonado arte.

Al soltar lo que sentía sobre el cubano, trató también de ocultar la grandeza de Panamá Al Brown, campeón mundial de los bantam, despojado de un fácil triunfo frente a Gironés, por una cobarde «no decisión» de los jueces, en una batalla en la que el istmeño le dio una lección pugilística al rudo discípulo de Artero.

Testigos presenciales de la conversación, aseguran que Pincho le salió al paso a Artero, y «defendió a su genio»:

—Ustedes no han visto a Kid Chocolate todavía. Contra Marchens ofreció la peor exhibición de su vida. Pero si ustedes lo vieran...

Comenta uno de los testigos:

—Y España jamás lo vio como quería Pincho.

Hay que agregar: y no porque no volvió a pelear en esa tierra. Aunque hubiera combatido diez veces más en ella. Chocolate era, simplemente, la sombra de Chocolate.

El recorrido de tres meses por Europa tiene un saldo. Mejor se lo dejamos plantear a un acompañante del dúo criollo por aquellas tierras:

—La tournéc curopea —Madrid-Barcelona-París— fue un éxito de aventura turística, mas un fracaso económico. Pincho dejó en

Europa los 20 000 ganados en Nueva York. Pero se sintió feliz de no haber tenido que doblegarse al poderoso Dickson.

No obstante, al magnífico plan propagandístico, la verdad se abre camino en cuanto el Kid cruza golpes entre las cuerdas. A pesar de sus dos cetros, empieza, con veloces pasos, a dejar de ser atracción.

Chocolate, Gardel y el barón cubano

Durante su breve estancia en París, Chocolate recibió una sorpresa de la que siempre conservaría el más grato recuerdo. En ocasión de visitar el Montmartre, tuvo oportunidad de conocer al inmortal Carlos Gardel y bastó aquel primer encuentro para que naciera entre ellos la más cordial camaradería, al calor de una recíproca admiración y un origen común.

El Kid conocía a Gardel por un disco que meses atrás le había obsequiado su compañero de cuadra y paisano de Gardel, Vittorio Campolo. El famoso cantante sabía de Chocolate por lo que había publicado la prensa y, además, le motivaba una razón sentimental en particular, en su Buenos Aires, Gardel había conocido y hecho amistad con Kid Charol (Esteban Gallard), otros de los grandes del boxeo cubano de quien les diremos algo más adelante.

Chocolate se había alzado desde una cuartería del Cerro hasta entrar en el nicho de los inmortales; el Morocho del Abasto, desde los arrabales bonaerenses. Crecidos sobre sus miserias de niño, se abrazaban ahora triunfadores en el París conquistador y deslumbrante.

El enlace para aquel encuentro fue el cubano Ramón Castillo, todo un personaje al que Chocolate conocía desde muchacho. Este Castillo, boxeador también, en lugar de marchar a Estados Unidos, lo hizo a Europa y allí se impuso sobre la base de su fuerte personalidad y «don de gentes». No solo recorrió la mitad del Viejo Continente, sino que incluso estuvo en parte de Asia. En Europa alternó con personalidades de gobierno y la farándula e incursionó en el campo de las letras. Era frecuente verle en los más lujosos clubes y lo mismo podía encontrársele en trusa y zapatillas en un gimnasio, que metido dentro de un *frac*.

Ramón Castillo, el Barón cubano (1907-1996)

La revista *Nocaut*, en información especial fechada en Budapest, Hungría, publicó en 1932 acerca de este pintoresco Ramón Castillo:

> Ramón Castillo, boxeador nacido en Santiago de Cuba, es el atleta cubano que más ha viajado. Después de recorrer todo el viejo mundo y parte de Asia, peleando en todas las grandes ciudades, se encuentra ahora en Budapest, donde ha ingresado en una cuadra de boxeadores húngaros. Castillo, que se hace llamar Costello y se le conoce en el mundo nochesco como el Barón Cubano, ha vuelto al *ring*, después de una ausencia de un año debido a la fractura de la mano izquierda.
>
> En su «comeback» se ha anotado dos victorias por nocao sobre los campeones europeos Servio Mornier y Fritz Repp. Castillo es hijo adoptivo del alcalde de Budapest, y es un ídolo de los húngaros. También nos dicen que Ramón escribe novelas en sus ratos libres.

159

Este mismo Ramón Castillo, dandy y trotamundos por excelencia, cosecharía semejantes triunfos en otros países europeos. Con anterioridad había residido en Austria, reconocido como hijo adoptivo de su capital, Viena.

En París, Castillo boxeaba también, aunque menos. Cuando arribó a la «ciudad luz» impactó con su presencia, y enseguida se hizo llamar campeón mundial de la división Ligera entre los boxeadores de raza negra. (En esos momentos reinaba Tony Canzoneri). Fue

por esa época que Chocolate visitó París con la grabación del vals
—canción Rosas de otoño, que le regalara un día Vittorio Campolo.

De más está decir que el Kid y Castillo ligaron a la perfección
en cuanto se vieron de nuevo:

—¿*Cómo te hiciste de ese disco, Chócolo?*

—Pues fácil, chico. Me lo regaló Campolo, el gigante argentino
que está con nosotros. Un día, mientras me relajaba después de
una fuerte sesión de entrenamiento, me puse a oír un disco de mis
favoritos Irusta, Fugazot y Demare, cuando llegó Campolo y me
preguntó: «Eh, che, ¿a vos también te gusta el tango?» Le dije que sí
con la cabeza y Campolo se dirigió hacia su taquilla. Cuando regresó
me dijo: «Pues mirá, te voy a regalar este. Cuando lo escuchés, ya
no querrás escuchar otro. ¡Ya sabrás vos lo que es cantar!». Y me
dio el *Rosas de otoño* de Gardel, de verdad que no mentía, nunca
había escuchado algo parecido.

No hablaron más del asunto. Chocolate, ávido de conocer la
vida nocturna parisiense; Castillo, deslumbrado por cuanto el Kid
le contaba de Broadway, de sus andanzas, de sus triunfos.

—Esta noche iremos a Montmartre —interrumpió Castillo.

—¿A Montmartre has dicho…?

—Si, compadre, a Montmartre. Y no te asombres por nada, eh…

Y fueron esa noche a Montmartre, con una condición impuesta
por Castillo: Chocolate no debía, ni leer los cintillos rutilantes de la
marquesina, ni detenerse en los murales fotográficos, a la entrada.
Lo que allí vería y ocurriría esa noche, sería una sorpresa para él.
¡De otra forma no tendría gracia! Y así fue.

Cuando llegaron al lujoso cabaret parisino en el que Castillo era
muy conocido, cerca de la pista, una mesa reservada con un letrero
bien al centro: Kid Chocolate, World Champion Boxing. En ella,
junto al Kid y su anfitrión santiaguero, dos rubias oxigenadas que
harían más feliz la permanencia en el lugar.

Muchos años después Chocolate recordaría que se sintió como
deslumbrado en aquel mundo de luces que constantemente variaban
de color, bellas mujeres y champán, mucho champán. Pero el tiempo
transcurría y la sorpresa anunciada por Castillo no llegaba. Ya Chocolate se olvidaba de ella, embriagado por el licor y las caricias de
mujer, cuando el salón quedó de repente completamente a oscuras.
La luz de un potente reflector iluminó la pista y en medio de ella,

jovial, con su sonrisa ancha y su blanca dentadura al descubierto, apareció Carlos Gardel.

BOX, FÚTBOL Y CARRERAS TRES PASIONES DE GARDE

Aquello era solo un adelanto. La sorpresa que por segundos enmudeció al Kid, aumentó cuando Gardel, después de saludar entre aplausos, derramó en tono solemne palabras parecidas a estas que nunca olvidó el Kid:

—Hoy tenemos con nosotros, para orgullo de todos y en especial para mí, a un gran boxeador, a un cubanito que a fuerza de coraje y tesón se ha abierto paso en el duro mundo que es el boxeo profesional, lejos de su patria, de la tierra que lo vio nacer. Ese cubanito, ustedes han oído hablar mucho de él, se llama Kid Chocolate...

Las luces fueron de la pista a la mesa que ocupaba Chocolate, quien tuvo que ponerse de pie y con las manos enlazadas sobre la cabeza, saludar varias veces.

Entonces, el Zorzal Criollo, iluminado por un halo de luz, caminó con paso lento hacia la mesa del Kid, se detuvo junto a ella y se fundieron en un prolongado abrazo. Fue cuando Gardel dijo:

—Queridos amigos, esta noche me siento inmensamente feliz al abrazar a un latinoamericano como yo, a una gloria del boxeo, que como yo también ha cruzado miles de millas para llegar a París. Por todo lo que vale, por todo lo que ha tenido que esforzarse, y, sobre todo, por latinoamericano, si vos me lo permitís, campeón, para vos, especialmente, *Rosas de otoño*.

Chocolate, a quien no temblaron las piernas ante Eddie Enos cuando casi niño todavía debutó en un campamento de militares en las afueras de Nueva York, ni aun después en sus combates con gladiadores de la talla de Canzoneri y Berg, sentía en ese momento que un nudo le apretaba la garganta y las piernas se negaban a resistirle, más por el efecto de la emoción que por el champán.

Como no era posible el «clinch salvador», recurrió a la silla más próxima para no caer, mientras el más grande de todos los tangueros se ensimismaba con aquel *Rosas de otoño* que nadie jamás cantó como él.

Finalizada su actuación de aquella noche, Gardel se sentó a la mesa del Kid y juntos, como dos amigos de toda la vida, compartieron hasta el amanecer.

Según Chocolate, era Gardel de una simpatía tan atrayente como su voz. Se preciaba de su origen humilde y no tenía reservas para sus amigos. Como el Kid, se perdía por una mujer, amaba las farras y sentía pasión por las carreras de caballos, y gastó buena parte de su fortuna en la adquisición de algunos de ellos. Hablaba mucho de su lejano Buenos Aires y soñaba con visitar Cuba, promesa que había hecho firmemente a Chocolate.

A Cuba, le decía Gardel al Kid, me atan muchos lazos de simpatía. Y narraba cómo conoció a Charol y lo «macanudo» que este le resultó. Contaba Chocolate que después de aquel encuentro en París, volvieron a verse en Nueva York.

—Esa vez el anfitrión era yo y me esforcé por devolverle todas sus atenciones. Si él conocía París, yo al Barrio Latino y juntos recordamos los ratos de placer y lujuria vividos en aquellas inolvidables noches parisinas. Su muerte dejó un trauma profundo en mí.

Y repite el Kid:

—Sí señor, un trauma grande. Quien conoció a Carlitos no podrá olvidarlo jamás. Era excepcional. Grande, muy grande, como cantante y como amigo. Hombre a carta cabal, muy amante de su patria, de todo lo que fuera latinoamericano o le hiciera recordar a su país.

Y luego de una breve meditación:

—Yo creo que Gardel se metía en farras un poco para olvidar, ¡o tal vez para recordar!, como decían sus más allegados. En sus momentos de triunfo, cuando las mujeres se prostraban a sus pies y el dinero le entraba a manos llenas, cuando no faltaron aduladores ni escaseó el champán, Gardel soñaba con su Buenos Aires, donde siempre deseó morir. ¡Esta era una obsesión que siempre lo persiguió!

El Kid, emotivo y sentimental por naturaleza, parece otro al evocar a Gardel. Ya no es el mismo lenguaje criollo saturado de frases picarescas «a lo Chocolate». Entonces se pone grave, medita antes de hablar, pone el corazón en lo que dice, y para quien ha estado hablando con él por espacio de varias horas, no le parece que es Chocolate el que resume en tono dramático:

—Pero ya ven lo que es la vida. El destino le pegó un golpe bajo cuando estaba a punto de ver realizado su sueño acariciado por tanto tiempo, y la tragedia de Medellín no lo dejó volver a visitar su calle Corrientes, su lindo arrabal…

KID CHAROL

Esteban Gallar, conocido en pugilandia como Kid Charol, nació en Sagua la Grande, provincia de Las Villas, pero hizo sus temporadas grandes como boxeador en la Arena Colón, en La Habana. Fue uno de los mejores boxeadores cubanos del tiempo viejo y junto al Kid y Black Bill formó una gran trilogía.

Peleaba en la división de los medianos, pero cuando no encontraba rivales de su peso, se metía en el *ring* con los semipesados. Gustaba de pelear en la corta y media distancias, terreno en que virtualmente era insuperable. En Cuba perdió un solo combate, con el norteamericano Jimmy Finley. Derrotó a todos los del patio, y a hombres del calibre de Joe Gans, Nero Chink, el moro Abdel Kedin, Jimmy Kelly y otros muchos importados.

Cuando le ganó a todo el que le trajeron, emigró junto a su mánager, Mario Cotilla, en busca de mejores bolsas. No lo hizo a Estados Unidos, ni a Europa; prefirió Sudamérica y allí le fue bien. Solo que Charol era como era…

En la Argentina se hizo rápidamente de un nombre y allí fijó su residencia, entre 1926 y 1929. Según era de grande en el *ring*, lo era de excéntrico en la calle. Vestía con chabacanería, usaba bombín. Bastón y espejuelos sin cristales. Consumado bailarín de charlestón, bailaba lo mismo de noche que de día. Una mujer hoy, otra mañana, charlestón a todas horas ¡y boxeo!

Dejó lo mejor de sus reservas físicas en la vida fácil, juergas de todo tipo, en los clubes nocturnos y los prostíbulos. La salud se fue dañando, y con ella mermaban en la misma medida sus ingresos y la popularidad, deteriorada esta última por sus excesos.

En 1929, con los pulmones minados por la terrible tuberculosis que ya lo devoraba, Charol entabló en Buenos Aires con Dave Shade, ranqueado entre los primeros del mundo y quien meses más tarde se veía envuelto en campaña eliminatoria por el título mundial.

Kid Charol entre los galanes del ring. *Revista argentina* Luna Park No. 95 , agosto de 1959. Dice el titular: El negro Kid Charol, formidable mediano que actuó entre nosotros hace más de treinta años, era famoso por su elegancia y excentricidad

Una semana después de aquel combate frente a Shade, sin un centavo en sus bolsillos, moría en la cama de un hospital de Buenos Aires, Esteban Gallard, Kid Charol para quienes le conocieron en el mundo del boxeo.

KID CHAROL TUVO CON LA VIDA UN COMBATE QUE NO PUDO GANARLO

BUENOS AIRES, 7. — En el Hospital Rawson, donde se asistía, falleció en el transcurso de las últimas horas de la tarde el pugilista cubano Kid Charol, después de sufrir las alternativas de una dolencia que ya no pudo resistir su extraordinario pero minado organismo.

Kid Charol fué — sin discusión de ninguna naturaleza — uno de los punchers más formidables de cuantos actuaron en el país, y aún en el continente americano, en el transcurso de estos últimos tiempos.

Cotilla se suicidó

Había transcurrido poco más de un año de la muerte de Charol cuando desde Panamá llegó la siguiente noticia:

Mario Cotilla ha muerto

Panamá. El que fuera mánager del célere Kid Charol, que murió tuberculoso en Buenos Aires, ha seguido a su inolvidable pupilo. Cotilla llevó a Charol a Sur América y lo convirtió en el ídolo de los bonaerenses. El Kid, engreído, perdió mucha de su popularidad y, después de hacer tablas con el formidable Dave Shade, sucumbió víctima de consunción en un hospital público. Cotilla, de regreso a La Habana, gastó el dinero que le quedaba de su incursión sudamericana y volvió a ser mánager. Recientemente se fue para Panamá con tres boxeadores y después de algunos éxitos y fracasos, decidió poner término a su vida. Su situación financiera, ha sido la causante de su suicidio.

Mario Cotilla y Martín Oroz, el León español

El epílogo

Chócolo de nuevo en el *ring*. En Montreal se enfrenta a Joe Ghnouly, y lo supera por decisión en 10 *rounds,* el primero de noviembre de 1933. Rival fácil; combate sin brillo, de simple entrenamiento con vista al peleón del 24 del propio mes: en la otra esquina, Tony Canzoneri.

Otra vez títulos y cintillos, crónicas y comentarios con el Kid y su difícil oponente como centros. El cubano ha bajado, sin dudas. ¿Podrá recuperarse? ¿Cómo va Canzoneri? En un primer encuentro después de su victoria sobre el Kid, perdió el cetro junior welter, al ser vencido por Johnny Jadicks, en diez capítulos, el 18 de enero de 1932. Acumuló cuatro victorias consecutivas antes de retar a Jadick, toparon de nuevo en Filadelfia, el 18 de julio, y no recuperó la corona. Noqueó a Kirsch y a Frankie Petrolle, ambos en el tercero, antes de exponer la faja de los ligeros en lid con el peligroso Billy Petrolle el 4 de noviembre: le mantuvo al imponerse por la vía judicial. Tres nuevos combates ganados, y cae, por puntos, en diez *rounds,* ante Wesley Ramey. Y, ¡recuperó la corona junior welter! La víctima por decisión: Battling Shaw. Ocurrió en New Orleans, el 21 de mayo de 1933.

Cercano a su choque con el antillano, perdió el sitial de los ligeros al ser derrotado el 23 de junio en Chicago, por puntos, por Barney Ross. Vino la revancha (12 de septiembre), y por el mismo camino volvió a ganar a Ross. El 28 de octubre, Tony dispuso de Frankie Klick, por la vía de los jueces. Y… ahora Chocolate.

Frente a frente

Canzoneri sale favorito 8 a 5. El cubano pesó 130 libras, por 133 su adversario. Árbitro: Arthur Donovan. Jueces: Tommy Shorted y George Lecron. Ya están frente a frente… Garden… 24 de noviembre.

Primer round

Canzoneri avanza sobre Chocolate, parece que quiere acabar rápido. Mete *hook* izquierdo al cuerpo, cruza con derecha fuerte a la cabeza. El Kid se estremece. El Chócolo hacia atrás. Intenta bailar, no hay ritmo. Canzoneri lo persigue. Le pega una y otra vez. Lo acorrala. Cambian golpes. El público grita, Chocolate es solo destello de aquella lumbrera entre las cuerdas. Izquierda y derecha de Tony. Dos derechas seguidas de Canzoneri; las piernas del Kid se doblan. Suena la campana.

Segundo round

Chocolate sale de la esquina y rápidamente tira tres *jabs*; falla dos. Canzoneri lo aprovecha; hunde su *hook* de izquierda al cuerpo, cruza con derecha a la cabeza; ahora realiza tremendo *rally* a los costados del Kid. El cubano hacia atrás, trata de bailar, de capear el temporal, el tremendo temporal que es Canzoneri. Izquierda y derecha del italo norteamericano. Falla Canzoneri una derecha; el Chócolo va al agarre. Rompen. El cubano sigue mal; no tiene los reflejos ni la velocidad de la pelea anterior frente a Tony. Los golpes de Canzoneri, salvo raras excepciones, desembarcan en el lugar hacia donde son dirigidos. Combinación de Tony y ¡cae Chocolate! ¡Esta boca abajo! Trata... ¡No! Arriba el terrible 10. Por primera vez en su carrera pugilística, Kid Chocolate ha sido noqueado.

Se derrumba el *as*: grita la prensa

Increíble... Se sabía que Chocolate no era el mismo. Mas, no se pensaba en la tremenda paliza, la humillante derrota sufrida ante Canzoneri. Una agencia noticiosa expresó:

> Nueva York noviembre 25. Cuando Kid Chocolate, el brillante púgil de ébano, poseedor de una de las más gloriosas ejecutorias del *ring*, rodó anoche abatido por los poderosos puños de Tony Canzoneri en el ring del Madison Square Garden, en la retirada de los doce mil fanáticos que acudieron al *match* esperando poder presenciar un

cruento *bout* que les recordase el famoso Leonard-Tender, quedó reflejada la visión de haber asistido a los funerales boxísticos del maravilloso negrito de La Habana, quien mantuvo su nombre en el candelero deportivo desde que llegó, vio y venció a estos lares, allá por el lejano 1928. La derrota de Chocolate ayer no dejó lugar a dudas de la superioridad demostrada por Tony y patentizó de una manera muy clara que el Kid ya no es el mismo peleador de antes; infatigable, de sorprendente ligereza, fortaleza y «wind» que todos estábamos acostumbrados a ver en acción desde que el *gong* estridente marcaba el inicio del primer *round*.

El Kid comenzó lento, contrastante con la mareante actitud de Canzoneri, que se le encimó desde los primeros momentos con manifiestos deseos de terminar cuanto antes. Desde mediados del primer *round*, cuando Tony arreciaba sus acometidas, se vio flaquear por primera vez las piernas del Kid y el castigo era tal que los doce mil espectadores rugían vislumbrando el final.

En este *round* se vio ya al Kid cansado, como sin fuerzas para colocar sus golpes, presentando un amplio blanco a los golpes de su rival, y posiblemente la campana impidió algún «down». La esquina trabajó afanosamente junto a Pincho para infiltrarle confianza y ánimos al Kid, pero en los ojos opacados de este se reflejaba ya la tragedia.

Canzoneri atacó, las piernas del Kid se doblaron. Sus ojos se tornaron vidriosos y se desplomó con estrépito... Chocolate acababa de recibir su primer *nocaut*.

En ese momento, en la esquina, Pincho, se llevó las manos a la cara, y en la boca un puro sin encender jugueteaba nerviosamente. Así se desplomó en la noche del 24 el inmenso, el mejor «drawing card» del Garden.

Chocolate abandonó el *ring* con la cabeza baja y triste, ni siquiera habló. Pincho solo pudo exclamar: «No te desanimes, todas estas cosas están dentro del boxeo».

Mas, para todos los presentes la demostración del Kid evidenció que todos los rumores circulantes sobre su aparente decadencia desde que inició su «tournée» por Europa eran rigurosamente exactos.

170

170

Y ARRIBA FRANKIE KLICK

H ay esperanzas, remotas claro, de que Chocolate encuentre el camino. Pincho dice que sí. «Son cosas del boxeo», repite. Él mismo quiere creerlo. Choco es joven (veintitrés años), pero la vida que ha llevado lo noqueó. Y la vida misma dice que no. Vence Chocolate a Frankie Wallace, en Cleveland, por puntos, en diez *rounds*. Y expondrá el fajín mundial de los ligeros juniors. El aspirante: Frankie Klick, aquel preliminarista que entabló en la apertura del programa que llevaba de estelar a la segunda batalla entre el Kid y Berg. Klick está lejos del brillo. En 1933 muestra récord de 18 combates, con 5 derrotas, 3 de ellas consecutivas, antes del *bout* con el cubano: cayó por decisión ante Canzoneri (28 de octubre); Jimmy Leto (4 de noviembre) y Eddie Cool (27 de noviembre) Reta a quien fuera *as*, y es, virtualmente un desconocido en el ámbito de los piñazos rentados.

¡Y el desconocido se impone por nocaut técnico en el séptimo capítulo! ¡Chocolate cede el cetro a un gladiador mediocre!

Alrededor de este desenlace existen varias versiones. La revista *Bohemia* de mayo de 1951 dice:

> Al respecto la famosa enciclopedia pugilística de Nat Fleischer contiene una omisión y una equivocación que deben ser subsanadas sin pérdida de tiempo. Según el *Fleischer Ring Record Book*, Chocolate fue noqueado por Klick en siete *rounds*, lo que en realidad nunca sucedió. Chocolate fue a esa pelea, eso sí, desmoralizado por la soberana y sorprendente paliza que acababa de inferirle Tony Canzoneri, Klick no noqueó a Chocolate, ni siquiera lo tumbó. Chocolate fue descalificado cuando uno de sus *secons* infringió las reglamentaciones del boxeo al saltar al cuadrilátero durante el desarrollo de un *round*.

Fernando Aceña, considerado enciclopedia viviente del boxeo, en Cuba, coincide con la versión de *The Ring* y estima que el árbitro hizo muy bien en parar la pelea, donde Chocolate ya nada tenía que hacer, superado fácilmente por el gris adversario, quien le regalaba una golpiza.

Opinión antihumana

Poco después de la victoria de Klick sobre el criollo, en la sección «Actualidad deportiva», de la revista *Carteles*, se comenta:

> Kid Chocolate regresa a los Estados Unidos esta semana. Pero en lugar del abusado viajecito a Nueva York y su comarca, Pincho Gutiérrez se ha decidido por California, la soleada y turística región norteña. Estima el mentor del Kid que un cambio radical —occidente por oriente— podrá acaso influir en el ánimo de su astro pugilístico. También cree que los dos eclipses sufridos recientemente por el astro, han sido de carácter transitorio y que, en la nueva región de la esperanza, renacerá el fulgor de antaño.
>
> Pincho se marcha optimista… Y siento sinceramente no disfrutar de ese estado anímico, pues temo que Kid Chocolate ha entrado en franco período de eclipses, y que su actuación en California será el clímax desgraciado de su carrera pugilística.
>
> Chocolate ha terminado sus días de pugilista excepcional. Ha perdido su más brillante facultad: la ligereza. Ya no es el asombroso esgrimista que desconcertó a Tony Canzoneri. Sus piernas han perdido el elástico y en sus ojos brilla la incertidumbre del hombre castigado por la vida sin freno. Sus reacciones mentales son lentas: se ha esfumado el vigor saltarín de su médula. Remedo de un maravilloso maquinismo de pelea, ya no podrá repartir emociones entre los compradores de boletos a veladas boxísticas.

La última parte del párrafo final del comentario es descaro, opinión infrahumana…

> Eso no es lo primordial en el negocio de boxeo. El quid del Kid está en que Pincho pueda extraer un poco más de plata del fetiche deportivo que es el peleador cubano.

Chocolate, peldaño

Si la *tournée* por Europa había dejado sus huellas en el ya maltratado físico del Kid, ¿por qué la pelea con Canzoneri?

Evidentemente hubo presión de magnates, raqueteros y cuanto mafioso se desenvuelve en el bajo mundo del boxeo profesional. Ya Chocolate no interesaba. La guerra intestina con Pincho por una parte y, por otra, lo poco que de campeón quedaba en el Kid, motivaron el encuentro.

Pincho opuso mil y unas dificultades porque sabía la catástrofe que se les venía encima. Más pudo la presión del medio y se firmó la pelea que nunca se debió firmar. Chocolate iba irremisiblemente al patíbulo.

Más aún. Con el resultado adverso frente a Canzoneri ¿por qué enfrentarlo treinta y dos días después con Frankie Klick, título ligero junior de por medio? Lo más aconsejable, lo más sensato, era un descanso para el cubano. Que se recuperara física y psíquicamente del primer nocao de su vida. Klick, sépase bien, era un peleador como tantos. Un welter ligero rebajado, muy fuerte, pero nada más. Frente a Chocolate en plenitud de forma, o al 75% de ella, poco o nada pudiera haber hecho. Pero Chocolate no era Chocolate. Y eso lo sabían los gánsteres que promovieron la pelea: el cubano sería peldaño.

Tampoco pudo oponerse en esta ocasión Pincho. Chocolate perdió el título ligero junior con otro fuera de combate; perdió más: perdió la moral, la inspiración. Del Kid no quedaban ni sus facultades maravillosas, ni la confianza que lo hizo creerse invencible entre las cuerdas.

Cuesta abajo

Chocolate celebró 11 encuentros en 1934: 8 ganados, 1 derrota (por puntos) y 2 tablas. Los opositores no son figuras; el de más nombre es Tommy Paul (entablaron en 10), mediocre campeón por la NBA, cuesta abajo también, ya sin título.

Al Kid le llega una proposición para enfrentar a Simón Chávez en Venezuela. Se entusiasma; Pincho no quiere. Hay ciertas diferencias, y el púgil acepta el contrato y hacia Caracas se va solo.

ESTÉ ATENTO

al máximo acontecimiento pugilístico del año en Sur América!!

SIMON CHAVEZ

"EL POLLO DE LA PALMITA"

ídolo de la afición venezolana, defenderá el orgullo deportivo patrio ante la ESTRELLA MUNDIAL EX - CAMPEON DE DOS CATEGORIAS

Eligio Sardiñas

(a) KID CHOCOLATE

Este encuentro se efectuará en el

Nuevo Circo de Caracas

El próximo 17 de MARZO en la tarde.

La Empresa reservará la GRADA DE SOMBRA, para las familias de la sociedad caraqueña, como en las grandes corridas de toros.

Las localidades están a la venta en el gimnasio de la Empresa situado de PUENTE NUEVO a MADERERO. Teléfono 3175 y en el Pasaje del Capitolio (Café Sport).

APARTE la SUYA CON TIEMPO.

Perdió Kid Chocolate el match celebrado en Caracas con S. Chávez

Caracas, marzo 18 (AP). El venezolano Simón Chávez, peleando bravamente, alcanzó anoche una decisión sobre Kid Chocolate, de Cuba, en el combate a 10 *rounds* que ambos celebraron aquí.

Chocolate trató de llevar la pelea en los primeros instantes, pero Chávez lo esperó con mucha serenidad y dejó que el cubano se agotase. Después atacó con bríos, propinando a Chocolate una verdadera batida. El cubano fue vencido sin dificultad.

Así, en este breve cable publicado a una columna en la parte inferior de las páginas deportivas, reflejaban los diarios cubanos la derrota del Kid ante Simón Chávez, el mismo que un año después sería vencido en la Arena Cristal por Santiago Sosa, joven estelarista surgido de los campeonatos Guantes de Oro.

Ni ese día, ni los que los siguieron, se habló de Chocolate en los diarios nacionales. El propio 18, el cintillo era para el velocista cubano Conrado Rodríguez, que imponía marca para los 100 metros planos en los Centroamericanos de El Salvador, y otro para anunciar: «El bout Schmeling-Max Baer se ha firmado para agosto próximo».

A mitad de plana, en el centro, una amplia información de los III Juegos Deportivos Centroamericanos y una foto de Conrado con el pie de grabado: «He aquí a Conrado Rodríguez, el orgullo de la Universidad, que en las carreras de velocidad clasificó para las finales de los 100 metros planos con 10,19 que rompe el récord Centroamericano».

Por debajo, al lado de la información del triunfo de Chávez sobre Chocolate, también a columna, pero con 2 pulgadas más de texto, un reto del conjunto de pelota Havana Club, de Cárdenas, «a cualquier equipo organizado que quiera medir fuerzas en juego a serie, especialmente si es de la Liga Social».

Otra página de deporte daba este cintillo a toda plana: **Dicen que Barney Ross defenderá su corona con Ambers en New York**

En un segundo titular, más discreto: **Connie Mack cree que los Gigantes han de ganar este año**

Debajo, a cinco columnas, en letras negras de cuarenta y ocho puntos y en dos líneas: **Llegarán esta semana a los establos de Oriental Park, los caballos comprados por Oscar Pernia**

En la parte inferior, a la derecha, sobre el resultado escueto de la pelea Chávez Chocolate, este comercial: «Regularice sus intestinos. Le dirá su propio médico y verá usted cuántas molestias se evita, que bien se siente…».

Le colgaban tres pulgadas de texto hablando de las bondades de las píldoras del doctor Brandhat: «puramente vegetales, de acción suave, pero efectivas, muy efectivas… ».

Chocolate había pasado a un plano secundario. Ni un comentario, ni una entrevista, nada que satisficiera el deseo de saber sobre las causas de la derrota. Ya el Kid era mercancía de segunda mano. Ahora importaba más el traspaso de Babe Ruth a los Braves del Boston, lo que haría George Selkir, su reemplazante en el bosque derecho de los Mulos de Manhattan, las treinta victorias que pronosticaban al brazo zurdo de Vernon Gómez, el favoritismo de Primo Carnera sobre Joe Louis, «un negro de Detroit que asciende como la espuma», y, naturalmente, los resultados de los III Juegos Centroamericanos de El Salvador.

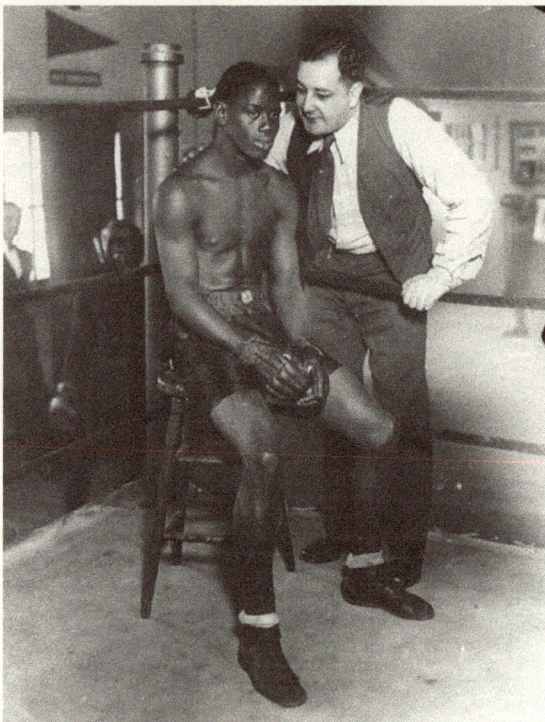

*Kid Chocolate y
Moe Fleischer*

FELDMAN DE NUEVO

Vuelve el Kid a ponerse bajo las órdenes de Pincho, y acusan a Pincho de buscar palomas para el Chócolo. Y, realmente, a inicio de 1936, los dos que caen frente al pupilo del periodista no son atletas de calidad: Pelón Guerra (nocao en 2) y Andy Martin (por decisión en 10) Una idea, un nombre: Lew Feldman. Ante él mostrará el cubano sus condiciones...

Feldman es, en verdad, glorias pasadas, y no tan grandes las glorias. Sin el cetro del orbe (reconocido únicamente por Nueva York) que Chocolate le ganara en 1932, va en descenso. Recientemente se lesionó una mano. En síntesis: artesano del cuadrilátero que vive de lo que fue.

Canta la publicidad

La prensa, los magnates, ocultan la realidad. La propaganda sobre el choque Feldman vs Chocolate es tremenda: marea a mentiras. Un plumífero escribe:

> Ayer, Chocolate hizo un entrenamiento perfecto. Vimos cómo más fuerte, más pegador y con unas ganas locas de vencer jugaba con sus *sparrings.* Nunca en Cuba habíamos visto al Kid tan entusiasmado y tan decidido. Parecía, que con muy buen juicio, se daba cuenta de que el sábado se juega su última carta.
>
> Dios quiera que venza el nuestro. Nuestro glorioso Chocolate, pero lo dudamos mucho.

El gacetillero veía más fuerte a Feldman, «aunque recientemente se lesionó una mano y eso le impidió actuar en el programa del Garden que llevó como estelar al combate Canzoneri-McLarin».

Belmonte, el promotor, asegura no está «en el negocio por lirismo sino para ganar dinero. Feldman es uno de los tres mejores boxeadores traídos a Cuba, es el octavo ligero del mundo y debe vencer a Chocolate».

También se publica en la prensa:
Hasta estos momentos creemos que ha sido escogido un contrario demasiado fuerte para el comeback del Kid.

La exageración muestra su rostro a cada instante en relación con la publicidad sobre la pelea. Se grita en cintillos, títulos y comentarios, que es el mejor programa boxístico de todos los tiempos en Cuba, que ambos pugilistas están en magníficas condiciones, que Feldman y Chócolo han causado buena impresión a los periodistas. Se llega a decir que Feldman estaba ganando el último choque entre ambos —en el que el estadounidense perdió la corona—, mas una herida hizo que pararan las hostilidades para suerte del criollo. Mienten y mienten.

Nadie dice que el Chócolo le dio una paliza a Lew en ese tope. Tampoco se habla de que el Kid había superado antes de la disputa del cetro, en dos ocasiones a Feldman: el 2 de noviembre de 1931 y el 1ro. de junio de 1932, ambas por decisión, en 10 y 15 capítulos, respectivamente.

Entrevista a Lew

Después de una sesión de guantes, Lew Feldman accede a contestar varias preguntas de los cronistas habaneros:

(Parece como si recitara una lección, según un intérprete improvisado, aprendida de memoria)

—Me encuentro, como han podido apreciar, en las mejores condiciones físicas y morales. Espero vencer al Kid, de manera amplia para que no quede la menor duda.

Un poquito de historia reciente, a su manera:

—He derrotado a peleadores del calibre de Mike Belloise, actual campeón mundial de la Comisión Atlética del estado de Nueva York, a Peter Sarron, reciente vencedor de Freddie Millar, por consiguiente, campeón mundial por la Comisión de Illinois; a Tony Herrera; a Conrado Conde, otro peleador cubano, cuando todos ellos estaban en plenitud.

Sonríe, mira a su entrenador…

—¿Cómo no he de vencer a vuestro Kid, que ya no es el mismo Chocolate que peleó conmigo en el Garden? Solo siento que he recibido grandes muestras de simpatía de los fanáticos cubanos y seré yo el hombre que derrotaré a su ídolo.

Incierto. Por el suelo las condiciones físicas y morales de Feldman: intercambiaba puñetazos entre las cuerdas para vivir.,. o vegetar. El triunfo sobre Sarron ocurrió el 11 de mayo de 1934 (por el voto de los jueces, en 8); Sarron conquistó el cetro el 11 de mayo de 1936. Dejaba en el silencio que Conrado Conde, Conguito Camagüeyano, lo había tirado y le dio un peleón; y de Conguito a Chocolate, aun este Chocolate, va un continente. En cuanto a Belloise, este perdió con Feldman el 12 de enero de 1934 (por decisión, en 6 rounds); luego, Lew cayó el 28 de junio del propio año, por votación, en 10 capítulos, ante el mismo rival, quien no fue titular hasta el 3 de abril de 1936.

En el *Diario de la Marina* del 30 de mayo de 1936:

Con la pelea de esta noche se despejará la incógnita de las condiciones de nuestro Kid Chocolate, pues el contrario es de los buenos

Los aficionados cubanos van a tener la oportunidad de presenciar un bout *que para sí quisieran los dueños del Garden neoyorquino. Feldman está en muy buenas condiciones y Eligio Sardiñas parece haber recobrado su antigua buena forma y gran* punch. *Comentarios sobre el gran match.*

Lógico. El más reaccionario periódico de Cuba, no puede escapar a la mentira y la exageración, que, como primas hermanas, se pasean del brazo con la publicidad sobre la batalla.

Se acabó la propaganda: llegan los golpes

Arena Cristal. Lew Feldman, 128 libras; Chocolate, 126 libras.

Primer round

Rápido el cubano sobre Feldman. Izquierda, derecha... Bloquea muy bien. Pasillo de lado. Feldman fuera de balance. Dos, tres *jabs*. Cruza con la derecha el Kid. Se abraza Feldman. El norteamericano al ataque: derecha a la quijada; el rival se estremece, trata de huir, Lew a la carga: derecha en *hook* al cuerpo, izquierda fuerte a la cabeza. Otro derechazo: el Chócolo al *clinch*. *Rally* de Lew. De nuevo al abrazo. Cuando suena la campana, Feldman estaba a la ofensiva.

Segundo round

Una nueva faz: izquierda y derecha al Chócolo. Burla los golpes de Lew, e incrusta la derecha en el cuerpo de este. Baila ahora, esquiva, derecha e izquierda que dan en el blanco. Cuando suena el *gong*, el ataque del Chócolo sobre el oponente, era tremendo.

Tercer y cuarto rounds

Son copias al carbón del segundo. Chocolate imponiendo su mayor técnica.

Quinto round

Falla el Kid con la derecha, y recibe izquierda al mentón, derecha al cuerpo. Vuelve a pifiar el cubano; y dos nuevos golpes caen sobre su anatomía. Intenta bailar, pero Feldman le corta el paso y vuelve a darle... y duro. Chocolate se abraza. En cuanto rompen, el del patio jabea y cruza con la derecha. Falta potencia. La hay en la derecha del estadounidense que llega a las costillas del contrincante.

Sexto round

Sigue la batalla un camino duro. Derecha de Feldman, izquierda y derecha del Kid. Derecha e izquierda de Feldman, el Kid retrocede, pero logra derechazo a la cabeza de Lew. Cambian golpes en una esquina neutral; Chócolo se quita muchos, pero algunos lo estremecen; Feldman también muestra que los puñetazos del Kid le hacen daño. Finalizan las hostilidades del sexto con un derechazo de Feldman, pero fue parejo.

Séptimo round

El Chócolo conecta par de *jabs*, cruza con la derecha. Riposta Lew con derecha el cuerpo. Vuelven a cambiar golpes en una esquina. Los del Kid tienen más potencia. Ambos se abrazan. La superioridad del criollo se manifiesta cuando termina el capítulo.

Octavo round

Cambian derechazos. Baila el Kid. Un *jab*, dos. Derecha de Feldman. Ataca Feldman; bloquea el Kid, riposta. Derechazo a la quijada de Choco. ¡A la lona! Se para rápido y a pelear. Feldman va al remate; el Kid vence las trompadas aciclonadas del rival, y hasta coloca varias en el rostro y el cuerpo de Lew. El cubano se va recuperando. Dos *jabs* seguidos, y esquiva un derechazo de Lew.

Noveno round

El Chócolo se monta en las zapatillas de la ciencia. Burla los golpes del rival; va recuperándose aun más. suelta su *jab* de vez en cuando al rostro de Lew, y no permite que los puñetazos de este le venzan la defensa. Feldman lo acosa en las sogas; el cubano es anguila. La campana los sorprende en el centro del *ring*, cambiando trompadas.

Décimo round

Los contendientes se saludan y... ¡al ataque! Feldman falla una derecha, el Kid le da izquierda y derecha a la cara. Vuelve a esquivar el Kid, y de nuevo dos puñetazos derrotan a la defensa contraria. *Hook* de derecha del Chócolo. Riposta Lew. Izquierda de Chocolate al rostro; responde Lew con dura derecha. Echan el resto. Izquierda y derecha del Kid. ¡Cae Feldman! Se levanta y va sobre el cubano. Mas, este se quita los puñetazos, y riposta con *hook* de derecha, izquierda al rostro. Feldman se ve obligado al agarre. Rompen. De nuevo, tremenda batalla: *rally* de Chocolate. Feldman falla derecha. Chócolo aprovecha y estremece al opositor con dos buenos puñetazos al cuerpo. *Jab* del Chócolo, derecha. Lew riposta, pero los golpes de Chocolate llevan la voz cantante cuando la campana grita que se acabó el encuentro. El público presenció el final de pie y ovacionó a los púgiles.

Vencedor. Kid Chocolate, por decisión, en 10 *rounds*. Victoria en la que pesó no solo su técnica; su coraje, sobre todo en el octavo y décimo episodios, resultó fundamental. El negrito del Cerro continúa invicto en su patio, aunque sigue descendiendo.

¿Retorno romántico?

El Kid combate en lo que resta de 1936 y 1937, en La Habana, Nueva York, Brooklyn, Long Beach, New Heaven, Jersey City. Son 30 enfrentamientos: 27 triunfos, 2 tablas y 1 derrota. Muchas de estas citas, a 8 asaltos, y los adversarios no son de primera línea.

Varios periodistas calificaron de romántico el *come back* de Chocolate; realmente, es en busca de pesos, es un retorno cuesta abajo…

Chocolate vs Fillo, torrente publicitario

El combate Kid Chocolate vs Fillo Echeverría fue acompañado de un torrente publicitario como jamás se había efectuado algún otro para cualquier pelea en nuestro país.

Del Kid quedaban destellos, o tal vez menos que eso. Fillo, boxeador muy guapo, pero muy mediocre, se había hecho ídolo de la amplia colonia hispana residente en Cuba, a raíz de su campaña efectuada aquí, en especial cuando le ganó al ex campeón mundial Baby Arizmendi, triunfo muy bien explotado por los gacetilleros deportivos, pese a que Arizmendi no dio lo que se esperaba de él, bien por no aclimatarse a tiempo, por indiferencia, o quién sabe por qué.

Peleador de una agresividad extraordinaria, valiente hasta la temeridad, honrado a morirse sobre el *ring*, Julián Fillo Echeverría supo responder siempre a la fe de sus parciales con demostraciones de mucho coraje, pero eso no le impidió ser un púgil gris y nada más.

Frente a Chocolate, con todo lo mal que andaba el Kid, no tenía ni la más remota posibilidad. Se trataba de un duelo entre un asalariado más del *ring* elevado al nivel de estelarista por obra y gracia de una campaña de prensa bien dirigida, y un hombre que aun en el ocaso, acumulaba clase suficiente como para imponerse por cualquier vía frente al valiente chavalillo.

Desde muchos días antes, comenzó el barrage publicitario. Gacetillas diarias en los periódicos, tendientes a dividir las opiniones y exaltar la ya creciente rivalidad entre los seguidores del Kid y los paisanos del Fillo. Carteles situados en los céntricos y concurridos lugares de la ciudad, con las banderas de Cuba y España, creyones del Fillo y Chocolate, y una exhortación para que adquirieran a tiempo los boletos para ver «la pelea del lustro».

—Fillo no puede noquearme, y si no noquea, no gana, —ponían en boca de Chocolate.

A una semana del combate, la revista *Bohemia* publicaba:

Hace pocos meses Fillo Echeverría y Kid Chocolate

eran dos líneas paralelas que no podían encontrarse. Las distanciaba la realidad de fuertes intereses encontrados. El boxeo cubano ha sido un deporte de caudillos. El caudillo de un grupo era Chocolate. El del otro, Fillo Echeverría. Los elementos allegados a este y a aquél han cuidado que el banderín de combate no se viniera al suelo. Y parecía imposible meter en un mismo ring a dos cabezas de leones.

En el comentario se señala que el cubano se ha preparado como nunca, pues no quiere perder en Cuba, y que caer ante Fillo le llegaría al alma al Kid. Por eso:

> Ha vuelto a sentir la necesidad de triunfar, el regocijo de verse triunfador. El Kid Chocolate que pensaba que ninguno de los contrincantes americanos podía vencerlo, se desespera cuando le hablan de la posibilidad que tiene el Fillo. Chócolo, desde que era negro humilde del Cerro, no ha perdido en Cuba ninguna pelea. Quien ha perdido todo lo grande que llegó a perder, conserva, sin embargo, el orgullo de seguir siendo el amo en su casa…

Asegura el redactor:

> Ninguna de las peleas recientes le estimuló el amor propio. Y se ponía los guantes y salía al *ring* para cumplir un contrato más.
> En síntesis: el Kid lo pondrá todo frente a Fillo.

El combate estaba programado para el domingo 20 de marzo de 1938. Desde el 13, la prensa daba referencial acogida al *bout* entre el cubano y el español. Aparecían unas declaraciones de Emilio Casal, *second* del Fillo en sus mejores combates en Cuba y Europa.

—Todavía no tenemos el plan de batalla, pero pueden estar seguros que lo formaremos en el mismo camerino, pocos minutos antes de subir al *ring* y ya verán como nos da resultado.

—Todo depende de la forma en que se presente el contrario. Si Chocolate inicia la pelea con velocidad, Fillo tratará de hacerlo trabajar cuerpo a cuerpo para agotarle y al final dar buena cuenta de él. Si, por el contrario, vemos a Chocolate débil en los primeros *rounds*, sin movimientos en sus piernas, iremos al grano desde los primeros minutos y quizás sí logremos ganar por KO.

—Es notorio que Julián no pega duro, pero estoy seguro que esa tarde pegará como nunca antes en su vida: porque, tanto tiempo esperando la pelea, le ha hecho ir almacenando «stamina» en sus músculos y con las ganas que tiene de noquear al Kid... ¡vaya que si pegará!

Conguito camagüeyano reta y vaticina

Conrado Conde, Conguito Camagüeyano, que retó públicamente al vencedor entre Chocolate y Fillo, vaticinó:

—Sinceramente estoy asombrado. Yo no creí nunca que Chocolate llegase a coger una forma tan completa. Yo acababa de regresar de Bahía Honda. Allá, en la finca, leíamos la propaganda y pensamos que era eso, propaganda todo lo que se decía. Pero acabo de verlo y no tengo la menor duda de que el Chocolate que verán los fanáticos el domingo próximo, es el mejor que habremos visto desde que fue campeón a estos días.

—Ayer lo vi hacer guantes con Pequeñito Lourghran, que le duró siete *rounds* al Fillo en Sagua. Se fajó con Chocolate y las piernas del Kid respondieron en todo momento. Estoy maravillado. Chocolate está entero, tiene buen peso y desarrolla una velocidad admirable. Debe ganar por nocao.

El martes 15, una bien elaborada gacetilla «vendía» al Fillo como «fuerte rival para Chocolate por la buena forma que presenta», y hacía énfasis en el optimismo que reinaba en el campo de entrenamiento del chaval.

Ese propio día, en la misma página, el doctor Suárez Bustamante diagnosticaba, tras reconocer a Chocolate:

—El Kid está en magníficas condiciones. Su corazón, perfecto. No se advierte en ninguno de sus órganos síntomas de desarreglo. Chocolate continuará hoy su *training* fuerte.

La bien orientada campaña de prensa había logrado el impacto buscado. Divididos cubanos y españoles, cada bando hacía de la pelea un motivo más de «patrioterismo» y no lo que hubiera representado, sin la referida campaña, un combate más. Seguían esgrimiéndose los argumentos traídos de los pelos:

Chocolate no ha perdido nunca en Cuba y no está dispuesto a que sea el español quien le quite el invicto.

[...] Fillo, que ha conquistado en La Habana a hombres de la calidad de Baby Arizmendi, tiene fe ciega en que resultará mucha la candela para el cubano.

Y echaban manos a la llamada «furia española» para fundamentar las buenas opciones del chaval frente a Chocolate. Cuando faltaban tres días para el encuentro, Fillo decidió entrenar a puertas cerradas, allí elaborarían la estrategia a seguir, el secreto de guerra que daría al traste con las aspiraciones del Kid, «cuyo invicto en Cuba peligra mas ahora que nunca».

Sobre aquella pelea Fillo vs Chocolate, el *blog* blox 1930's reseña.

«El partido Chocolate y Echeverría era el sueño de cualquier promotor cubano, una superestrella y leyenda mundial que se desvanecía, con un contendiente más joven y también muy querido en la isla.

Echeverría: "El chocolate fue mi héroe cuando llegué a Cuba, como un luchador desconocido, él ya era una estrella en Nueva York. Admiro sus habilidades. Chocolate es un luchador completo y siempre me ha impresionado su habilidad. Es difícil luchar contra tu ídolo".

A Echeverría, le ofrecieron tres mil dólares para luchar contra el Kid Chocolate. Era una gran suma de dinero en el año 1938, suficiente para comprar una casa modesta o pagar el equivalente a un año de alojamiento y comida. "Fillo" firmó el contrato y la pelea quedó concertada.

Para los dos era importante el encuentro, Kid Chocolate si perdía sería su retirada, y si lo hacía Echeverría tendría que cambiar de vida en adelante. Kid Chocolate nunca había perdido en suelo cubano, como aficionado o profesional y los periódicos de La Habana escribían, durante muchos días, sobre el próximo evento, comparando estilos, citando a entrenadores y ex luchadores, tomando encuestas entre los aficionados del boxeo. Los aficionados estaban, por lo general, a favor del cubano, campeón del mundo en dos categorías».

Firma del contrato; Braña, Fillo Echeverría, Pincho Gutierrez y Kid Chocolate

El jueves se publicó:

> Chocolate informó que esta tarde hará su última sesión de entrenamiento con guantes. Los fanáticos que quieran verlo trabajar ya saben que hoy tienen la oportunidad. Mañana el Kid hará ejercicios ligeros y descansará todo el sábado. Chocolate, con ese descanso después del «training» fuerte que ha hecho, hará el peso mayor que se le permite en el contrato: es decir, 128 libras.

Ese cronista, en la propia información, daba favorito al Fillo, apoyándose en lo bien que vio al español frente al Baby Arizmendi, y lo mal que estuvo Chocolate, pese al triunfo ante Mirabella y Johnny Chappie.

Vimos al Kid en malas condiciones, falto de piernas, y suponemos que, en dos meses, por muy buena preparación que haya tenido, no es posible que haya ganado todo lo que había perdido. Por esto creemos que debe ganar Fillo.

Seguía tejiéndose la maraña publicitaria. Había descontento por parte de quienes guiaban a Fillo, sobre la designación de determinados árbitros. Los organizadores hicieron circular en la prensa, entre sin número de líneas dedicadas al combate, esta advertencia:

> Los jueces y el *referee* que trabajarán en el combate Chocolate vs Fillo Echeverría, no se darán a conocer hasta el mismo domingo, en el estadio de La Polar, por lo que se cita para allí, a las dos de la tarde, a todos los oficiales.

Luego añadiría:

> Las puertas del capo de La Polar se abrirán a las 10 a.m. Están vendidas las tres cuartes partes de la preferencia y todo el *ring*. La grada se pondrá a la venta en cuanto se abran las puertas, a las diez de la mañana, para evitar el lucro de los revendedores.

Crecía la expectación. Pincho, mago de la publicidad, daba órdenes muy estrictas para que «Chocolate no reciba visitas durante sábado y domingo; tampoco puede leer periódicos, ni revista».

Desde el campamento general del Fillo se reporta por sus seguidores, que ha terminado en excelente forma. Alguien que pudo traspasar las fronteras y entrevistarlo después del entrenamiento a puertas cerradas, dice que Fillo se ve muy confiado, y en el rostro la expresión equívoca del atleta que está en la fase superior de la preparación. La colonia española puede estar tranquila. ¡Habrá guerra!

Alarma: Chocolate se va del peso

El sábado «cunde el pánico» entre los fanáticos de Chocolate. Un diario capitalino de los de mayor circulación, despliega:

Causa alarma, aunque injustificada, el hecho de que Kid Chocolate está dos libras sobre el peso que tendrá que hacer: ciento veintiocho

Ni Pincho, ni Chocolate, le han dado al asunto la menor importancia, ya que no es la primera vez que les sucede. Correr un poco y nada más.

Y luego continúa el texto:

Kid Chocolate, en vísperas de una de las peleas más sangrientas de su brillante carrera, no podrá hacer el reposo que esperaba él y su manager. Chocolate tiene que reportar en 128 libras y al cerrar el training tenía 130. Esto quiere decir que Chocolate corriendo, tiene que bajar dos libras para el acto del pesaje, que será mañana a las 10 de la mañana, en las oficinas de la Comisión Cubana de Boxeo.

Al referirse al Fillo decía:

Echeverría ha terminado el *training* en excelente forma. Hará entre 123 y 124 libras y media. Espera el momento de ponerse los guantes en el *ring* muy optimista y circula el rumor de que el chaval, que siempre ha esperado al contrario para desplegar su ofensiva al estilo de contraataque, cambiará esta vez la táctica y saldrá a buscar a Chocolate para provocar su agotamiento.

El domingo 20, el *Diario de la Marina* desplegaba a toda plana un comercial con las caras de Chocolate y Fillo en cada extremo. Arriba, este título:

Campo Polar
Chocolate-Echeverría
(Y seis peleas más)
Localidades: Bar Uncle Sam, San Rafael 4; La Ciudad de Londres, Galiano 116, Ring, de $3.00 a $5.00. Gradas $1.00. Tome la cerveza del pueblo, cerveza Polar.

Debajo de este anuncio, a 5 columnas:

Se resolverá esta tarde la antigua rivalidad boxística de Chocolate y Fillo Echeverría

Hoy a las 10 a.m. irán a pesarse a las oficinas de la Comisión Nacional de Boxeo los protagonistas del famoso encuentro que ha interesado grandemente.

Misterio sobre el peso del Kid

Debajo de este sumario, una gacetilla de poco contenido y mucho bla, bla, bla, exhortando a cubanos y españoles a ir temprano a La Polar.

Otra información sobre la pelea, a tres columnas, en cuadro, titulaba:

Será hoy realidad el bout que por un lustro soñó la afición: Kid Chocolate VS Echeverría

Este cronista, más veraz que los anteriores y despojado de todo ánimo gansteril, hacía un pormenorizado análisis de uno y otro, y daba como amplio favorito a Kid Chocolate.

La única ventaja del Fillo es la menor depauperación orgánica. Pero la derrota de Chocolate ante Julián tendrá para el Negrito del Cerro una sola consecuencia: su retirada del *ring*.

Y publicaba una tabla reducida a números en promedios, en la que evaluaba las facultades de los contendientes de acuerdo con:

…un sistema que no me ha fallado jamás en los pronósticos sobre una pelea.

¡Y llegó la pelea

Chocolate no tuvo dificultad en hacer el peso requerido, y aquella tarde del 20 de marzo derrotó en forma decisiva a Fillo Echeverría, ante una de las mayores concurrencias que hasta ese momento había presenciado un cartel de boxeo en Cuba.

El Kid ganó todos los *rounds*, excepto el noveno. Su enorme superioridad y lo falso de la publicidad desplegada en torno a las posibilidades el chavalillo, quedaron demostrados desde que sonó el primer campanazo y Chocolate bombardeó a Julián Echeverría con todo tipo de golpes.

Se saludan en el ring *los boxeadores y comienza la pelea*

El hombre que unos años antes asombrara a la cátedra boxística venciendo a los mejores del mundo, el que derrochó arte y ciencia sobre el *ring*, sacaba a relucir algo de aquella excelsa calidad y la multitud que llenó La Polar lo despidió con una merecida ovación.

En realidad, hubo un solo hombre sobre el *ring* y ese hombre fue Chocolate. Fillo, injusto sería ignorarlo, combatió con el valor espartano de siempre, pero de nada valió la furia española ante la mayor técnica de un hombre muy superior, aun cuando ya tocaba a las puertas del retiro.

En el noveno, pareció que cobraban vida las posibilidades del chavalillo de terminar por medio de un *rally* que lograra tumbar a Chocolate, para ganar por inesperado nocao. La colonia española rugió, pero la cosa no pasó de un simple amago y ligero susto para Pincho y los parciales del Kid, quien en ese *round* se vio debilitado.

En el décimo y último *round*, Chocolate salió desconocido. Pareció como si hubiera guardado todas sus energías para el final. Tan pronto sonó la campana, se abalanzó sobre el Fillo, le robó el ataque y tomó él la voz cantante.

Llovían los *jabs, hooks,* derechas y rectas y *upper cuts* sobre el valiente representante de España. El cubano se desenvolvía con una velocidad insospechada a esas alturas. Sus manos enguantadas volaban al rostro del Fillo, que ya sangraba «sin un lugar sensible donde pudiera abrirse una nueva herida», al decir de uno de los comentaristas que reseñó el encuentro.

Ambos ojos presentaban heridas abiertas sobre las cejas y en uno de los pómulos. Fillo botaba sangre de la boca y la nariz, y todo él era una masa sanguinolenta que inspiraba, más que cualquier otro sentimiento, admiración. Admiración de verlo, aun así, caminar hacia la candela en busca de meter un golpe que salvara el honor comprometido; guapo de arriba abajo frente a un hombre que le martillaba una y otra vez el rostro, las costillas…

Ese fue el final de la pelea que los gacetilleros llamaron «del lustro» y que el empresario Belmonte concertó para «acabar con una antigua rivalidad» que únicamente existió en las mentes ávidas de dinero de los promotores.

Su último combate

L a decisiva victoria del Chócolo sobre Fillo Echeverría revivió las esperanzas de muchos de sus simpatizantes, llevados de la mano inoncentemente por las mismas gacetillas que convirtieron al negrito del Cerro y al chaval en serios rivales. Decimos a muchos de sus simpatizantes, no a todos. Los más entendidos, los que convivían con él o estaban más al tanto de su vida actual, sabían que a Chocolate no le quedaba nada por hacer entre las cuerdas.

No obstante, volvió a funcionar el aparato publicitario y se montó la nueva pelea: Kid Chocolate vs Nick Jerome, para el 18 de diciembre de ese mismo año. Habían transcurrido nueve meses desde el combate con Fillo en La Polar. La propaganda inundó las páginas deportivas. Se trataba de presentar a Jerome como el hombre que permitiría al Kid volver a los planos estelares. ¡Y comenzó a echársele aire al globo!

Jerome, en realidad, no era nada en el mundo del boxeo. Tenía como toda credencial una victoria sobre Lou Salica (éste en pésimas condiciones) y a ella le sacaron los agentes de pluma pagada los mejores dividendos. Bajito, de brazos cortos, fuerte, fajador sin brújula, y ya.

Pero había una victoria, no importan los términos, sobre el otrora bien cotizado Salica, y comenzó el despliegue publicitario. Cuatro días antes del combate, publicaba uno de los comentaristas de entonces:

Con la dinamita que hay en la izquierda de Nick Jerome, Chocolate pasará apuros

El boxeador de Brooklyn está siendo muy discutido por su buen punch de izquierda. Dura pelea para Choco.

La gacetilla continúa diciendo:

> Ya se habla tanto de Nick Jerome, como si se tratara de uno de nuestros ídolos. El contrario del Kid ha logrado despertar la curiosidad del aficionado cubano sin haber

aun cruzado guantes con el ex doble campeón mundial. Se está hablando de la izquierda de Lou Salica tanto como se discutió la trompada electrizante de Jack Dempsey. Y no hay dos personas que lleguen a una conclusión sobre si el invasor de Brooklyn es zurdo o derecho. Alrededor de esto hablan los aficionados como si se tratara de un pitcher de liga grande.

Y no teniendo virtudes algunas que exaltar en el globo inflado que era Jerome en esos momentos, continuaba la gacetilla girando en torno a la mano zurda de Jerome:

> Nick Jerome y su mánager dicen que es derecho y ante estas declaraciones se basan los más para argumentarlo. Pero la verdad es que así no piensan los que ven trabajar a Jerome. Nick luce como un peleador zurdo, y la dinamita que tiene en la mano del tenedor, es muy superior a la que pone en la del cuchillo. Ayer, mientras trabajaba en el «punchinbag» se discutía acaloradamente sobre el particular y por la noche, en peñas y mentideros boxísticos, se continuaba tratando sobre el mismo tema.

Insistiendo sobre el tema de si Jerome era zurdo o derecho (para el caso era lo mismo), abrumaba la gacetilla:

> Hay quien asegura que Nick Jerome es un boxeador zurdo, pero que se ha convertido en derecho porque en los Estados Unidos a los pugilistas que se destacan un poco, si son zurdos, les huyen los aspirantes a campeones y aun los mismos que poseen los cetros, por lo difíciles que son y por el peligro que encierran.

Cierto esto último. Solo que no era aplicable a Jerome.

Seguía la matraquilla

La izquierda de Jerome y la disputa sobre si era un derecho «natural» o un zurdo virado a la mano contraria, la dinamita que cargaba en aquella mano y el peligro inminente de que Chócolo perdiera por fuera de combate, fue matraquilla constante en los días que precedieron al encuentro.

En vísperas del mismo se destacaba: Chocolate tiene ante sí una de las peleas más difíciles de su carrera. Y no es que lo digamos nosotros, lo aseguran todos los que han visto trabajar a Jerome.

De Chócolo se decía que había cerrado su entrenamiento a todo tren (puro *bluff*) en el Deportivo Candado.

> Trabajó con Mariano Arilla y el mexicano Romo Chávez. Cuando hizo guantes con el chamaco, le dijeron a este que trabajara lo más que pudiera con la izquierda, pues parece que hasta el campo de entrenamiento del Deportivo Candado han llegado los rumores del prestigio que encierra la mano izquierda del boxeador de Brooklyn.

Donde dije digo, digo Diego...

Y seguía el rejuego. Los mismos que un día antes señalaron que Jerome podía significar el Waterloo para el negrito del Cerro, en vísperas del combate cambiaban de opinión:
Chocolate se ha ido superando por días en su labor preparatoria y cuando terminó su trabajo parecía otro hombre.

¡Cómo si lo dicho días antes sobre su pobre estado físico y los valores de la Ametralladora Humana importada de Brooklyn, no contasen ahora!

Esteban Valdés, entrenador del Kid, proclamaba:

—Es realmente admirable con la facilidad que reacciona este muchacho. Si conforme se ha portado en estos últimos días se pudiera aguantar unos cuantos meses más, seguro que iban a volver los días gloriosos del Kid.

¡Puras pamplinas! Y ellos, sus entrenadores, los periodistas, lo sabían.

18 de diciembre, habla un diario de la mañana

En ninguna ocasión, lo podemos garantizar, hubo tanta incertidumbre en una pelea de Eligio Sardiñas. Antes se decía: vamos a ver a Chocolate. Se sabía de antemano que su ciencia boxística era superior a la del contrario y que por lo tanto se le iba a ver triunfar.

Hoy ya no sucede así. El Kid ha hecho un esfuerzo por volver, pero nadie es capaz de adivinar hasta dónde llegará ese esfuerzo. No lo saben sus más íntimos, ni lo sabe el Kid tampoco. Todo es una incógnita. Y hay otro detalle que para muchos pasará inadvertido, pero que en el orden moral es de gran trascendencia: Kid Chocolate, por primera vez, no va a tener en su esquina a Luís Felipe Gutiérrez. Y no oír la voz de Pincho, siempre autoritaria en el boxeo, nadie es capaz de saber el efecto que producirá en el ánimo del artista que busca la manera de volver a los días de gloria. En fin, señores, que la pelea de Chocolate de esta noche, por estos detalles señalados va a resultar en extremo interesante.

Los precios para entrar al Nuevo Frontón oscilaron entre $4.00 y cuarenta centavos. Primera y segunda fila del *ring* pagaban $4.00; la tercera, $3.00, y por la cuarta fila, $2.50. Los asientos de preferencia, $1.60; tendido, 80 centavos y gradas altas, 40.

Además del estelar entre Chocolate y Jerome, se habían concertado otros tres con mexicanos que debutan frente a peleadores del patio.

Tablas piadosas

El resultado del combate fue unas tablas piadosas... para el Kid. Parte de la prensa la calificó de justa, pero todos coincidieron en que Chócolo había estado muy mal. Aceptaban como buena la decisión, pero insistían en que el criollo estaba muy lejos de ser, no ya el hombre estelar que fue, sino incluso la sombra que boxeó con Fillo meses atrás.

Alguien escribió: «El Kid de anoche estuvo errático. La vergüenza lo sostuvo en pie cuantas veces lo castigó el norteamericano. Pero la decisión, a pesar de todo, fue bien acogida».

En opinión de otro cronista, Chocolate ganó el primer, cuarto, séptimo y noveno *round*; Jerome (cuya zurda no apareció por ningún lado) superó en los *rounds* segundo, tercero, quinto y octavo. Sexto y décimo fueron tablas.

Para otros, la ventaja de Jerome fue tan reducida, de existir, que no merecía que se le otorgara la victoria. No faltó quien viera ganar al Kid. Jerome sangró desde el segundo por la nariz, pero Chocolate se veía flojo, sin piernas, y sus famosos *jabs* y *upper cuts* no tenían la efectividad necesaria.

Un especialista terminaba así su información sobre la pelea: La verdad es que el Kid no está nada bien. Y en la forma en que está, lo mejor es que no salga a ningún lado hasta ponerse en mejores condiciones.

¡El Kid escuchó el consejo esta vez!

Es el fin. Después de estas tablas piadosas, nada tiene que buscar quien fuera gloria, entre las cuerdas, o manchará su gloria. En sus buenos tiempos, el Chócolo, con una mano hubiera dado cuenta de Jerome. Pero, ya Eligio Sardiñas no tiene aquel brillo.

Y el fin acaece, donde mismo mostró su real fuerza de púgil, donde fue su primera prueba de gran promesa. En el Nuevo Frontón, en 1927, derrotó al campeón metropolitano de Nueva York, Johnny Cruz; era su primer gran grito de gladiador inmortal. Aquella noche Eligio Sardiñas llegó con sus pantalones remendados, sus zapatos rotos, acompañado de los muchachos pobres de la barriada del Cerro, a cumplir con su compromiso frente a Cruz. Y ocurrió lo inesperado: doblegó al más experimentado atleta. Comenzaba su fama por su calidad demostrada en el Nuevo Frontón.

La instalación fue convertida en el Palacio de los Deportes, y sobre ese *ring* se despidió el Kid. No lo pensaba hacer. El enfrentamiento con Jerome, era el primero de una serie, que continuaría por América Central y del Sur. Con otro mánager, sin Pincho, pensaba efectuar su aventura. Pero…

Pincho interviene

Según se publicó en la *Bohemia* el 30 de noviembre de 1938, Luís Felipe Gutiérrez llamó a su exdiscípulo:

—Tú sabes, Chocolate —comenzó diciéndole— que lo que tú has hecho anoche en el *ring* es deprimente para tu historia. Eso, en el orden moral y en el material, en el orden práctico, que tiene que afectarnos a los dos; tú sabes también que continuar peleando de ese modo, recibiendo semejante castigo, sin poder defenderte, irremediablemente ha de significar que algún día andes como las ruinas que en tan grande proporción produce el *ring*… Loco, paralítico, en la miseria, hecho una burla y una lástima…

> Kid Chocolate no pudo responder una sola palabra… Y al igual que hizo en los grandes combates, en los momentos de

más esplendor en su carrera, siguió el consejo de Pincho.

—Retírate del boxeo para siempre.

La voz que le indicaba una determinación tan radical y tan triste, era la misma voz que le orientaba desde la esquina cuando ganó los campeonatos mundiales; la misma voz amiga que le aconsejaba la táctica que debía seguir en cada combate...

Y Kid Chocolate, como ante, comos siempre, prestó obediencia a Pincho Gutiérrez y se ha retirado del boxeo...

Aquel negrito del Cerro

Ya no era aquel negrito del Cerro con los zapatos rotos y el pantalón remendado. Pero, se iba de las oficinas de Pincho con la cabeza baja y los ojos más tristes que nunca antes. La elegancia comenzaba a alejarse, el auto a decir adiós... Pincho piensa organizarle un gran homenaje y lucha por resolverle una plaza de entrenador, porque, como continúa el mismo escrito:

¿Cuál es la situación económica de Chocolate...?

El Kid tiene algunas casitas, pero pesan sobre ellas distintas y peligrosas hipotecas. El propósito de Pincho es el de utilizar el dinero que se obtenga como resultado del Gran Homenaje en salvar esas propiedades, para entregárselas limpias de polvo y paja al Kid, como la última intervención del mánager en la vida del atleta.

Si, Eligio Sardiñas, Kid Chocolate no tenía —no podía tener— aquella mirada de cuando era un aspirante a rey en el mundo de las narices aplastadas. Había sido uno de los pocos galgos vencedores en su carrera tras la liebre de una sociedad injusta; y, aun así, su adiós al deporte no era del todo feliz, ya no es un *as* y, sin preparación cultural, el *ring* de la vida le era difícil. Conquistó el universo a trompadas, pero la disciplina profesional que lo llevó a la cima, se lo ha comido; lo conoció naranja, le sacó el zumo, lo convirtió en hollejo. Y no salía peor porque Pincho, hombre de boxeo distinto —aunque no perfecto—, le lanzaba una tabla salvadora. Y lloverían los homenajes.

NO HUBO OLVIDO

Aguacero de homenajes al Chócolo. Dinero para ayudarlo. Y en no pocos, los organizadores «se mojan» bastante. Con lo que le queda de fama, los publicitarios juegan. Para propaganda de un jabón y el plan de regalos de éste; con vista a darle fuerza a un programa de boxeo. De vez en cuando en las páginas deportivas de las publicaciones, se recuerda la grandeza del Kid y se le usa cual punto de comparación.

Entrenador, no lucra jamás con los alumnos. Trata de darles todo lo que sabe. Muestra a sus discípulos que el boxeo es arte, ciencia. Y de ambos —atleta y guía— sacan provecho los mánageres. Así es el pugilismo profesional.

Aquel encuentro con Robinson

Es el 11 de julio de 1949. En Filadelfia, el campeón mundial de los pesos welters, Ray Robinson, expone el título frente a Kid Gavilán. Chocolate es invitado al *match*. Todavía su nombre glorioso es recordado por los aficionados norteamericanos, y entre las personalidades de otros tiempos que estarán en el *ring side*, figura el Kid. Otra vez la publicidad. Chocolate es presentado ante las cámaras de televisión. Periodistas que lo vieron en sus días de esplendor, vuelven a entrevistarlo. El mecanismo de divulgación funciona en torno a Chocolate.

Robinson y el aspirante se preparan en Nueva York. Este último lo hace en Summits, New Jersey, y como parte de la propaganda gaceteril, Chocolate asiste a las sesiones de entrenamiento, asesora. El Kid vuelve a pasearse por los mismos lugares donde años atrás fue delirio, locura. La avenida Lennox, la Edgecomb, la Saint Nichols. Viejos amigos, estrechones de manos, abrazos que se prolongan.

Más, este viaje guardaba para el Kid una entrevista en la que nunca pensó, un encuentro con el pasado y el presente que le hizo vivir momentos de intensa emoción, volver a los días lejanos, cuando era el campeón del mundo y el campeón entre los hombres mejores vestidos de la época.

Una tarde, a la salida de una sesión de entrenamiento del retador de Robinson, alguien se acercó al Kid y le dijo que un viejo amigo de los años 1931–1932 deseaba verlo. Afuera esperaba un carro.

El Kid no se dejó repetir la invitación y tomó el auto junto a su asistente de agradable presencia. Se dirigieron a Harlem, y una vez allí, la máquina se detuvo. Con gesto cortés el acompañante abrió la puerta a Chocolate y le invitó a descender. Caminaron unos metros y en cuestión de segundos atravesaron el umbral de un lujoso restaurant.

—Aguarde unos minutos en el bar, que su amigo lo recibirá en breves momentos.

Y volviéndose hacia uno de los empleados:

—Al señor denle de tomar lo que pida. Va por la casa.

En cuestión de minutos apareció en el bar el mismo hombre:

—Acompáñeme, por favor.

Tras él, luego de recoger el sombrero que había dejado en la silla contigua, partió el Kid.

Un pequeño pero confortable local de oficina, con el rótulo de gerente en la puerta, y tras un buró, incorporándose ahora de la silla giratoria para salir al encuentro del Kid, un mulato de esbelta figura, finos modales y paso ágil.

Se extienden las manos, toman asiento el uno frente al otro:

—¿No me reconoce usted, Chocolate?

—¡Cómo no habría de reconocerlo: es usted Ray Robinson! ¿Solo eso?

—Sí, Robinson, uno de los más grandes de todas las épocas.

—No es eso lo que le pregunto.

—Si no se explica usted mejor...

—Busque más atrás, allá por lo primeros años del 30.

Chocolate apoya la barbilla en los puños, los codos sobre las piernas.

—Haga usted memoria. Piense en cuando vivía en la avenida Lenox, y era usted la envidia de todos por su forma impecable de vestir.

El Kid hurga en la memoria, son muchos los recuerdos.

—Usted, campeón, acostumbraba a pagar cinco dólares por la limpieza del calzado y los muchachos se fajaban por darle lustre. ¿Lo recuerda?

—¡Cómo no habría de recordarlo!

—En cierta oportunidad, uno de aquellos muchachos se le acercó y le preguntó si el boxeo daba tanto dinero, si permitía vestir con la elegancia con que usted lo hacía.

El rostro del Kid se ilumina a medida que habla Ray Robinson. El monarca de las 147 libras sigue a la ofensiva:

—Usted, entonces, le respondió a aquel muchacho pobre, sediento de gloria y dinero, que, si tomaba el boxeo como profesión, si llegaba a comprender que este deporte era arte, ciencia, y no fuerza bruta, si tenía buenas piernas y posibilidades de pegar sin que le pegaran, podía ganar mucho dinero.

Y agregó Robinson, ahora como fascinado frente al Kid:

—También le dijo usted que con el dinero vendrían las buenas hembras, el buen vino, la fama y la popularidad. Que podría comprarse un carro ¡así de grande!, pero que para ello tenía que convencerse de que el boxeo era arte, sobre todo eso, arte...

Los ojos del Kid permanecen muy abiertos, mientras Robinson continua:

—Aquel muchacho nunca olvidó sus consejos. Una noche fue a verlo al Madison Square Garden y comprobó que, efectivamente, el boxeo es ciencia y no fuerza. Desde entonces prendió en él la afición por este deporte.

Chocolate, que ya identifica al niño aquel, se para ahora y lo abraza fuerte.

—Así que tú eres el muchacho arrogante al que le gustaba bailar el *tap*, simpático y dispuesto como ningún otro.

Robinson parece no escucharlo cuando dice:

—Por usted, viéndolo a usted, me hice boxeador y hoy tengo lo que tengo. Dígame qué necesita, ¿en qué puedo ayúdarlo?

Kid Chocolate le devuelve la atención con una sonrisa amplia. Mueve la cabeza a uno y otro lado, y responde.

—Nada. Ya me pagó usted con el trago con que me obsequió al entrar en este lugar. Yo en Cuba soy millonario, aunque no tenga billetes en los bancos, ni tesoros soterrados.

—Ahora soy yo quien no lo entiende. Me habían dicho que estaba usted en la pobreza.

—Yo sí me entiendo. Invíteme a otro trago y le estaré en deuda.

Y salieron de la oficina, rumbo al bar. Delante el Kid; unos pasos detrás, el gerente.

Tres décadas después del hecho relatado, Chocolate narraba esta anécdota como uno de sus más impactantes recuerdos.

Esta historia la cuenta Alberto Peña, quien despuntara como joven estelarista de futuro en los programas profesionales de la Arena Cristal (década del cuarenta), y que joven todavía decidió colgar los guantes para siempre.

Peña peleaba en Jacomino, lugar donde entrenaba, pero residía en el popular barrio de Cayo Hueso, en el corazón mismo de aquella Habana. Desde muy pequeño conoció al Kid, cuando éste, campeón del mundo aún, visitaba una casa próxima al parque Trillo, centro de reunión de la muchachada de allí. Entonces, recuerda Peña, todos corrían tras el auto del Kid y este, que jamás olvidó su infancia, se llevaba las manos a los bolsillos y lanzaba cuanta moneda encontraba en ellos.

Con el transcurso del tiempo, ya hombre, coincidió una tarde con el Kid en San Rafael y Hospital. Compartía el excampeón y entonces entrenador, con un grupo de amigos, y al saludarlo Peña, le invitó a un refresco, pues sabía que el muchacho entrenaba para una pelea próxima.

Mientras Alberto ingería su refresco, entre trago y trago se amenizaba la charla en la que Chocolate, como siempre, era el centro. En un momento de la conversación y sin explicarse por qué, uno de los presentes, que también conoció al Kid cuando vaciaba sus bolsillos para felicidad de los muchachos, se aventuró a señalar:

—Caramba, campeón, si usted hubiese ahorrado algo, si no hubiese botado el dinero como lo botó, hoy no estaría en la miseria.

Narra Peña que Chocolate se despegó de la barra, miró de arriba abajo al hombre, y poniéndole una mano sobre el hombro, le respondió:

—¿Y quién te dijo a ti que yo estoy en la miseria?

El intruso, confundido, trató de justificarse, pero el Kid no le dio tiempo:

—Apréndete bien esto y que no se te olvide jamás. Muchos de los que se llaman ricos porque atesoran fortunas, hicieron estas a costa del dolor y el llanto ajenos.

Nuevamente aquel hombre intentó hablar y nuevamente el Kid lo calló.

—Yo, que no amasé fortunas con el dolor de nadie, sino que gané mucho dinero con mi esfuerzo y mi sudor, me sentí feliz haciendo la felicidad de los demás.

Y después de apurar un trago:

—Ahí tienes la diferencia entre un rico pobre y un pobre rico. Los que juegan en la primera novena toman pastillas para coger el sueño. Yo, que con mi dinero repartí alegrías, me siento millonario y duermo a piernas sueltas porque tengo el más importante de todos los tesoros: el calor de mi gente.

Y cuando el hombre insistió en disculparse:

—No, a quien te diga que Chocolate vive en la miseria, dile que no, que Chocolate, con los bolsillos vacíos, sigue siendo rico... un pobre rico.

Y no tiene cien pesos

Chocolate es lanzado al olvido, a pesar de los cantos aislados sobre su historia, hechos casi siempre para sacar provecho, por gobernantes, plumíferos, empresas...

La vida le golpea más fuerte que Canzoneri o Berg. Por embriaguez lo apresan el 23 de octubre de 1956. En la estación de policía le preguntan si tiene los cien pesos para la fianza. ¡Y el extitular del orbe no los posee! Lo detienen, y a la mañana siguiente lo remiten al vivac. Y va en una jaula junto a varios delincuentes comunes.

¡El hombre que dice haber ganado alrededor de un millón de dólares entre las cuerdas, no pudo encontrar cien pesos! El cuadrilátero de la vida es más difícil, mucho más difícil, que el deportivo. Choco sin alto nivel cultural, con más malicia en el *ring* que para vivir, fue simplemente instrumento. Eso si, instrumento especialísimo; pero le sacaron más de lo que obtuvo. Y conoció el dolor, la gloria y el olvido. La embriaguez de la fama...

Siete meses de prisión piden para quien fuera estrella. Las publicaciones, la radio, hacen campaña para lograr su libertad. ¡Ha vuelto a ser noticia! Triste noticia. Y vuelve a ser instrumento, cortina de humo, aunque no lo sepa ni quiera. Batista firma un indulto para que las paredes de la cárcel no rodeen al excampeón; cárcel a la que iba por las condiciones de un sistema defendido a toda costa por él, más que por las debilidades del Chócolo.

Mundial de La Habana

Primer Campeonato Mundial de Boxeo Aficionado. Sede: La Habana, 1974. Kid Chocolate es un invitado especial. No se pierde un programa. Dialoga con los representantes cubanos, los aconseja. La televisión francesa le filma un documental de media hora. Lo rodean reporteros de todo el mundo: quieren saber de la vida actual de aquel negrito del Cerro, de las opiniones que tiene sobre el pugilismo, de los recuerdos que atesora…

La afición hace parecer pequeña la Ciudad Deportiva. Antes de que los *jabs* y *upper cuts* hablen robre el *ring*, presentan a: «Una gloria de Cuba… ¡Kid Chocolate!». La ovación es mar embravecido, y se prolonga por varios minutos. El campeón, de pie, los ojos humedecidos, envía besos y abrazos a su pueblo.

… y es el volver a vivir de Kid Chocolate entre las cuerdas en la técnica de Garbey, en el *punch* de Stevenson, en el coraje de Douglas Rodríguez; inspiradores del título Mundial de Boxeo de Aficionados. Kid Chocolate ha vuelto a ser campeón y este cetro sí que no se lo quita nadie.

CHOCOLATE FUE UN PADRE PARA MÍ

Alejandro Lugo fue una de las primerísimas figuras del cine, la radio y la televisión cubanas. Maestro de actores, antes de ingresar en la radio, hace algo más de cuatro décadas, Lugo boxeaba con el nombre de Alejandro Cordo. Su carrera, aunque corta entre las cuerdas, arroja un saldo de 16 victorias y un solo revés, por decisión, precisamente el último combate de su vida. Fue alumno preferido de Chocolate en los días de esplendor del inmortal Kid, allá por 1930, cuando Alejandro tenía entre quince y dieciséis años y soñaba con ver su nombre en letras grandes en el mundo del boxeo.

Soñaba, hasta que llegó la decepción.

—Comenzó a asfixiarme aquel medio. Yo creía en el deporte puro y sano, pero cuando comencé a ver y palpar la realidad que me rodeaba, prendió el desencanto. El límite llegó cuando presencié cómo un campeón tuvo que vender su título por cien pesos para poder comer, pues de no hacerlo no le daban peleas y la familia tenía que vivir de algo. Cuando subí frente al Gallego Álvarez, ya había decidido colgar los guantes para siempre.

—Chocolate era mi ídolo, ya pueden imaginarse lo que sentí la tarde en que se presentó en el gimnasio de Infanta y Estévez, donde yo entrenaba a las órdenes de Paco Simpson, un viejo amigo del Kid, y se detuvo a observar mi trabajo. No sé si fue aquel desespero por pegar, la insistencia por ir hacia delante, lo que llamó la atención a Chocolate, lo cierto es que para sorpresa mía le dijo a Simpson:

—A este muchacho lo quiero para mí. Encárgate de que no le falte nada.

—A partir de aquel momento surgió un nexo entre nosotros que llegó a trocarse, primero, en protección paternal del kid hacia mí, y luego, con el transcurso del tiempo, en entrañable amistad. Chocolate me tomó gran simpatía y en sus periódicos viajes a La Habana, se preocupaba por mí a tal extremo que llegué a quererlo como a un padre.

—Cuando él estaba en La Habana me tenía casi todos los días a su lado. Después que yo corría, bien temprano, tomaba un tranvía de la línea Playa y me iba hasta el reparto Almendares. El campeón acostumbraba a levantarse entre 9 y 9:30 de la mañana, y para entonces ya tenía preparado un desayuno muy balanceado del que solo ingería la mitad, pues compartía la otra a pedacitos con los hijos de Domingo y Meme. Este desayuno consistía en platanitos bien maduros, jugo de naranja, huevos con jamón, tostadas y leche pasterizada.

—Después de desayunar montaba en el Packard junto al masajista Charles Cabrera, Paco Simpson, Arturo, y yo y algún otro amigo, y salía a un recorrido habitual. La primera parada la hacíamos en Malecón y Humboldt, casa donde el Kid tenía «amistades». Me dejaba a mí en el carro y subía con los otros. Estaba allí por espacio de una hora o más, y luego enfilaba hacia San Ignacio, próximo a la Catedral. Por lo regular, antes se tomaba una malta, a veces con leche condensada. En San Ignacio hacía otra de sus «visitas» y cumplimentada esta, nos dirigíamos al Miramar Garden (Prado y San Lázaro), donde entrenaba con rigor acorde a si tenía o no compromiso próximo. Del gimnasio, el Packard de siete pasajeros conducido por Arturo, tomaba rumbo a la esquina de Águila y Neptuno, centro de una auténtica peña de boxeo. Chocolate declaraba «cantina abierta» y pese a que él no tomaba más de dos o tres cervezas si estaba en fase de entrenamiento, la cuenta crecía en cifras por el número de «amigos» que allí se daban cita cada tarde. De Águila, para Jovellar, donde Chocolate tenía otra casa «amiga» a la cual tampoco me dejaba entrar. En ocasiones, protesté, pero el campeón solía decirme: «Haga lo que digo, no lo que hago».

—Chocolate me tenía prohibido probar alcohol y a su lado lo único que pude tomar fueron refrescos naturales o gaseados, pero ni una cerveza siquiera. Antes de marcharse para Estados Unidos le dejaba algún dinero a Simpson, mi entrenador, y le recomendaba que no podía faltarme nada, que me alimentara y cuidara, entonces me recordaba una serie de consejos que solía darme siempre y hacía énfasis en este: «Cuando pierdas el entusiasmo por el boxeo, cuando pierdas la agresividad que todo boxeador tiene que llevar dentro de los límites de la mayor caballerosidad, deja el deporte, dedícate a otra cosa».

El más completo

—En mi opinión, Chocolate ha sido el boxeador más completo que ha subido a un *ring* y es lástima que los jóvenes no puedan ver sus películas para que aprendan algo de él. Digo «aprendan algo», porque Chocolate, por genial, es imposible de copiar. Muchos de los que no tuvieron oportunidad de verlo, me preguntan si fue un gran estilista. Si yo tuviera que definirlo, diría que fue un peleador completo; boxeaba cuando tenía que boxear y a la hora de fajarse era el más encarnizado de los fajadores, pues no le quitaba los puños de arriba a sus rivales. Los fajadores corrientes, reciben para pegar, Chocolate se metía dentro de los golpes para pegar los suyos y en raras ocasiones recibía; solo le dieron los grandes, y siempre en proporción menor a lo que él pegaba. Digo que es el más grande de todos los tiempos, porque tuvo que luchar contra adversarios de mucho más peso, contra la discriminación racial imperante entonces y contra los intereses de las grandes empresas promotoriles que más de una vez trataron de cerrarlo. Pese a todo eso, fue el más taquillero de su época y por gusto no se lleva público a una arena donde los boletos cuestan bien caros.

Algo que nunca olvido

—En ocasión de pelear yo frente a Kid Kaplan, en el Miramar Garden, me ocurrió un hecho muy penoso, pero del cual se derivaría una gran enseñanza para el resto de mi vida. Enseñanza que incluso llegó a sacarme a flote en momentos muy difíciles. La anécdota en cuestión es:

—Kaplan, ídolo de Cayo Hueso; yo, de la Víbora. Había rivalidad en las tribunas. Mi *jab* había hecho estragos en el rostro de Kaplan y para complacer a mis seguidores y demostrar superioridad, puse el rostro para que el adversario pegara. Cuando llegué a la esquina no vi a Chocolate.

—¿Y el campeón? —pregunté a Simpson.

—Se marchó molesto por la tontería que acabas de cometer.

—Terminó la pelea y no vi a Chocolate. Pasaron muchos días antes de que volviese a verlo, pues, apenado, rehuía hacerlo e in-

cluso dejé de ir por su casa. Semanas después nos encontramos casualmente y me preguntó en tono severo y tratándome de usted:
—¿Ya se le pasó la guapería?
—Por toda respuesta bajé la cabeza y Chocolate me dijo entonces:
—El boxeo no es machismo, no es tratar de subestimar o despreciar al rival. Los dos suben con el mismo propósito de ganar y el que mejor lo haga es quien sale triunfador.
Y argumentó:
—El buen boxeador no es el que quiere mostrarse más valiente. La valentía hay que utilizarla siempre, pero no malgastarla. Si el contrario no quiere boxear, usted debe obligarlo a fajarse, acosarlo, que combata en el terreno que menos le conviene. Si por el contrario quiere fajarse, usted tiene que boxearle, darle y que no le den, imponer usted las condiciones, no dejarse provocar. A la larga quien vence es quien impone las reglas del juego, no se olvide.
Este consejo que nunca olvidé me ayudó mucho dentro del ring... ¡y fuera de él, aplicado a la vida misma!

Dos momentos amargos

De todo el tiempo que estuve junto a Chocolate, hay dos momentos que se grabaron muy fuertes en mí. Uno, cuando todavía en el esplendor de sus facultades, imbatible por lo grande de entonces, lo tiraron en una sesión de entrenamiento en el Miramar Garden. El hecho ocurrió así; el Kid estaba a punto de embarcar rumbo a Estados Unidos, donde le esperaba un compromiso, y decidió hacer algunos *rounds* de guantes. Primero hizo dos conmigo y luego otros dos con el soldado Molina, un *welter*. Bien por exceso de confianza de Chocolate o porque Molina estuviera cazando la ocasión, el hecho fue que el soldado pegó un derecho tremendo a la quijada y por primera vez vi a mi ídolo, más que mi ídolo, mi padre, en la lona, totalmente mareado. Después de reponerse, Chocolate hizo otro *round* de guantes con Molina y este pagó la osadía a tal precio, que el Kid le daba cien pesos por un *round* extra y el soldado se negó. Luego Chocolate le pediría disculpas por la forma en que lo trató en aquel segundo *round* cuando le dio con todo y por todos lados.
—El otro recuerdo que me caló hondo, muy hondo, fue:

Yo llevaba algún tiempo sin ver a Chocolate, quien ya se había retirado, cuando una tarde asistí al Deportivo Candado, donde se desempeñaba como instructor. Al verlo sobre el *ring* arrastrando aquellas piernas maravillosas que fueron asombro del mundo, al notar el temblor de las rodillas, no tuve valor para llegar hasta él. Quedé contemplándole en un rincón por espacio de unos minutos y me marché para que no advirtiera las lágrimas que nublaban mis ojos.

Así era, así es

—Alegre, conversador, eternamente enamorado. Joven, cumbanchero y leal, pero con un gran sentido del respeto y la amistad. Mucho se ha dicho sobre su vida libertina y mil cosas más. Yo, que le conocí siendo un niño casi y que por él comí muchas veces, puedo decir que cuando estuvo en la abundancia no le dio importancia al dinero, repartió sin limitaciones y jamás, ni en los peores momentos, lo vi acercarse a alguien para pedirle un peso.

—En una oportunidad en la que Chocolate compartía con un grupo de amigos en la esquina de Dragones y Prado, al lado del teatro Martí, se acercó un individuo de mala reputación y se llevó aparte a Chocolate. El Kid metió la mano en el bolsillo y le extendió un billete de diez pesos. Cuando se marchó aquél de quien todos en el grupo teníamos mala opinión, alguien recriminó al Kid:

—¿Por qué le diste dinero? ¡Ese es un sinvergüenza que toma ron malo a costa de los demás!

Chocolate no le dejó terminar:

—Me juró que tenía un hijo enfermo y necesitaba el dinero para las medicinas. Si es capaz de enfermar grave a un hijo para estafar a un semejante, allá él con su conciencia. Yo quedé en paz con la mía.

Y pidió otra cerveza. Así era, así fue siempre, así es Chocolate.

AQUEL CHOFER

Su nombre de pila es Miguel Ángel Lauzurica Díaz, pero quienes de una u otra forma han estado vinculados al mundillo deportivo, lo conocen por Malayo. Siete años mayor que Chocolate —nació el 4 de noviembre de 1903, en Mantazas— se vinculó desde muy temprano a Pincho Gutiérrez y tuvo acceso, como chofer en la mayor parte de las ocasiones, en otras como *utility* de la comitiva, a varios de los viajes del Kid a Nueva York y, en especial, a la gira por Europa.

Su testimonio, pues, será de gran interés para los lectores. Pero dejemos que sea el propio Lauzurica quien les narre cómo conoció a Pincho y cómo se integró al grupo.

—Yo era todavía un muchacho cuando el parque de diversiones Havana Park, que también tenía algo de circo, emprendió una gira por todo el país. Al pasar por Matanzas, me incorporé al grupo para trabajar «en lo que hiciera falta»; mi único afán entonces era irme con la *trouppé* aquella y llegar a La Habana, ya que el referido parque estaba enclavado casi todo el año en lo que hoy es la Academia de Ciencias, Prado desde San José hasta Dragones.

—Como me incorporé al grupo «para lo que hiciera falta», en Santa Clara se me presentó el primer obstáculo serio, pero había que salvarlo para llegar a la capital; allí nació Kid Malayo, el nombre de guerra que me acompañaría por el resto de mi vida.

Y prosigue Lauzurica:

—En este espectáculo de diversiones había un número que agradaba mucho en todos los pueblos del interior; al final, un improvisado boxeador que viajaba con la compañía, se enfrentaba a un espontáneo del público, más o menos de su mismo peso, y si aquél lograba aguantarle tres *rounds* de pie, se llevaba cinco pesos, casi una fortuna en esos días. Pues bien, una de las noches de funciones en Santa Clara, el boxeador nuestro se emborrachó y a la hora de enfrentar al espontáneo, no podía levantarse de la hamaca. Entonces el empresario, que no quería alteraciones del orden, me indicó:

—Vamos, muchacho, ponte la trusa y las zapatillas, que tú eres el hombre.

—Pero si yo jamás he tirado un golpe a nadie, ni siquiera un «hollejo» a un chino.

—No importa. Ese que va a fajarse contigo tampoco es boxeador y no debe estar mucho mejor «comido» que tú.

—Lo decía con tal convicción que no había manera de oponerse. Además, yo pensaba en La Habana, «la grande» me esperaba y no podía fallar.

—Por un descuido o tal vez por el apuro, no se me buscó nombre. Por eso, al presentarme, al locutor del espectáculo no se le ocurrió otra cosa que anunciarme como Kid Malayo, «el terrible e invencible boxeador matancero que ha destrozado a todos sus adversarios».

—Así me bautizó y así se me quedó para siempre, Malayo.

Hay un alto para preguntarle por el resultado de aquel improvisado combate:

—Para qué hablar de él. Me tocó de rival un guajiro con unos deseos locos de ganarse los cinco pesos y en cuanto entró en el *ring* empezó a tirar golpes por todos lados. Yo cerré los ojos y tiré también, pero los de él llegaban con más puntería y fuerza. Fue tal la tunda que me dio esa noche, que todavía no sé si los huesos me duelen hoy, por la artritis que dice el médico o por los golpes de aquel salvaje.

Malayo, lo conocerán así de ahora en lo adelante, perdió aquella pelea, pero ganó el viaje a La Habana y lo que de él se derivó: Nueva York, Barcelona, Madrid, París, etcétera.

Primer contacto con Pincho

Una vez en «la grande», Malayo permaneció por algún tiempo en el parque de diversiones y luego se dedicó a chofer de alquiler, con piquera fija en Prado y Virtudes, esquina del café El Pueblo, animada tertulia de gente del boxeo, entre ellos Pincho.

Traban contacto y Malayo obtiene la contrata para repartir a los periódicos las carteleras de boxeo de la Arena Colón, en la que Pincho funcionaba como parte de una compañía promotoril. Todavía Chocolate estaba lejos de ser figura. Con el tiempo aquellos lazos de amistad se estrecharon y cuando las campañas grandes del Kid en Estados Unidos, Malayo los acompañó como un miembro más del séquito que siempre gira en torno a todo campeón.

Malayo recuerda

Después de su victoria sobre Al Singer, en plena efervescencia, se le tributó un homenaje popular de grandes dimensiones a Chocolate y Pincho. Unos días antes de regresar a Nueva York, estando reunido un grupo de nosotros en el café El Pueblo, llegó un tal Llaneras, capitán ayudante de Machado, y le dijo a Pincho que el tirano quería ofrecerle un almuerzo a Chocolate y a él antes de regresar a Estados Unidos. No bien se hubo marchado el emisario, Pincho llamó a Adolfo González, y le ordenó localizar urgente al Kid y preparar todo para partir cuanto antes «si es posible mañana mismo».

—¿Estás loco?, ¿cómo te vas a negar, con lo asesino que es ese hombre?

—Lo que soy yo, prefiero que me fusilen a comer con ese hijo de p...

Pincho, haciendo caso omiso de todos los consejos, empacó y par- 215 timos de regreso, sin aceptar el ofrecimiento de Gerardo Machado.

Era necesario un blanco

Pincho acostumbraba a embarcar por el ferry hasta Cayo Hueso los carros de él y Chocolate. Una vez en Cayo Hueso, ellos dos hacían el viaje por tren en compartimento especial, hasta Nueva York. El resto de la comitiva, peleadores y séconds, en las máquinas, una de las cuales manejaba yo, y a veces en una tercera, alquilada al efecto. Allí iban entrenadores, masajistas, etcétera.

—Como quiera que en todo el recorrido a través del Sur se hacía imposible detenernos a comer en lugar alguno, pues en todos los restaurantes afloraba el conocido «No negros, no perros», teníamos que meter en una de las máquinas algún blanco, ya que con tanto negro a bordo se hacía imposible conseguir alimentos. El blanco era el encargado de entrar a los restaurantes del camino y procurar la comida para todos en aquellos viajes fatigosos y no carentes de riesgos.

No era del Cerro

Ahora Malayo refiere una de las tantas anécdotas de Chocolate que reflejan la calidad humana del campeón:

—En pleno apogeo del Kid, después de no recuerdo qué combate, fuimos a cenar y a beber. En la puerta del lujoso club, un hombre, mal vestido, tiritaba de frío.

—Chocolate, yo soy del Cerro como usted, llevo varios días en Nueva York sin poder hacer nada. Si usted pudiera socorrerme...

—El Kid lo miró detenidamente:

—Tú no eres del Cerro, si fueras de allá yo te conocería.

—El hombre no acertó a dar respuesta alguna mientras palidecía cada vez más. Fue cuando Chócolo le dijo:

—Pero no importa si eres del Cerro o no, lo que importa ahora es que «estás atrás» y con este frío no se puede dejar de comer: entras con nosotros.

—Aquel hombre comió y bebió igual que todos. Cuando al marcharse le tendió la mano al Kid en señal de agradecimiento, Chocolate le puso en ella cinco billetes de a diez y le dijo:

—Para que te compres un abrigo. Está al bajar la temperatura y el frío aquí «parte» a cualquiera.

En Europa

Yo había ido a Barcelona con una cuadra de boxeadores en la que figuraban entre ellos el Fillo Echeverría, Federico Malibrán y algunos más. Allí el grupo decidió volver a Cuba, pero yo preferí quedarme. ¡Volver a Cuba con Machado en el poder!

—Una tarde recibí una larga distancia desde Nueva York. Era Pincho, pidiéndome hiciera contacto con Gaza, un promotor de boxeo riquísimo, dueño de una cadena de hoteles en Barcelona, por si le interesaba presentar al Kid en esa plaza.

—El promotor aceptó, interesado en topar a Chócolo con el ídolo local Gironés, pero luego, por cuestiones de libras, Chocolate enfrentó a Bensa. Allí volví a sumarme a la cuadra y seguí con ellos a Madrid y París. Donde quiera que se presentó, Chocolate causó sensación. En la Rue Fountaine, en el Montmartre, en todas partes. Fue muy aceptado por las mujeres y no tardó nada en ganarse las simpatías de cuantos le conocieron. El Kid tenía ese poder de atracción por sus carácter fácil, alegre, servicial. Antes de llegar a París, estando en Barcelona, supimos la noticia de la huida del tirano Machado: ese fue otro de los días inolvidables en aquella gira que tanto dio que hablar.

Kid Chocolate muestra uno de sus Cinturones de Campeón

Un testimonio autorizado

Cuando Kid Chocolate pasaba los cartones anunciando los *rounds* en la Arena Colón, Fernando Aceña Quintana, dos años mayor que el Kid, trabajaba en las propias veladas boxísticas como corresponsal voluntario de un popular diario habanero. Así comenzó a adentrarse en el mundillo boxístico, hasta que años después pasó a trabajar directamente con Pincho Gutiérrez y el español Luís F. Parga, en la Compañía Cubana de Promotaje, y en 1944 fue nombrado por Luís Orlando Rodríguez, Director de Deportes, asesor técnico de la Comisión de Boxeo que entonces presidía Pincho.

Aceña, en su nuevo cargo, creó la Comisión de Récords y Estadísticas que funcionó hasta que, en 1962, por decreto del gobierno revolucionario, quedó abolido el deporte profesional en Cuba, con un programa en la arena Rafael Trejo, en el que combatieron Cristóbal González y Chico Véliz.

En el boxeo aficionado revolucionario trabajó como comisionado por la provincia de La Habana, y en 1968 viajó a Budapest, Hungría, al frente de una escuadra cubana.

Durante el tiempo que estuvo ligado al boxeo profesional, hizo varios viajes a Estados Unidos y presenció más de una decena de combates por campeonatos mundiales, entre ellos los de Chocolate con Canzoneri, Battalino y Jack Kid Berg.

Pocos tan indicados como él, pues, para un testimonio sobre la vida de Kid Chocolate, a quien vio debutar y despedirse del boxeo activo y a quien luego siguió tratando.

Una persona muy definida

Chocolate fue, desde niño, una personalidad muy definida, simpático por naturaleza, siempre risueño, cortés a pesar de que no tuvo tiempo de asistir a la escuela, sociable con todos, blancos y negros. Cuando entró en el dinero y cambió los andrajos de la infancia por la buena ropa, supo vestir con elegancia, impecable desde los zapatos hasta el sombrero, sin llegar nunca a la excentricidad; lo que los ingleses llaman un verdadero *gentleman*.

—Reía mucho y por cualquier sencillez. Le gustaba divertirse, pero que yo recuerde, jamás abusó a costa de alguien. En Nueva York, como en La Habana podrida de aquellos días, visitó las altas y bajas esferas, pero jamás dio un escándalo, jamás, en sus días de boxeador, hizo un acto público alguno del que luego tuviera que arrepentirse.

—Esta personalidad impactante, esta facultad única para «llegar» a blancos y a negros por igual, abrió los ojos a los grandes empresarios del boxeo que, rápidamente, se percataron de que tenían en sus manos una mina de oro. No era solo la amplia colonia latina, ni los perseguidos negros del ghetto de Harlem los que pagaban por ver a Chocolate. Los blancos también querían ver en acción al negrito del Cerro, reían con su risa y sentían no sé qué misteriosa atracción. Aunque no faltaran, claro está, quienes emprendieran campañas difamatorias contra él, por la única razón de ser negro. Pero ciertamente, eran los menos.

Rompió la barrera racial

Algo que saben muy pocas personas, incluso cubanos: Chocolate fue el primer negro en romper las barreras raciales existentes por aquellos años en Estados Unidos y el primer gran estelarista negro en consolidarse en los programas del Madison Square Garden o cualquier otra plaza importante del estado de Nueva York. Algo que no pudieron en la misma época celebridades como los campeones mundiales John Jack Johnson, Gorila Jones y Panamá al Brown, lo pudo el Kid: pelear en la metrópoli neoyorquina sin las sogas que acostumbraban a tenderse para separar a blancos y negros en las graderías. ¡Tal fue su popularidad entre unos y otros!

—Hombres que han hecho historia en el boxeo, como los pesados Jack Jonson y Harry Wills, eterno retador de Jack Dempsey, terminaron sus carreras sin darse el gusto de pelear en Nueva York, errantes por los *rings* de Galveston, Texas, New Orleáns y otras arenas de segunda.

—El Kid —y esto debe ser motivo de orgullo para sus compatriotas— abrió de par en par las puertas del sagrado Madison Square Garden a los boxeadores negros y llegó más allá; fue, también para orgullo de sus compatriotas, el más taquillero en su época, lo que los norteamericanos llaman el mejor *derawing card* del boxeo profesional.

Primero entre los latinoamericanos

Para las empresas promotoriles representó algo más: el hombre por el que habían estado clamando desde muchos años atrás para mover a las grandes masas de latinos residentes en Nueva York. Fue, por decirlo de un tirón, mucho más popular que el llevado y traído Luís Ángel Firpo, el Toro Salvaje de las Pampas, alrededor de quien se tejió una falsa campaña publicitaria de primera magnitud. Firpo fue una figura creada por los promotores en consorcio con la prensa. Chocolate, un fenómeno de popularidad espontánea, el negrito simpático y genial que contribuyó a enriquecer más las arcas de quienes regían el boxeo profesional en el estado de Nueva York.

Un boxeador expcecional

Chocolate fue un boxeador excepcional, de esos que, se dice, se da uno cada cien o mil años. Un auténtico creador. Sacaba el *jab* desde muy abajo, en contra de lo que recomienda la «real academia», pero provisto de una rapidez tal que, en muy contadas ocasiones, y muy pocos adversarios, pudieron pegarle por arriba de esa mano. Se permitía el lujo vedado a otros, de sacar su izquierda desde la rodilla, y lo hacía con tan relampagueante precisión que rara vez fallaba el *jab* o directo de izquierda, su mejor arma.

—Algunos otros, entre ellos el inmortal Willie Pepp, peleaban con las manos abajo para desconcertar a los rivales, pero a la hora de pegar las sacaban de arriba. Ninguno como el Kid…

—No era un pagador potente, de esos que cargan un cartucho de dinamita en cada mano como escribieron algunos. Pero sus rallies con ambas manos, a una rapidez asombrosa, solían no solo desconcertar sino dejar borrachos y a su merced a los adversarios. Se decía igualmente que no era buen asimilador, pero solo dos hombres pudieron noquearlo: Tony Canzoneri, la segunda vez que se enfrentaron, y Franklie Klich, un mes después.

—No obstante, es cierto que al Kid le hacían daño los golpes por abajo. Como se dice en el argot, le dolía allí. Causa incuestionable de un organismo débil y desnutrido por el hambre que pasó en sus días de niño y aún de adolescente. No olviden que tanto Berg como Canzoneri concentraron allí su ataque. Pero Chocolate compensaba este *handicap* con una manifiesta habilidad para quitarse los golpes o amortiguarlos con movimientos de cintura, bloqueándolos con los codos o dejándolos en sus guantes.

—Cuando Canzoneri y el mediocre Klick lo noquearon, ya Chocolate no era el mismo de antes: noquearon a una sombra.

—A pesar de que lo hemos llamado creador, hay que aceptar que su estilo estaba influido por el de tres buenos estelaristas que por 1910 hicieron campaña en La Habana: el puertorriqueño Nero Chink y los norteamericanos Allestown, Joe Gans y Chico Wallace. Gans era el más técnico de los tres, pero Chocolate copió más de Chico, de quien fue en cierto modo un protegido por la época a que hacemos referencia.

—Cuando las piernas lo abandonaron, cuando salió a relucir la vida nocturna y alegre, las cuerdas fueron un buen refugio para el Kid. Allí era dificilísimo darle y por lo general envolvía a sus rivales en este tipo de pelea. Si se veía obligado a combatir en el centro del cuadrilátero, ya sin piernas, recurría a su desconcertante esquiva para quitarse la mayor parte de los golpes y buscaba asilo en el clinch para reponerse y de pronto irse al ataque con uno de sus *rallies*.

—No fue un buen peleador de la distancia corta, terreno que rechazaba, precisamente por su debilidad abajo. Prefería boxear a distancia, marear con el *jab*, o hacerlo en la media, donde tenía oportunidad de soltar sus manos en series de golpes y combinaciones que atontaban al rival y ponían en pie a las multitudes.

Chocolate y Pincho

Muchas veces he oído decir que Pincho Gutiérrez hizo a Chocolate. No comparto ese criterio. Ante todo, sin boxeador no hay mánager y Pincho tuvo muchísimos boxeadores, pero un solo Chocolate. No se debe olvidar que fue Yiyi, con apenas dieciocho años, quien le abrió de par en par las puertas del boxeo grande y el acceso a las bolsas fabulosas. Pincho fue un buen conductor para el Kid, un buen guía, a quien incluso Chocolate quería como a un padre. Pero Chocolate fue el hombre que electrizó a las multitudes y abarrotó las arenas. Y eso no se lo enseñó Pincho, ni nadie. Con eso se nace. Ya Chocolate lo llevaba adentro, pues desde que era niño arrastraba más público que ningún otro a los torneos de La Noche.

—Antes que el Yiyi, estuvieron con Pincho en el norte, en 1925, Black Bill, Relámpago Sagüero, Cirilín Olano y Aramís del Pino. Pincho dio otro viaje a Estados Unidos con Black Bill, Juan Antonio Herrera, Jimmy La Rosa y Roleaux Sagüero. Pero no fue hasta que llevó a Chocolate, que se facilitó para Pincho el acceso a las grandes bolsas.

—La popularidad de Chocolate, su vertiginoso ascenso, su posterior encumbramiento, permitió a Pincho llegar a tener en su cuadra internacional alrededor de veinticinco peleadores, e incluso, actuar como promotor en una arena de Brooklyn. Los argentinos Vittorio y Vicente Campolo, los españoles Mateo de la Osa e Ignacio Ara, el norteamericano Baby Joe Gans, Canada Lee, Panamá Al Brown y algunos otros, no cubanos, codiciaban ir a la cuadra en la que reinaba Chocolate y en la que abundaban los combates y la posibilidad de darse a conocer como preliminarista en un cartel de importancia.

—Para el joven boxeo cubano representó mucho más: su exaltación al campeonato del mundo y su acceso al dinero en grande, despertó creciente interés en otros muchachos limpiabotas o vendedores de periódicos como él, y el boxeo tuvo un auge insospechado, para beneficio de los empresarios que supieron sacarle buen partido a esta coyuntura.

—Pincho lo condujo admirablemente. Fue la cabeza pensante. Buscó las peleas propicias que desembarcaron en grandes bolsas y en esto no se le puede regatear mérito alguno. Pero Chocolate fue la figura. Sin él, nada.

Después de Chocolate

Chocolate ha tenido muchos imitadores, incluso entre los propios cubanos, pero ninguno como él. Ni siquiera se le parecieron. A los genios no se les logra imitar y Chocolate fue eso, un genio del *ring*. Pese a crecer en la calle, no fue, como otros, un peleador ventajista entre los demás muchachos. En el boxeo profesional pululan los casos de boxeadores que llegaron a la cumbre tras una larga cadena de broncas callejeras a la mala, delincuencia, etcétera, tras la hoja de servicios de más de un campeón, hay una hoja penal. Éste no es el caso de Chocolate. Travieso, tuvo sus peleas como todo el que tiene que buscarse la vida en la calle, pero no fue un delincuente, ni siquiera un muchacho de malos sentimientos. Todo lo contrario. La vida misma lo hizo duro a sus embates, pero no lo envileció.

Como persona

Fue toda su vida un excelente amigo. Hay dos virtudes, entre otras muchas, que aprecio altamente en Chocolate: su elevado concepto de la amistad y su amor a Cuba. Excelente amigo, espléndido con el dinero que derrochó a manos llenas; no hubo niño ni hombre, conocido o no, que se acercara al Kid y saliera con las manos vacía. Alegre, vivió a sus anchas los momentos de efímera gloria, y junto a él disfrutaron por igual sus amigos, muchos de ellos ocasionales. Todos los fines de año, invariablemente, se daba un salto hasta su Habana y compartía aquí con los suyos hasta quedar sin un centavo. Cuando terminó como atleta, prefirió quedarse en la patria, y siguió viviendo a su manera, a la única que sabía. Algunos le viraron las espaldas; los más lo siguen queriendo y admirando con las mismas simpatías de antes: Chocolate sigue siendo su campeón.

Su mejor combate

Tuvo varios muy duros. En mi criterio personal, el mejor fue el primero con Tony Canzoneri, el italonorteamericano, junto al cual libró los 15 *rounds* más encarnizados que he visto en el boxeo. ¡Qué manera de pelear! Berg también le ofreció dos combates muy duros, pero ninguno como aquél con Canzoneri en el Garden.

—No comparto las opiniones de quienes aun hoy sustentan que Chocolate fue robado en aquel duelo con Canzoneri. Pudo ganar, de la misma forma que perdió. Fue una de esas peleas en que se puede dar triunfador a cualquiera de los dos y siempre habrá descontento. Además, Canzoneri era el campeón, no se debe olvidar. Con Jack Kid Berg sucedió igual. Battalino fue el más fácil y el Kid le hubiera ganado mucho más amplio, de haber estado en mejor forma. Era muy superior en todos los aspectos.

Sobre su retiro

Después de colgar los guantes definitivamente en 1938, y por espacio de una década, más o menos, el Kid se dedicó a trabajar junto a Pincho, ayudándolo en la Academia que llevó su nombre glorioso: Kid Chocolate, en la calle Industria. Se «enamoró» de dos jóvenes prospectos como Luís Galvani y Rolando Delgado Aguilar, y su influencia sobre ellos contribuyó al ascenso hacia los planos estelares. Pero no encontró otro Chocolate. Imposible, no había pasado cien ni mil años. No explotó el boxeo, no compró contratos, solo se limitó a ayudar, con la mayor jovialidad y buen carácter.

Y siguió, mientras se lo toleró el desgastado organismo, la vida suya de siempre. Amigo, compartidor, noctámbulo empedernido.

«Acostumbraba a persignarme antes de comenzar cada pelea y a veces en el curso de la misma, a principio de cada round» Kid Chocolate

Cuerpo a cuerpo con el campeón

El Kid termina su paseo vespertino por la cuadra. Antes de llegar a la casa, varios vecinos...

—¿Cómo anda, Yiyi?

—¿Cómo le va, campeón?

—Se le ve bien, Chócolo...

Un viejo le dice hasta luego, y conversa con el muchacho que lleva de la mano:

—Mira, ese que va por ahí, fue el mejor boxeador del mundo: Kid Chocolate.

El Chócolo lo ha oído; sonríe con los labios y con los ojos. Sentado en una silla de su portal, comenta:

—Ven, esas cosas lo hacen vivir a uno. Todos mis vecinos me quieren, me muestran aprecio. Además, cada pedazo de estas calles, mi casa, me traen bellos recuerdos. ¡De este lugar jamás me mudaré!

Su casa está situada en el reparto Almendares, al oeste de la Ciudad de La Habana, en la calle 48 No. 1508, entre 15 y 17, frente al llamado parque Japonés. Desde 1931 vive en ella, cuando la terminaron de construir y se la regaló a su madre. En este lugar murió la progenitora del Kid. Encarnación Montalvo, en 1971, a los 100 años de edad. Afirmaba que sus padres habían sido esclavos.

En esta casa vive Eligio Sardiñas rodeado del cariño de su hijo, Luís Eligio, y la esposa de este, María Averhoff, así como el de los cuatro nietos: Lusito, de 8 años; Elba Elisa, de 7; Taimar José, de 5, y Yemima, de 3.

El pequeño Pepe interrumpe la conversación, y lanza varios puñetazos a las manos del Choco, quien sonríe:

—A este le gusta el boxeo. Quizás.

Yemima se sube a las piernas del abuelo; los otros dos se acercan. Yiyi comienza a compartir con ellos las galletitas de dulce que tiene en un cartucho.

—Bueno, ahora déjenme conversar.

María se lleva a los niños, y al más travieso, Pepe, lo amenaza con una nalgada. Amenaza nada más, pero el Kid dice:

—No, no… Mira jamás yo le di una nalgada a mi hijo, y era más majadero que Pepe. Regaños, castigos, pero golpes no: a los muchachos no se les educa así. Yo le doy cien pesos a cualquiera por cada nalgada que le di a mi hijo. Y no voy a tener que dar ni un centavo, porque nunca le puse una mano arriba.

María sonríe y, por fin, los muchachos se tranquilizan.

El Kid mantiene muy frescos los recuerdos. Tiene claros fechas, direcciones, nombres y hasta golpes…

Al levantarse, día tras día, entrena: sombra, lanza golpes frente al espejo, hace ejercicios con los tensores. Asegura, entre carcajadas:

—Si existieran torneos de boxeo sobre sillas, yo sería campeón.

Duerme de seis a siete horas diarias; le encanta le televisión, y está ante el aparato hasta el último programa; casi nunca se acuesta enseguida; lee y, a veces, el amanecer lo encuentra leyendo.

De la televisión prefiere los programas dramáticos, de aventuras y las películas de guerra. No tiene preferencias por un escritor.

—Todo lo leo con satisfacción: novelas policíacas, de amor, sobre la Segunda Guerra Mundial, revistas, periódicos. Releo también las publicaciones viejas donde hablan de mí. (En una mesita, al alcance de las manos del campeón, está *María*, de Jorge Isaac, editado por Casa de las Américas).

Muestra dos ejemplares recientes del semanario panameño *Afición*, que traen la entrevista «Kid Chocolate, campeón de campeones», con fotos y llamado en primera plana. Adentro, se ofrece la historia del negrito del Cerro que asombró a puñetazos al mundo, y las opiniones del *as* ya retirado.

Actualmente no toma ron; no pude hacerlo por prescripción facultativa. Más, cuando está bien, saborea dos jarras llenas de cerveza al día, y se fuma dos cajas de cigarros cada 24 horas. Gusta de los dulces, caramelos, galletitas. Casi no sale de la casa.

—Prefiero quedarme aquí, fastidiando con mis nietos. Es mejor que la calle, ¡qué cará…!

Recuerda que no hace mucho, durante uno de los recorridos por el parque, un grupo de niños lo detuvo. Uno le preguntó.

—¿Es cierto que usted fue campeón del mundo?

—Sí, es cierto.

—¿Y usted fue muy bueno?

—En mis tiempos, decían que sí.

—¿Usted puede ganarle a Stevenson?

—Bueno, a Stevenson no, porque...

Antes de que Chocolate pudiera continuar, el pequeño se viró hacia los demás y...

—Ven se los dije: a Stevenson no hay quien le gane.

Chocolate se rió mucho de aquello, tanto como ahora, cuando cuenta la anécdota y afirma que:

—... hechos como éstos me hacen sentir muy bien aquí. El cuerpo a cuerpo con los autores del libro, está al comenzar.

La voz del Chócolo los llevará a la época del esplendor del doble titular del orbe; los sentará junto a Pincho, Canzoneri y Jack Berg; les contará del amor, de la amistad, de las alegrías y tristezas. Y... ¡A pelear! Ha sonado la campana.

Golpe a golpe

—*¿La pelea más dura de su vida?*

—Las dos con Jack Kid Berg y la primera con Canzoneri.

—*Una en particular...*

—Las tres fueron del mismo corte, es muy difícil diferenciar.

—*¿Quiénes le pegaron más duro?*

—Benny Bass, Canzoneri y Jack Kid Berg. ¡Pegaban con ladrillos! Bass me conectó un derechazo al pecho con tal fuerza, que por algún tiempo tuve dificultades pare respirar.

—*¿Y Scalfaro?*

—No pegaba tan fuerte como los otros.

—*Sin embargo, logró tirarlo; algo que no hicieron Berg ni Bass.*

—Fue un golpe de sorpresa, me pegó desprevenido.

—*¿El más incómodo que enfrentó?*

—Por su rudeza, Canzoneri y Berg.

—*¿Por su técnica, por lo difícil para conectarle?*

—Fidel La Barba. Era muy técnico y, además, se viraba a cualquiera de las dos manos.

—*¿Tuvo usted dificultad con los zurdos?*

—No. por lo general los zurdos trabajan poco con su mano derecha y si usted le gira en dirección contraria a la zurda, puede neutralizarlo.

—*Entre los zurdos que trabajaron bien con su derecha...*

—Que yo recuerde, Lew Tender, Tiger Flowers y Johnny Wilson. Tender se le hizo difícil en extremo al inmortal Benny Leonard. Tuvieron una primera pelea sin decisión y otra por el título de Leonard, a quince *rounds*, en la que Benny pudo descifrar la derecha de Lew. Tiger Flowers le ganó dos veces a Harry Greb, y Johnny Murphy, aunque no pudo ganarle a Greb, le ofreció dos peleones bárbaros.

—*¿Qué representa la zurda para un derecho?*

—Si sabe manejarla, su mejor arma. Es la mano que primero llega al adversario, la que abre el camino. Un buen *jab* es, más que un baluarte defensivo, un arma ofensiva.

—*¿Usó mucho usted ese golpe?*

—El *jab* o recto de izquierda y el *hook* con la misma mano, fueron mis golpes preferidos. Que yo recuerde, fueron muy pocos los contrarios que bajaron del *ring* frente a mí sin haber sufrido una cortadura en su cara, pues utilizaba el *jab* para eso, para contener, para hacer daño.

—*¿Y con el hook?*

228

—Con ese golpe gané mis primeras ocho peleas en Estados Unidos. Cuando los contrarios se percataron de sus estragos, se cuidaban mucho de él, entonces daban entrada a otros.

—*¿Empleaba usted el hook para contragolpe?*

—De las dos formas. Muchas veces inicié ataque con él, preferentemente al hígado.

—*Su momento más grande en el boxeo...*

—Hubo varios.

—*Cite tres.*

—Cuando combatí con Al Singer en Polo Grounds, mi *debut* en el Garden ante Scalfaro, y cuando di a Cuba el primer campeonato del mundo al derrotar por nacao a Benny Bass, en Filadelfia.

—*El más amargo...*

—La noche en que Tony Canzoneri me puso fuera de combate en dos *rounds*.

—*¿Sintió odio por algún adversario?*

—Jamás. Por lo general, los más encarnizados rivales fueron luego mis mejores amigos fuera del *ring*.

—*Por ejemplo.*

—Tony Canzoneri, Jack Kid Berg. Fidel La Barba...

—*Y en la vida privada, ¿quiénes fueron sus mejores amigos?*

—De niño, Filomeno y Chorizo. Ya hombre, Pincho, Luís Piñero y Black Bill.

—*¿Qué entiende usted por amistad?*

—Amistad no es, como dicen algunos, un peso en el bolsillo. Es algo mucho más grande. Hay amigos de ocasiones y amigos de verdad; yo he conocido de las dos clases.

—*¿Cuál es la principal virtud de un hombre?*

—La sinceridad. Un amigo sincero no tiene precio; a veces es más que un hermano.

—*¿El peor defecto?*

—La pedantería. El pedante es un tipo pesado que no cae bien en ningún lugar. Esa es la mejor definición, un pesado. Tampoco soporto a los engreídos ni los vanidosos. Conmigo no tienen cabida.

—*¿Del amor?*

—¡Ahhh, el amor! El amor es lo más bello del mundo, sobre todo si es correspondido. Quien ame es eternamente joven. Y aun no siendo correspondido. Yo digo como la letra del bolero aquel: *«qué saben de la vida, los que no han sufrido, los que nunca han tenido una pena de amor...».*

—*¿Ha sentido miedo entre las cuerdas?*

—Miedo nunca, precaución he tenido siempre. Jamás se debe subestimar, al contrario, a todos hay que respetar por igual, no descuidarse nunca.

—*¿Es verdad que a usted le molestaba que lo despeinasen en el ring?*

—Bueno, lo cierto es que no fueron muchos los que me despeinaron, y un poco mis propios fanáticos, un poco la prensa, echaron a rodar la bola de que a mí no se me podía despeinar.

—*¿Conserva alguna anécdota al respecto?*

—Si, una con John Erickson, un muchacho de Brooklyn, con el que me enfrenté varias veces.

—*¿Qué sucedió?*

—En una de esas oportunidades, en el propio Brooklyn, Erickson guapetón él, declaró que me iba a despeinar desde temprano. Llegó al estadio seguido por un numeroso grupo de amigos que hacían un ruido infernal con pitos, matracas, etcétera.

—*¿Y lo despeinó, campeón?*

—Al salir de un *clinch*, aprovechó y me pasó el guante abierto por el pelo. Entonces los suyos rugieron...

—*¿Y usted?*

—A mí me molestó aquello, porque no era legal. Picado en mi amor propio, le puse extra a la pelea y no le quité el *jab* de la cara. Lo corté sobre las cejas, le hice sangrar de la boca.

—*¿Y...?*

—Al entrar en otro *clinch*, importante, me lanzó al pecho una escupida de sangre. El *referee* lo amonestó, pero yo me limité a sonreír y continué castigándolo con saña tal, que cuando acabó el combate lo llevaron para un hospital.

—*¿Y luego...?*

Al día siguiente fui a visitarlo, estaba apenado con él. También él lo estaba. «No tenía manera de darle —me dijo— y la única forma de hacer algo por complacer las exigencias de los fanáticos, era haciendo lo que hice. De verdad que lo siento». Nos dimos las manos y luego fuimos buenos amigos. No era un mal muchacho. Guapetón, impetuoso, criado en la calle, pero noble.

—*¿El boxeador más grande que ha conocido?*

—De los que alcancé a ver en su momento grande, Joe Luís fue el más completo. No hacía nada en falso. No tiraba un golpe al aire. Fue el mejor rematador, certero, muy certero a la hora de matar. Claro que hubo muchos. Leonard, por ejemplo, fue grande entre los grandes, pero yo lo vi en los finales.

—*¿Cómo clasifica a Chocolate en ese grupo?*

—No soy yo quien debía hacerlo. Los encargados de ello lo llevaron al Hall de la Fama.

—*Entre los cubanos, ¿quiénes fueron los primeros después de Chocolate?*

—Black Bill, Kid Charol y Kid Tunero.

—*¿Respetó usted fielmente las reglas del entrenamiento?*

—No como debía. Yo no corría mucho, tenía que haberlo hecho más. Era reacio al gimnasio, prefería mantenerme peleando seguido para cuidar la forma.

—*¿Limitó esto su vida deportiva?*

—¡Sí! De haberme cuidado más, de haber comprendido antes que el boxeo y la vida alegre no ligan, hubiera durado más. Cuando uno es joven, cuando las facultades rebosan, a veces se llega a pensar que la juventud es eterna, que las fuerzas no escaparán jamás. Cuando uno lo advierte, ya es tarde. Para mí lo fue...

—¿Es cierto que tenía usted «suerte» para las mujeres?
—Las mujeres me gustaban tanto como el boxeo y entre estas dos pasiones compartí la vida. De haberme cuidado más...
—¿Llega un boxeador a comprender cuando ya no le queda nada por hacer en el deporte?
—Por supuesto, si no cierra los ojos a la realidad.
—¿Cuándo lo comprendió usted?
—En mi segunda pelea con Canzoneri. Ya las piernas no me sostenían.
—¿Y por qué se mantuvo en el boxeo cinco años más?
—Porque eso fue lo que aprendí, a boxear. Era mi profesión y de ella tenía que vivir. Además, es fácil comprender cuando uno comienza a declinar, pero no es fácil decidir el momento del retiro.
—Después de su pelea con Nick Jerome, ¿decidió usted solo?
—Yo lo había pensado, pero Pincho me ayudó a tomar la decisión.
—Además de sus peleas oficiales, ¿recuerda algunas otras de exhibición?
—Con Baby Face Quintana en el Club de los Cuatrocientos Millonarios, exclusivo para blancos, en Long Island, en las afueras de Nueva York; otra en la cárcel de Sing Sing; en Tampa, a beneficio de los tabaqueros; y en la llamada Casa de Beneficencia, en San Lázaro y Belascoaín, un 6 de enero, que era entonces el Día de Reyes. En aquel *show* participó también el famoso astro del cine del oeste, Tom Mix.
—Distinciones que le fueron conferidas fuera del mundo del boxeo.
—Entre otras, me hicieron miembro del Club de los Artistas en Nueva York. Ello me dio oportunidad de compartir con Cab Calloway. Duke Ellington, Louis Armstrong y otros muchos.
—¿Era usted supersticioso en el ring?
—Sí.
—¿Cómo se manifestaba esa superstición?
—Acostumbraba a persignarme antes de comenzar cada pelea y a veces en el curso de la misma, a principio de cada *round*.
—¿Alguna otra?
—Siempre preferí *las trusas negras* con listas rojas. Me inspiraba más confianza.
—¿Qué entiende usted por boxeo?
—Dar y que no te den.

—¿*Entonces está en contra de los fajadores?*

—No he dicho tal cosa. Estoy en contra de los que cogen para dar, sin cuidar para nada la defensiva. El fajador se debe trazar un plan de pelea y tratar de llevarlo a cabo. Siempre hay que arriesgar, pero no hay por qué regalarse innecesariamente. Hay quien olvida esto, hace caso omiso de la esquiva y no se quita un golpe.

—¿*Qué estima usted del boxeador que depende de un solo golpe?*

—Si tiene ante sí a un hombre con buena defensiva, estará frito. Todo boxeador, por muy pegador que sea, debe tener repertorio, saber combinar, trabajar abajo y arriba, según las circunstancias y el adversario. Un buen ataque abajo, detiene al más veloz y debilita al más fuerte. Canzoneri y Jack Kid Berg, eran dos pulpos en este tipo de pelea.

—¿*Qué otra virtud aprecia en un boxeador?*

—La agresividad.

—*Entre los boxeadores cubanos de estos tiempos, ¿quién le impresionó más?*

—Douglas Rodríguez, precisamente por su agresividad.

—*Ha habido otros también muy agresivos.*

—Sí, pero Douglas aprovechaba más que ninguno todas las oportunidades. Sabía que su negocio era pegar y salía a hacerlo sin dar respiro al contrario buscando los puntos débiles de aquél, metiéndose en la guardia, tratando de colocar sus golpes allí donde más daño hacían. Sabía que no era un buen boxeador y jamás intentó boxear. Iba a lo suyo y mantenía ocupado al contrario, sin dejarlo realizar el plan de pelea trazado.

—¿*Y entre los llamados técnicos?*

—Rolando Garbey. Enrique Regüeiferos manejaba muy bien su *hook* de izquierda. Después de retirado no he visto otro como el suyo entre los cubanos.

—*Usted enfrentó tres veces a Fidel La Barba, campeón olímpico en la división de las 112 libras en París, 1924. ¿Le hubiera gustado, digamos, asistir con 18 años a las Olimpiadas de 1928, en Ámsterdam?*

—Claro que me hubiera gustado ganar una medalla olímpica, pero no tenía posibilidad alguna. Primero, tenía que «inventar» para comer; además en Cuba no se daba atención al deporte amateur. Ese mismo año 1928 tuve que enfrentar a Eddie Enos en Nueva York por $40. 00. ¡No eran tiempo para pensar en Olimpiadas!

—*¿Qué piensa del boxeo cubano actual?*

—Dentro de los límites del amateurismo, es el mejor del mundo. A mí, en particular, que me acostumbré a pelear 10 y 15 *rounds*, me aburre por momentos, aunque comprendo que es mucho más humano y se cuida más al hombre. Son dos cosas diferentes por completo.

—*¿Alguna recomendación para los muchachos de ahora?*

—Tal vez si obligados por la reglamentación vigente o porque no se lo han enseñado, la verdad es que pelean muy parados, se quitan pocos golpes, no se desplazan hacia los lados y copian mucho del mal boxeo europeo. Y digo del malo, porque Europa ha tenido hombres muy buenos. Pero los muchachos ahora prefieren la pelea arriba, se olvidan de que el contrario tiene partes blandas por abajo y que allí también es necesario pegar. Creo que algunos árbitros se apuran mucho al romper los cuerpos a cuerpo. Ahí deben pelear más.

—*¿Qué opina del desarrollo alcanzado por el deporte cubano en los últimos años?*

—¡Un buen *hook* al hígado! Hoy el deporte cubano está entre los primeros del mundo. Antes solo teníamos pelota y boxeo. Ahora hay de todo.

—*¿Cómo ve usted la participación de la mujer en el deporte?*

—Para el deporte no hay sexo, como no hay edad. La mujer debe hacer deportes, la mantiene joven, bella y no pierde su condición de mujer. La mujer puede hacer todo lo que hace el hombre. Hay mujeres comandantes en el Ejército Sandinista e incluso han llegado al cosmos.

—*Volviendo a usted, ¿le gusta la música?*

—Todo lo que sea música me alegra; menos la fúnebre, por supuesto.

—*¿Qué género prefiere?*

—Para oír, el tango. Soy tanguero número uno y lo mismo escucho a Libertad Lamarque que a Hugo del Carrill, aunque siempre prefiero a Gardel. ¡Ninguno como él! De los cubanos, Benny Moré fue el uno. ¡Y no porque fuera mi amigo!

—*¿Y del baile?*

—También me gusta.

—*¿Fue usted un buen bailador?*

—Me defendía, pero nunca me consideré un gran bailador.

—*¿Qué bailaba?*

—Lo de mi época. Son, danzón, rumba.

—*¿Le gustan los bailes de hoy?*

—Sí, todos son bellos, cada uno de acuerdo con la época. Antes los jóvenes bailábamos de una manera; los de hoy lo hacen de otra, y a veces siento no tener diez años menos. En todo tiempo hubo música buena y mala.

—*¿Es Chocolate un hombre joven a los sesenta y nueve años?*

—Si amar la vida, apreciar lo bello de ella, es ser joven, yo lo soy todavía.

—*Entre sus nietos hay uno, José, que parece sentir afición por el boxeo. ¿Le gustaría que siquiera sus pasos?*

—No pienso hacer nada por inculcárselo, pero tampoco por persuadirlo.

—*Si él llegara a boxear algún día, ¿Cómo se llamaría?*

—¡Kid Chocolate!

Chocolate nació y murió boxeador

Una calurosa tarde de 1979, mientras sentados en el portal de su casa saboreábamos sendas jarras de espumeante cerveza fría, le preguntamos a Chocolate qué es el boxeo. Nos miró con cara extrañada, se puso de pie, y encogiendo los hombros respondió «El boxeo soy yo».

La frase dio título a un libro sobre la vida del legendario Kid y retrató de cuerpo entero al genial pugilista que saltó desde las calles del Cerro a la marquesina del Gardel, para postrar el mundo a sus pies con su arte inigualable.

Porque Kid Chocolate, Yiyi o Eligio Sardiñas, como prefiera usted llamarle, fue un boxeador excepcional, de esos que, comos se dice, nace uno cada mil años. Nada en él era igual a los demás. Fue peleador por instinto natural, un creador sobre el *ring*.

No pegaba fuerte, pero tiraba tanto, tantísimo combinaba, que muchas de sus peleas terminaron antes del tiempo reglamentario. Confiaba en su vista, y sus reflejos eran tan exactos, que combatía a ratos con las manos abajo, quitándose los golpes rivales con ligeros movimientos de hombros o desviándolos con sus guantes.

Tal fue así, que cuando hace años Nat Flestcher, editor principal de la revista *The Ring* —llamada la Biblia del Boxeo— sugirió un boxeador ideal que recogiera lo mejor de los mejores, incluyó la velocidad de Chocolate, y aquella vista de águila con que veía venir los golpes antes que ninguno otro.

En los últimos años de su vida, cuando apenas tenía movimientos en las fatigadas piernas que deslumbraron al mundo, el Kid insistía en que, si se permitiera boxear sentado, él volvería ser el campeón del orbe.

Y entonces se situaba frente al espejo y, acomodado en su silla preferida, lanzaba combinaciones de golpes con ambas manos, y con movimientos del torso que a esa avanzada edad maravillaba, hacía como si esquivara los golpes de supuestos adversarios.

Muchas fueron las virtudes del Kid. Pero en lo que coincide la mayoría de quienes lo conocieron, es en que lo ayudó tanto a encumbrarse como el fino instinto de peleador grande que nunca le abandonó. Se hizo boxeador por vocación, y aunque reacepta que estuvo influido por el puertorriqueño Neso Ching y el norteamericano Chico Wallace, fue su instinto, y únicamente su instinto, quien le convirtió en un «fuera de serie».

Sometido a riguroso examen por los llamados catedráticos del boxeo científico, Chocolate hubiese resultado desaprobado, pues lo suyo no se ajustaba a patrones ni esquemas técnicos. Boxeaba porque sí, porque lo sentía, y ansiaba en cada momento, aun en los más difíciles, lo que su genialidad le aconsejaba, lo que decía su instinto.

El instinto que le permitió combatir inconsciente durante ocho *rounds* con Scalfaro y que volvía a manifestarse cuando en los umbrales de la muerte el Kid peleaba los últimos segundos del más importante combate de su novelesca vida.

Herido como estaba, Chocolate musitó algunas enredadas palabras al oído del hijo que le atendía, forzó una última sonrisa, y al tiempo que se desplomaba por el conteo definitivo levantaba los crispados puños de nudillos deformes, y, ¡todavía boxeador!, asumía la guardia de quien solo espera el sonido del *gong* para volver a combatir.

La mascarilla del campeón

Apenas se enteró de la muerte de Chocolate, el laureado escultor Florencio Gelabert, un artista graduado en 1940 en la Escuela de Bellas Artes San Alejandro, corrió hacia la funeraria de Calzada y K para, en reto a sus ochenta y cuatro años, recoger en mascarilla de yeso el rostro del Kid.

No sería esa la primera mascarilla hecha por Gelabert a un deportista, pues con anterioridad había perpetuado en yeso para generaciones futuras los rostros del insigne titular mundial de ajedrez José Raúl Capablanca, en 1938, y del popular ciclista Sergio Martínez, Pipián, en 1979. También fueron hijas de sus privilegiadas manos la hecha al ilustre pintor cubano Leopoldo Romañach y la del inolvidable maestro Gonzalo Roig.

Mas, la de Chocolate, admitiría Gelabert, encerró para él un significado especial por las simpatías que siempre sintió hacia el campeón, con quien coincidió varias veces en amenas tertulias matizadas por la gracia inigualable y gran sencillez del Kid.

En entrevista concedida a la prensa a raíz de la muerte de Eligio Sardiñas, el profesor Gelabert recordaba cómo conquistado por la fiebre popular que despertó entre los cubanos el triunfo del Kid sobre Al Singer —1928— fue a recibirlo al muelle de Caballería, pero no pudo pasar mas allá de la Punta, debido al mar de personas que se volcó hacia ese lugar para vitorear al negrito del Cerro, que en un hidroavión de la Panamerican amarizó en medio de la bahía.

Cuando hizo la mascarilla de Pipián, el escultor pensó que sería la última. Pero al escuchar por la radio la muerte de su amigo Chocolate, no pudo resistirse a la vocación profesional de recoger en yeso los rasgos faciales del atleta «que más ha querido el pueblo de Cuba», según sus palabras.

Rodeado por alrededor de una decena de curiosos, entre ellos reporteros de agencias internacionales acreditadas en La Habana, el veterano escultor trabajó durante noventa y cinco minutos ante el féretro de Chocolate en la delicada operación de verter el yeso líquido sobre el rostro del eterno campeón, reforzándolo aquí y allá con cuidado de no dañar la piel al momento de retirar la mascarilla, todo hecho con amoroso celo y profesionalismo.

Mientras anunciaba que la mascarilla del Kid sería donada al Museo de Ciudad de La Habana para que hiciera compañía allí a la de José Capablanca, el maestro Florencio Gelabert se dejó llevar por los recuerdos y habló de su último encuentro con el Kid. Fue hace dos años, precisamente por estos días de agosto, en ocasión de las tradicionales parrandas de Caibarién. Él no era de allá, aunque diga mal, porque en realidad lo era de toda Cuba, pero mi sobrino y yo lo invitamos a que fuera con nosotros a celebrar el Día del Caibariense Ausente, y como siempre resultó el centro de todo y de todos, alegre y dicharachero según su costumbre, pese a que ya estaba herido de gravedad...

El sepelio de un Rey negro

La triste noticia se regó cual pólvora en cuanto las emisoras de radio dieron el doloroso parte aquella mañana del ocho de agosto de 1988:

En las primeras horas de la madrugada de hoy dejó de existir en el Centro Benéfico Jurídico, de la Calzada del Cerro, donde se hallaba hospitalizado desde hacia varios meses, Eligio Sardiñas Montalvo, Kid Chocolate para el mundo.

Al morir, el Kid tenía setenta y siete años y presentaba, según el diagnóstico médico, anemia, cirrosis hepáticas y un carcinoma en la próstata.

Y aunque se apareció en el certificado de defunción, el desgaste propio de un organismo debilitado por la temprana hambre de la infancia, los golpes y, sobre todo por el alcohol, el cigarro, las mujeres en exceso...

Expuesto su cadáver en la funeraria de Calzada y K, Vedado, decenas de cientos de personas desfilaron junto al féretro que guardaba los restos mortales del Kid, cubierto de armas, periodistas y funcionarios del deporte, hicieron guardias de honor los jóvenes, boxeadores del equipo nacional, en cuyos victoriosos puños sigue presente el Kid.

No faltaron los alumnos de la Escuela Superior de Perfeccionamiento Atlético —ESPA—, ni los reporteros internacionales acreditados en Cuba, porque aun inerte, Chocolate escapaba a los límites nacionales para extenderse allende las fronteras, igual que cuando del brazo de la victoria paseaba su nombre glorioso por los confines del orbe.

Unos iban a despedir al Yiyi con el que corretearon de niño por las calles del Cerro, o al Kid alegre y compartidor que después de cada victoria regresaba a su Habana a festejar. Otros, simplemente, acudían por justificada curiosidad. Todos, sin excepción, admirados y conmovidos.

El sepelio constituyó otra auténtica manifestación de duelo popular. El pueblo, su pueblo, despidió como él lo merecía a quien un 28 de octubre de 1910 nació príncipe en un solar del Cerro y se coronó Rey en los cuadriláteros del mundo.

Un rey negro y cubano que se burló de la vergonzosa discriminación racial existente por su época en los programas del Madison Square Garden, cuyas puertas abrió, con su genialidad y simpatía, a los demás boxeadores de su color.

Este Rey dadivoso que ganó más de un millón de dólares entre las cuerdas y al morir tenía como únicas riquezas las ropas que le cubrían y el entrañable cariño de su pueblo.

En lo alto, el fuerte sol de agosto caminaba hacia las once de la mañana cuando los restos del Kid fueron depositados en el panteón familiar. Sobre la pesada tapa de mármol llovieron las ofrendas florales.

Cómo vio su muerte la AFP

Sepultado en La Habana el legendario Kid Chocolate

La Habana. (AFP). Los fabulosos años treinta se alejaron un poco más hacia el olvido al morir en La Habana uno de sus personajes legendarios: Kid Chocolate, doble campeón mundial de boxeo profesional en aquella época de orgías que hoy parecen inocentes.

Concluida la zafra de suicidios por el *crack* en las finanzas, en Estados Unidos millones de desempleados buscaban diariamente algo que comer, pero había reaparecido el dinero y quienes lo conseguían lo derrochaban a manos llenas, como faraones de bolsillo. Unos —Dillinger, Bonnie y Clyde— lo obtenían a punta de ametralladoras

Thompson: el pequeño negro cubano Eligio Sardiñas lo ganaba a chorro eliminando rivales con el lema de «pegar sin que te peguen». Durante varios años alucinados, en eso fue un maestro, y conservó hasta último momento la prue-ba: un rostro sin cicatrices, que arriesgó entre 1928 y 1938 en ese deporte rentado cuyos espectadores sienten cierta frustración si la sangre no salpica el *ring side*.

Con *jabs* incansables y piernas de ballet, fue, aseguran entendidos, el más rápido y de boxeo más alegre y creativo en las categorías, repletas de púgiles, pluma y ligero junior, con cuyas coronas se cubrió la cabeza. Cuentan veteranos admiradores que su orgullo era, terminada la pelea, bajar de la lona sin haberse despeinado. Esquivaba a filo de cintura las trompadas que le enviaba el otro, o las paraba con los brazos. Su orgullo personal, nada íntimo, espectacularmente público como lo demuestran fotografías ya amarillentas y trozos de viejos noticiero Movietone, era consumir grandes cantidades de *whisky*, champaña y las mujeres. De preferencia, blancas, rubias y coristas, oficio que garantizaba cuerpos excitantes y noches extensas. En Estados Unidos su campaña fue relampagueante. Quince victorias y un empate en 1928. En 1929 veintidós peleas ganadas, en 1930 ocho triunfos y tres derrotas (Jack Berg, Battlin Battalino y Fidel La Barba), en 1931 diez ganadas y una perdida (Toni Canzoneri), 19 y una (otra vez Berg) en 1932.

Ganó el título ligero junior en 1931 y el bantam en 1932 al noquear respectivamente a Benny Bass y Lew Feldman. A poco de perder por nocao la corona pluma en 1933 en Filadelfia frente a Frankie Klick, empezó la larga caída en tirabuzón. Sus últimos combates fueron en La Habana en 1938 cuando le ganó a Fillo Echeverría y empató con Nick Jerome —por piedad del árbitro, según crónicas del momento.

De niño lustrabotas y vendedor de diarios en La Habana, como profesional en el boxeo ganó más de un millón de los gordos dólares de entonces. Un Cadillad plateado fue el preferido de sus autos, y en París, donde trató a Carlos

Gardel, reservó una noche todas las mesas del Moulin Rouger para agasajar a unos amigos.

«Al que no le gustaba la música está muerto de espíritu», comentó una vez, y en Nueva York alternaba con Cag Caloway, Duke Ellington, Satchmo Louis Armstrong. Un ladrón robó de su apartamento neoyorkino treinta y tres de los trajes de este obseso con la elegancia, quien llamó al sastre: «Es urgente, me dejó solo con 20».

Ganó una fortuna, y la despilfarró. Con una excepción, la casa que compró en La Habana para su madre y en la que vivió hasta su muerte. Al erradicarse el boxeo profesional, se quedó en Cuba y a la postre resultó una reverenciada gloria oficial y una prueba, no menos oficial, de los males que acarrea el pugilismo rentado.

El año pasado estuvo mes y medio en un hospital por problemas respiratorios. «Me siento bien, física y espiritualmente», declaró al salir el famoso ex boxeador pequeño, el cual siempre fue, dicen, «alegre, desprendido, simpático, risueño, cortés, sociales con todos».

En su domicilio, junto a su hijo y sus nietos, no faltaba el ron y siempre hubo amigos de visita.

Murió a los setenta y siete años y fumó cuarenta cigarrillos diarios hasta los setenta, cuando para complacer al médico que se lo prohibió empezó a fumar la mitad. «Yo sigo viviendo a mi manera. La vida es corta, hay que disfrutarla y a mí me queda poco», comentó hace no mucho.

Uno, dos, tres… ¡muchos combates!

Noche del 14 de agosto de 1974. En el repleto coliseo de la Ciudad Deportiva capitalina, Jorgito Hernández discute la primera medalla de oro del I Mundial de Boxeo Aficionado al africano Steve Mushoki.

Las acciones son fuertes y continuadas. El *jab* de Jorgito, cual látigo implacable, fustiga el rostro del adversario que no ceja en el empeño de llevar la pelea a corta distancia para quitarse de arriba esa maldita izquierda que una y otra vez golpea su nariz, su boca, sus semicerrados ojos.

Los dos pequeños gigantes no se dan tregua. Jorgito desde afuera, la derecha recta por arriba del certero *jab*; Mushoki sacude la cabeza, aprieta los dientes y sigue hacia delante...

El rugido de la multitud cesa cuando llaman a los dos contendientes al centro del *ring* para dar a conocer al ganador.

Kid Chocolate, que ha sido invitado especial a este y a los demás programas del Mundial habanero, reposa la cabeza sobre el respaldo de su butaca, echa atrás algunos almanaques, y se deja transportar al enloquecedor Garden de 1928 cuando derrotó al Rey de los Judíos Al Singer, o al Shite Park, de Filadelfia, donde le dio una golpiza a Benny Bass y ganó para Cuba el campeonato mundial de los juniors ligeros. Revive la victoria también por KOT sobre Lew Feldman que en Nueva York le dio el campeonato pluma, le vienen a la mente sus duelos con Canzoneri, con Jack Kid Berg, con Battalino, hasta que lo vuelve a la realidad la voz del anunciador local y la ensordecedora reacción del público:

—Vencedor y campeón del mundo en la división de los 48 kilos, en la esquina roja, de Cuba... ¡Jorge Hernández!

El Kid aplaude con las manos en alto. Las vacilantes piernas no son obstáculos para que a duras penas se dirija hacia donde el otro campeón y se funde en un abrazo con él.

Un periodista de una cadena italiana de televisión que días antes de la inauguración del Mundial filmó a Chocolate un documental de aproximadamente media hora en su casa del reparto Almendares, le aborda ahora, y el Kid responde visiblemente emocionado:

—Este es un triunfo de todos los cubanos, porque ese muchacho peleó por todos nosotros. A mí también me toca un pedacito de esa victoria ... ¿acaso no me oyó usted gritar y alentar desde mi silla?

Y efectivamente, el triunfo de Jorgito era también un triunfo del Kid, como lo fueron después en ese propio Mundial los de Douglas Rodríguez, Emilio Correa, Rolando Garbey y Teófilo Stevenson.

Y como lo fueron también los otros muchos que en distintos torneos mundiales u olímpicos alcanzaron nuestros jóvenes boxeadores, orientados por el colectivo técnico dirigido por el a Doctor en Ciencias y Héroe del Trabajo de la República de Cuba, Alcides Segarra. Porque Chocolate que colgó los guantes tras las tablas frente a Pick Jerome en 1938, renacía en los puños de esta nueva generación de campeones para la cual el Kid es algo más que una simple leyenda.

En ocasión de entrevistarse con Chocolate para la confección de El boxeo soy yo, en 1979, todavía lúcido Eligio Sardiñas Montalvo, de sesenta y nueve años confesó a los autores del libro:

—Yo admiro las facilidades que tienen hoy estos muchachos. Claro que me hubiera gustado pelear en una Olimpiada o en uno de estos Mundiales de ahora, pero los míos no eran tiempos para soñar con eso. Había que pelear con el hambre, el rival que más fuerte me ha pegado. Más fuerte que todos mis rivales sobre el *ring*.

Los autores del libro recordaron entonces a Chocolate que él combatió cuatro veces con Fidel La Barba campeón olímpico de Ámsterdam 1924, y el Kid, que más de una vez juró no sentir odio ni envidia por nadie, admitió haber experimentado nostalgia cuando supo que ese sobre el cual demostró amplia superioridad, fue titular en unos Juegos.

Chocolate —¿quién lo duda?— hubiera sido campeón olímpico como el propio La Barba, Jorgito, Stevenson, Correa y los demás, de haber tenido las mismas oportunidades; de igual manera que estos se habrían visto privados de abrazar tal gloria de vivir en las condiciones del Kid.

Presionados por la situación socio-económica muchos de ellos abrazaron el profesionalismo como medio de vida, y algunos elegidos, como el Kid —muy pocos— tal vez hubieran tocado el cielo con la mano. Otros, igual que la inmensa mayoría de los púgiles a sueldo, se arrastrarían por las calles ebrios de golpes y convertidos en carga pública.

Sepultados sus restos mortales en la Necrópolis de Colón el 8 de agosto de 1988, el Kid, legendario y querido, sigue vivo en la nueva hornada de campeones, de la misma manera que antes lo estuvo en el arte de Horta, el valor de Douglas, la tenacidad de Correa, la inteligencia de Jorgito, la elegancia de Garbey, las piernas de Orlandito, la popularidad de Stevenson, quienes también ya son historia, una historia afortunadamente distinta en los anales de nuestro boxeo.

EL BOXEO SOY YO

LOS AUTORES

ELIO MENÉNDEZ

Cuando se hable de deporte en Cuba hay que hacer referencia obligada a una persona que se ha dedicado en cuerpo y alma al periodismo deportivo: Elio Menéndez se distingue por el uso de la crónica y su periodismo centrado en el ser humano.. Se inició en el periodismo en 1960 como colaborador de la página de deportes del diario Hoy. En el '61 pasó oficialmente a trabajar en el Departamento de Prensa del Instituto Nacional de Deportes, Educación Física y Recreación (INDER). Posteriormente prestó servicios en los principales diarios cubanos como *El Mundo, Granma* y *Juventud Rebelde*, en este último desde 1971 hasta el 2003, cuando se jubiló.

También trabajó en radio Progreso y radio Rebelde. Además fue presidente del Círculo de Periodistas Deportivos de Cuba desde 1992 hasta 1996 y fue distinguido con el Premio José Martí, mayor galardón que otorga la Unión de Periodistas de Cuba, la Orden al Mérito Deportivo y la Distinción por la Cultura Nacional entre otras.

Primer cubano galardonado con el Premio por la Obra de la Vida Abelardo Raidi que otorga la Asociación Internacional de la Prensa Deportiva (APS).

VÍCTOR JOAQUÍN ORTEGA

Víctor Joaquín Ortega Izquierdo. Narrador, periodista y poeta cubano. Orden al Mérito Deportivo. Corresponsal de guerra en Vietnam. Distinción por la Cultura Nacional. En total ha escrito 16 libros dentro de los que se destacan: *El látigo del jab sobre los rostros*, *Crónica por una Crisis*, *El Rusito* y *Kid Chocolate: el boxeo soy yo*, a cuatro manos con Elio Menéndez, el mejor periodista deportivo cubano durante el período revolucionario y uno de los mejores de todos los tiempos.

Más de 120 premios y menciones en concursos cubanos y unas 25 condecoraciones, entre ellas la Orden al Mérito Deportivo y la Distinción por la Cultura Nacional. En el año 2011 obtuvo el Premio Nacional de Periodismo Deportivo por la obra de la vida y el Premio Nacional de Periodismo por la obra de la vida, en Ciudad de La Habana. Premiado en el Concurso 13 de Marzo. Obtuvo dos premios Memoria en el Certamen del Centro Cultural Pedro de la Torriente Brau, el premio 26 de Julio de la Editora Política.

En enero de 2015 recibió el premio Abelardo Raidi a la obra de la vida, que otorga la Asociación Internacional de Prensa Deportiva (AIPS), por sus siglas en inglés

OTROS TÍTULOS

Andrés Echevarría Callava, Niño Rivera

El Niño Rivera, uno de los treseros más importantes de la historia de la música cubana, fue un innovador, vanguardista, uno de los compositores y arreglistas más importante de su tiempo. Su obra «El Jamaiquino» se convirtió en un *standart* de la música cubana.

CHUCHO VALDÉS

Rivera [Niño] posee una rara combinación de intuición popular e iluminación musical en cuanto a formas, sus arreglos pueden permanecer dentro de un marco tradicional mientras se mueve hacia un territorio inexplorado. Es como los mejores arreglistas de *jazz*, menos preocupado por mostrar su talento para escribir, que por sacar lo mejor de cada miembro de la orquesta.

DICK HAADLOCK

UNOS & OTROS
EDICIONES

9 781950 424108

Spine: El Niño con su tres — Rosa Marquetti Torres

Andrés Echevarría Callava, Niño Rivera
El Niño con su tres

UNOS & OTROS
MÚSICA

Rosa Marquetti Torres

Esta biografía eminentemente documentada de Bola de Nieve se levanta como un panorama donde entran sus familiares, sus creencias, sus gustos, sus ansiedades y preferencias, al tiempo que dedicaba a perfeccionar las interpretaciones que le dieron fama internacional y lo convirtieron en auténtico embajador de la cultura cubana. Para quienes lo conocimos y disfrutamos de su arte resulta un estimulador de la nostalgia. Para quienes, por su juventud, a través de la lectura se acercan a un artista de la talla de Bola de Nieve, resultará una sorpresa conocer circunstancias y anécdotas irrepetibles, personalidades, ciudades, escenarios, una vida colmada de interés y una trayectoria ejemplar.

Reynaldo González

«Hay otro personaje clave en mi formación sentimental. Para descubrirme a mí mismo, para advertir lo que me ha producido felicidad y dolor, no he acudido al psiquiatra, sino a Bola de Nieve. En mi opinión es otro de los genios que habéis engendrado aquí [...]».

Pedro Almodóvar

[...] la labor escénica de Bola de Nieve: una forma de expresión, de sensibilidad, de calidad espiritual. Cuando uno lo trae al recuerdo, está habituado a relacionarlo con Rita Montaner y Benny Moré y —desde el punto de vista profesional— me cuesta trabajo compararlos, no en el sentido de su estatura individual, de lo que cada uno significa en la música cubana, sino porque Bola resulta ser una cosa distinta con respecto a los otros dos: es un fenómeno, algo realmente inexplicable, ya que hablar de un cantante sin voz: parece algo absurdo, surrealista. Quizás él sea un clásico ejemplo de la intensidad del arte cubano, de disciplina, de estudio, de amor y entrega total a lo que se realiza.

Harold Gramatges

UNOS & OTROS
EDICIONES

9 781950 424078

Spine: BOLA DE NIEVE — Ramón Fajardo Estrada

BOLA DE NIEVE
Si me pudieras querer

RAMÓN FAJARDO ESTRADA

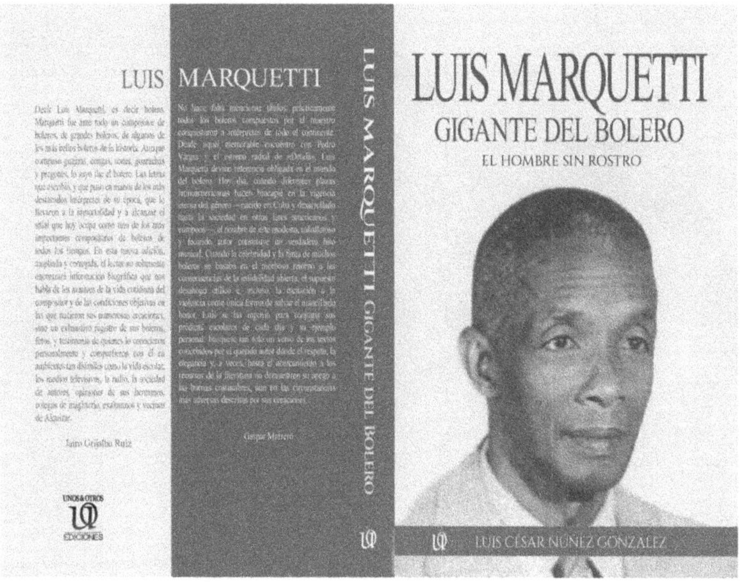
LUIS MARQUETTI
Jairo Grijalba Ruiz
Gaspar Marrero
LUIS MARQUETTI GIGANTE DEL BOLERO
LUIS MARQUETTI
GIGANTE DEL BOLERO
EL HOMBRE SIN ROSTRO
LUIS CÉSAR NÚÑEZ GONZÁLEZ
UNOS&OTROS EDICIONES

Dulce Sotolongo conoció de forma casual a Leopoldo Ulloa, le propuso entrevistarlo para hacer un libro y surgió una inquebrantable amistad. La autora hace un recorrido por la vida del compositor a través de sus canciones e intérpretes logrando un rico testimonio de la música cubana, entre los artistas que cantaron sus composiciones están: Celia Cruz, José Tejedor, Tirso Guerrero, Celio González, Caíto, Lino Borges, Wilfredo Mendi, Moraima Secada, Roberto Sánchez, Clara y Mario, Los Papines, Pío Leyva. En el balcón aquel es un libro que te atrapa desde la primera línea, no permitirá que dejes de leer hasta su final.
Para los amantes de la música cubana de todos los tiempos, esta será una edición muy especial porque rinde honor a quien honor merece, a un grande del bolero: Leopoldo Ulloa.
Eduardo Rosillo Heredia
Autodidacta, creador absolutamente intuitivo, un día compuso «Como nave sin rumbo», Luego surgió una larga fila moruna: «Destino marcado», «Me equivoqué», «Perdido en la multitud», grabados por Frank Fernández; «Te me alejas», «Es triste decir adiós», «No extraño tu amor», «Adiós me dices ya»; y el representativo «Por unos ojos morunos». Esta producción sitúa a Leopoldo Ulloa, como el más sostenido y consecuente creador de la línea del bolero moruno.
Helio Orovio
UNOS&OTROS EDICIONES
EN EL BALCÓN AQUEL
LEOPOLDO ULLOA, EL BOLERO MÁS LARGO: SU VIDA
DULCE SOTOLONGO
UNOS&OTROS EDICIONES

ARSENIO RODRÍGUEZ
EL CIEGO MARAVILLOSO
JAIRO GRIJALBA RUIZ

EL PORVENIR DE LA MÚSICA AFROCUBANA

ARSENIO RODRÍGUEZ
EL CORSARIO NEGRO
DE LA CHAMBELONA

JAIRO GRIJALBA RUIZ

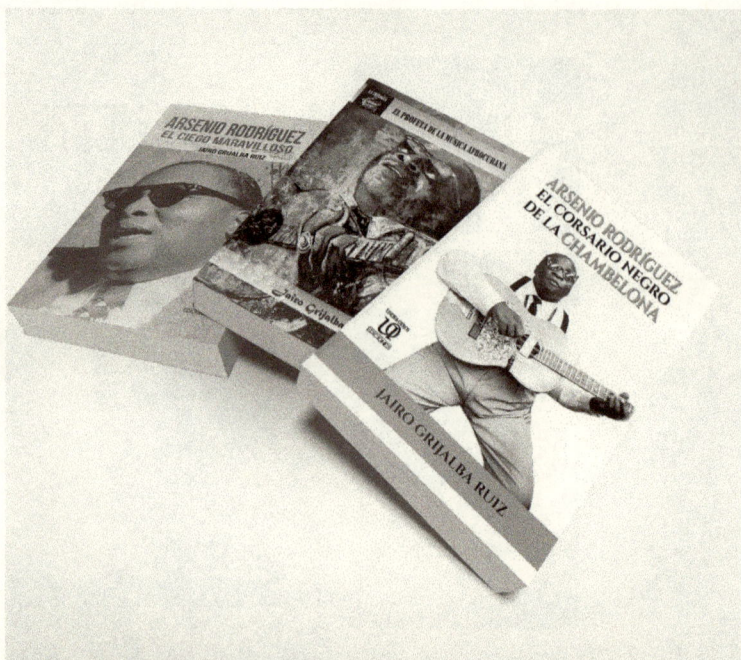

Ochenta años después de la muerte del proxeneta Alberto Yarini, ocurrida por motivos pasionales en 1910, en el barrio de San Isidro, un joven historiador visita la tumba del legendario chulo para cumplir una promesa contraída con un amigo. Un misterioso búcaro que siempre tendrá flores frescas sobre el sepulcro del proxeneta, le estimula a emprender una investigación en la que afloran vivencias de la vida del protagonista Luis Fernández Figueroa y su relación con el mítico personaje.

Miguel Ángel Sabater Reyes (La Habana, 1960), Licenciado en Filología en la Facultad de Artes y Letras de la Universidad de La Habana. Ha publicado *Cuentos Orichas* (Extramuros), de la Editorial Unos&Otros los títulos, *Crónicas Humorísticas cubanas* (2014), *Los últimos días de Jaime Partagás* (2013), *La Virgen de Regla y Yemayá* (2014).

Su novela es en verdad apasionante , y se estructura de forma singular...
El Nuevo Herald / Olga Connor

Escrita por un historiador e investigador sagaz, la novela nos deja una admiración contenida que alimenta la llama de un mito que el tiempo no podrá apagar, a pesar de inútiles y continuas explicaciones.
Eusebio Leal Spengler, Historiador de La Habana.

UNOS&OTROS
EDICIONES

FLORES PARA UNA LEYENDA

MIGUEL SABATER REYES

FLORES PARA UNA
LEYENDA, YARINI
EL REY DE SAN ISIDRO

UNOS&OTROS
EDICIONES

MIGUEL SABATER REYES

Félix J. Fojo

La Habana, Cuba, 1946. Es médico, divulgador científico y apasionado de la historia. Exprofesor de la Cátedra de Cirugía de la Universidad de La Habana. Desde hace muchos años reside entre Florida, EE.UU. y Puerto Rico. Es editor de la revista *Galenus*, importante revista para médicos de Puerto Rico.

Ha publicado artículos de opinión y divulgación en diferentes medios periodísticos de EE.UU. y Europa.

Entre sus libros publicados: *Caos, leyes raras y otras historias de la Ciencia* (Ed. Palibrio, 2013); *De médicos, poetas, locos... y los otros* (Ed. Palibrio, 2014); *De Venus a Bolero* (Ed. Unos&OtrosEdiciones, 2017); *No pregunten por ellos* (Unos&OtrosEdiciones, 2017).

La muerte no siempre llega tan plácida y dignamente como nos gustaría. Tanto para las personas comunes y corrientes como para aquellos elegidos que han llevado una vida relevante: guerreros, políticos, dictadores, científicos, artistas, músicos. La muerte es siempre un evento digno de atención. Y cuando la miramos de cerca, a veces encontramos circunstancias extrañas, sospechosas, sin explicaciones claras y definidas, no concordantes o anómalas, en dos palabras, muertes oscuras. Y de esas muertes oscuras está llena la azarosa historia de la medicina que no es más que la historia de la humanidad.

El autor no intenta un estudio puramente paleopatográfico, esa especialidad forense relativamente nueva que investiga in situ, y con tecnología de avanzada, osamentas, momias y tumbas con el fin de diagnosticar, como se haría en un hospital ultramoderno, las más recónditas enfermedades y causas de muerte de los finados que yacen bajo los microscopios y aparatos de resonancia magnética. Sus expectativas son mucho más modestas, pero se alimentan del mismo entusiasmo por ir un poco más lejos en el diagnóstico, la clave médica por excelencia, y así ofrecer una nueva visión de ciertos eventos terminales, por abordar e investigar más allá de la muerte, por encontrar un detalle o una posible explicación que se ha pasado por alto anteriormente o que pueda tentar a un investigador en ciernes a una pesquisa histórica más detallada.

FÉLIX FOJO

MUERTES OSCURAS

UNA MIRADA CURIOSA
A LA HISTORIA CLÍNICA DE
FAMOSOS

MUERTES OSCURAS — FÉLIX FOJO

UNOS&OTROS
EDICIONES

OBISPO
DE ESPADA

Antonio Arroyo

Novela de ficción-histórica acerca de Juan José Díaz de Espada y Fernández de Landa, obispo de La Habana entre los años 1802-1832.

UNA FASCINANTE NOVELA DE TRAICIONES Y LEALTADES, DE BRAVURA Y COBARDÍA

UNOS&OTROS
EDICIONES

CATÁLOGO DE RELIGIÓN: MONTE

HISTORIA DE LA SANTERÍA CUBANA

NELSON ABOY DOMINGO

Raíces del Palo Monte
Manuel Avar...

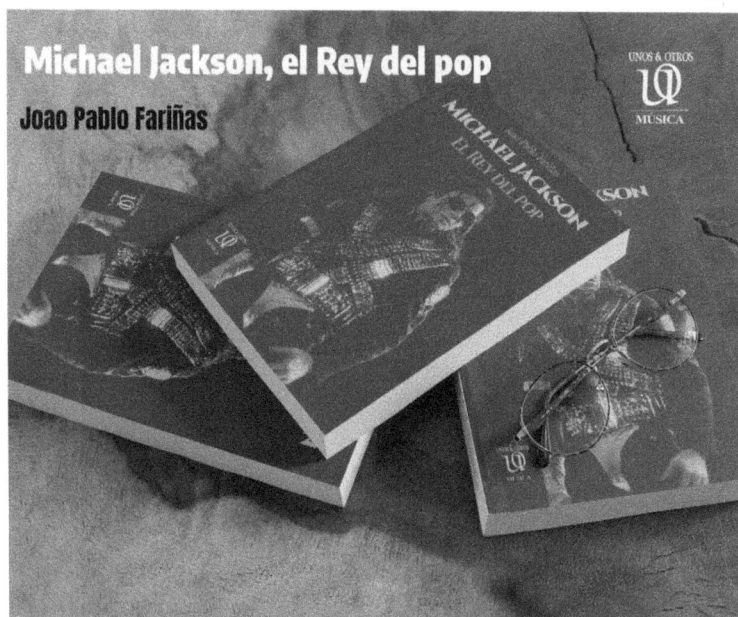

Michael Jackson, el Rey del pop

Joao Pablo Fariñas

UNOS & OTROS
MÚSICA

www.unosotrosediciones.com
infoeditorialunosotros@gmail.com

UNOS & OTROS

UO

EDICIONES

UnosOtrosEdiciones

Siguenos en Facebook, Twitter e Instagram:

UnosOtrosCulturalProject

www.ingramcontent.com/pod-product-compliance
Lightning Source LLC
LaVergne TN
LVHW011346080426
835511LV00005B/142